日本歴史民俗叢書

海と山の民俗自然誌

篠原　徹　著

吉川弘文館

はじめに

詩が好きで民俗学を始めたといえば、現在混迷しているとも低迷しているともいわれている民俗学の将来について真摯に考えている人は怒るかもしれない。そして学術書の体裁をとっている本書をみたらもっと怒るかもしれない。日本列島に生きてきた人々や現在生きている人々の誰がいつどのように担ったかもわからない日本人の深層文化や古層文化あるいは基層文化など民俗学に期待されていそうな言葉は本書では無縁だからである。もちろん境界や異人や妖怪などをあつかう民俗学とも関係がない。かといって自然や環境に関わる民俗をあつかっている本書が、現在問題になっている環境問題や自然破壊について民俗学の立場から有効な提言や方策について、伝承的文化から何かを引きだしたというわけでもない。

では何を描こうとしたのであろうか。理由や言葉は後からつけるにせよ人がその分野の学問をするというのには動機があるはずである。虚心に考えるならば、それは詩人が感性や直観で感じとったものの、具体的な中身を知りたかったからである。詩人は農や漁に生きる人々が自然に対峙する姿をみて、その「技能」や「自然知」の醸しだす雰囲気に歴史性や地域性や人間性を観察し冷静に言葉に封じこめる。感性や言葉を彫琢する能力がなければ、観察や聞き書きでその「技能」や「自然知」を冷静に組み立てるしか方法はない。つまり本書は「山に暮らす」ことや「海に暮らす」ことが実際どのように山や海を知ることによって成り立っているのかを、一九七〇年から一九八〇年まで筆者がつきあってきた農や漁に生きた人々の具体的な「技能」や「自然知」の調査で提示している。

筆者にとって今までの民俗学への大きな誤解は、彼らが伝承し現在も創造している民俗文化のなかで、廃棄されそうな伝承や民俗にはそれほど関心がなかったことである。筆者のまわりにあった民俗学は、例えば一九七〇年代に伝承的文化を現実に行使して生きている人々そのものに関心があるのではなく、彼らが身につけている形式的で、彼ら自身が廃棄するかどうかわからないある種の歴史的資料としての民俗に関心があった。「調査をする」といえば学問的手続きのように聞こえるが、ここで提示しているのは「どうしたら一本釣の漁師になれるのか」あるいは「どうしたら山で食べられる野生植物を手にいれ調理できるのか」という彼らの秘訣を盗もうとして、そこで悪戦苦闘して得た「山や海で暮らす」方法である。少なくともこれくらいは知らないと山や海では暮らせないと思った。本書の第二章第一節の冒頭にも述べたが、筆者も「自然に生きる人々」と「自然を生きる人々」の狭間にあって、生業として自然に対峙する人々に漸近線的に共感を示しつつ後者へ転向してきた。この転向がどれくらい可能なものかまだわからないが、「民俗学」あるいは「民俗」にまとわりつくものとは「生きていく方法」と関連があると思っているし、現在でもそれは変わらない。つまりありていに言えば、本書は筆者が将来山か海で暮らそうと考えてきたなかで、実際にそうやって生きている人々から習ったことの現在での「復習」と「まとめ」である。だから本書の提出先は制度としての学問のなかで気息えんえんとした民俗学ではなく、一本釣漁師の新徳寿徳さんや野生植物の採り方を仕込んでくれた須美武王・八重子夫婦である。ただからだでおぼえるしかないことや言われたことを、ただそのとおりに記述する方法は採らなかった。ここで提示したものは筆者の了解の仕方を筆者のもっている知識の枠組みに変換している。従来の民俗学ではもともと「技能」やその背後の「自然知」についてはほとんど記載がない。民俗自然誌と銘打ったのは、この変換の一つの方法を指している。

常民の地平に降り立つなどという傲慢で無意味な物言いも現在では雲散霧消しているが、一方では制度としての学問のなかで材料としての「民俗文化」をどのように表現するかばかりが話題になる。アカデミズムという場に根を張る以前に学問が流動化してしまった民俗学という領域では、足腰が弱かった分だけその状況で起こる流行や話題性だけに敏感でこずるく立ち回る風潮が多い。「環境」や「自然」についての民俗も、流行というレベルでとらえれば「観光」や「都市」をめぐる民俗にとって変わられるだろう。しかし民俗学の初志という点からいえば、農や漁や猟の世界の理解にあったはずである。たとえ雪崩をうって都市に人々が集住しようが、農や漁や猟の世界に最後までつきあうのが礼儀であろう。筆者は最近、環境民俗学の可能性の意義を考えているが、それはこの五十年の農山漁村での「自然とのつきあいかたの歴史」をまずモノグラフとして積み重ね、民俗学の立場から「環境」や「自然」に関する思想を練り上げることである。環境や自然に関する民俗のなかから恣意的に「共生」や「共存」を引き出し、他分野に材料を提供する民俗学者がインフォーマント化するような役割を担うことは避けなければならない。「稲作・儀礼・祖霊」の三点セットならいざしらず「生きていく方法」としての「農」や「漁」や「猟」についてはこの五十年ですら私たちが手にしているものはそれほど多くはない。まして根も葉もない「古層」や「深層」などというものは民俗学から放逐すべきである。筆者が提示したい世界は、一九七〇年から一九八〇年にかけて伝承的文化を担った人々の「生きていく方法」としての生活や民俗である。

目　次

図表目次

序論　民俗と生態をつなぐもの

人間と自然の関係についての民俗学的研究とは日本列島のなかで伝統的生業に携わってきた人々のもつ具体的な自然知の世界を明らかにすることであり、それが本論文の主要な目的である。ここでいう自然知とは文字知(注)に対する概念であって、文字を媒介にして獲得される知識ではなく自然と対峙し観察して獲得される知識の総体を指している。多くの場合この自然知は伝承という方法で伝達されることが多いが、それは継承の方法のことをいっているのであって、新たな発見も変更もない固定的な民俗知識という意味ではない。むしろ自然のもつ力を引き出し利用するものは不断に自然を観察し野生動物や野生植物の生態的な知識を彫琢する必要がある。したがって自然知とは自然を生業の対象とする人々のその時の生活の要求により、精緻なものに変わっていく。

かりに一本釣という漁法で魚をとることに関する自然知を考えてみよう。一本釣は道具というものの面からみれば船と糸と針があれば可能な生業である。もちろん船であれば丸木舟から高速船まで技術の発達の歴史があり、釣りの道具にだって進歩の歴史がある。だがこれらがいくら発達しようが一本釣である限りそれだけでは生業として成り立たない。魚に関する生態的知識、気象や海流や潮汐などの環境に関する知識など該博な具体的な知識が釣りという技能の背後にあってこそ魚が釣れる。自然知という民俗的知識が技能を支えているのである。これらを指して勘とかコツとかよくいわれるが、おそらくこれは文字知側からの表現であろう。

この世界は今まで民俗学が表面的に扱ってはきたが、分析的にアプローチしてきたことはない。それゆえ民俗学が生業を扱ったとき、どのような仮説を提示しようが、あるいは魅力ある言説で説明しようがそれらが蓋然性の少ない、確からしさのないものにみえる。その原因には二つのことが考えられる。一つは生業の社会経済的な側面との関係がわからない点である。他の一つはここで若干提示してみたい自然知の世界への言及がない点である。

伝統的な生業に使われる道具を民具と呼ぶこともあるが、それらの形態や機能あるいは素材だけを問題にして民具の分布や民具間の系譜を追求しても、それらがいかなる環境でどのような自然知を背景に使われるかが問われなければ道具の本質はわからない。人間が生産のため使う道具とは「利用のため修正を施された物的環境の一部」であるという観点に立てば「道」や本書でも述べられる目印としての「風景」も道具という範疇に入る。だからこの自然の変形としての道具は当然どんな素材をいつどこで採取するかという民俗的知識つまり自然知の世界とまた不可分な関係にあるといえる。道具をこのような自然知の世界との関連で把握することによって、道具の形態や素材の選択の民俗的な論理を知ることができる。

また生産の現場つまり生業の民俗の現象する場との関連で、これらの道具がいかに自然知を背景に駆使されるか観察することができるはずである。これは民俗学の研究がいままであまりにも「聞き書き」という方法に偏重して、民俗が具現する場での研究が少なかったことに対する反省でもある。伝統的な生業がますます消滅していくなかで、こうしたことを主張するのは奇異な感がないわけではない。しかし、いくら消滅に向かおうが現にあるものに対して観察しないとはどういうことであろうか。それでいて民俗学の立場から列島の人々の自然観や環境観の抽出を聞き書きのなかからおこなっている。聞き書きのもつ限界性に対して民俗学はもっと鋭敏でなくてはならない。「観察」という方法を本書では重視する立場にたつ。

日本列島で展開してきた人々の生活がいま大きく転換しようとしていることは誰も認めることである。自然という資源をめぐって保護と開発は現在さまざまな形で相克している。民俗学が明らかにしてきた普通の人々の自然と生活の民俗的関係も、あたかも民俗的思考のなかに自然との共生や資源の持続的利用の原初があったかのようにすり替えられて表現されている。しかし魚や鳥や獣また山野の植物と人々の生業の社会経済的な側面や自然知との関係など、民俗学は一向に具体的に明らかにしてこなかった。自然知の必要な技能の世界から自然知のいらない技術の世界に転換してはじめて技能の民俗が注目を集めるようになったのが実状であろう。こうしたことが明らかになってから自然についての民俗的思考の特徴が分析的に抽出されるはずである。

簡単に言えば、この自然と対峙し営々と伝承してきた観察の民俗も無益となり、漁業という生業も魚群探知機や底引き網を使い、都市から帰郷したにわか仕込みの漁師でも魚が捕れるようなものに現在変化しつつあるということである。自然を観察することによって育まれてきた自然知が不必要になったことを意味している。自然知に支えられた技能から文字知による技術への変革が全ての生業を席巻した。ここでいう技術と技能は区別される。技術というのは道具のもつ平均的な生産効率を指標にするもので道具の進歩によってこの効率は不連続に飛躍していく。それに対して技能というのは同じ道具を使った場合の生産効率の変動幅を指標としたもので、一般的にいって道具が進歩していなければその変動幅より大きいといえる。

一本釣の漁師の腕の差とはその変動幅の大小をいい、いい漁師とは技能の優れたことを指している。ではこの技能が優れていることは何によっているのだろうか。それこそが魚という自然の観察に基づく民俗的知識つまり自然知だといえるのではないか。技術の進歩というのは道具の進歩であり、それは誰がおこなっても同じような生産をあげることのできるものを意味している。生産効率の変動幅の小さい技術ほど優れたものといわれてきた。しかしこれは一面では自然知が減少することを意味している。

本書が問題にしているのは、いたずらに仮構された自然と共生する生業の民俗ではなく、この自然知の具体的な相である。こうしたさまざまな地域のさまざまな伝統的生業のなかで存在した自然知を知ることによってはじめて自然観の地域性や階層性を論じる素材を手にすることができる。またその歴史性を社会史などとの協業により明らかにしていくことができる。日本列島の自然を生きる人々が自然埋没型であったのか、あるいは自然開発型であったのかは、この列島の自然知の世界が具体的に明らかにならなければ説得力ある論は展開できまい。

一般的にいって自然知と文字知の関係は歴史的に変化してきているが、時代が溯れば溯るほど自然知が増大し文字知が減少するといえるであろう。自然知と文字知を担うのが異なった階層であったり性差であったりするので単純な図式でこの関係の歴史を描くことはできない。また当初村落内の識字者を通じて文字知として入ってきたものがいつのまにかその地で人々によって実践的な自然知に鍛えあげられたものもある。またその逆に自然知から文字知への流入も多く、相互の親和・反発も歴史的に複雑である。

自然をめぐる民俗というのは、自然の現象する側面いいかえれば自然の生態とそれについての人々の自然知との葛藤である。動物や植物の生活に関する科学的な記述を自然誌と定義し、ある生業を営む人々の社会的集団の生活総体を記述するものを民俗誌と定義しよう。そこである社会的集団の生活総体のなかで自然と対峙し伝承され観察して獲得された自然知の体系は民俗自然誌として記述されることになる。これが民俗と生態をつなぐものとして筆者が用意したものである。いままで述べてきたことをこの本書との関係でいうと次のようになる。

第一章「自然と民俗」では自然をめぐる民俗の研究の方法論に関わる二つの節を配列した。一つは民俗学の創始者にして体系化を試みた柳田国男の自然観を考察してみた。柳田には『野鳥雑記』『野草雑記』『孤猿随筆』など動物や植物を素材にした論考がかなりある。これが日本人と自然との関係の民俗学的研究に多大な影響を与えてきた。そこで柳田自身の自然観を特に明治時代初期に移入された進化論と伝統的な博物学との関連から摘出してみた。つまり柳田の自然観がはたしていわゆる常民の自然観といえるかどうかという検討である。他の一つは観察と聞き書きの共振こそ民俗学の方法であることを提示してみた。従来の民俗学があまりに聞き書きに偏重した結果、民俗学が見失ってしまった観察という方法の重用性をここでは述べている。

第二章「民俗誌と自然誌」では自然をめぐる民俗の最近の研究の紹介とこうした研究の目標をどう設定するかという問題意識から二つの節を配列した。まず第一節「聞き書きのなかの自然」では人間と自然に関する民俗学的研究の最近の学問的動向を整理して、本書の位置を明確にした。第二節「風土の民俗学」ではこうした自然に関する民俗の研究の目標がどういったところにあるのか筆者の試論を展開してみた。

第三章「海の民俗自然誌」と第四章「山の民俗自然誌」はそれぞれ筆者が長く調査してきた海村と山村において、生態学的視点からみた民俗自然誌をモノグラフとして提示してみた。方法としては観察を重視したものであり、対象としては海や山という自然の民俗的知識や技能をとりあげ、生活との関連に重点がおかれたものである。また第四章第三節の「植物民俗にみる地域差」はこうした各地域の民俗自然誌を比較して地域差から地域性や階層性の差異の検討を今後どうするのか一つの試論を考えてみた。結論「民俗自然誌の課題と可能性」は筆者が提示する民俗自然誌の今後の課題と可能性についての見通しを述べている。

筆者のフィールドワークの出発は本書にも登場する岡山県真庭郡湯原町粟谷である。筆者自身が岡山県真庭郡川上村という粟谷の隣村に一九七一年から一九七四年の三年間半居住していたから日常的に山村の人々とつきあうことができた。動物をめぐる民俗や植物をめぐる民俗に関心をもったのは日常的なレベルでさまざまな生物的自然が生活のなかに関わりをもっていたからである。彼らの伝承し観察してきた自然知と筆者の学んできた文字知との幸福な交流があったと思っている。特に山の野生植物の民俗的知識を筆者に教えてくれた粟谷の須美武王・八重子夫妻と出会わなければ筆者のその後の研究はありえなかった。爾来、筆者の研究は西日本の他の山村や漁村での自然と民俗の関係へと展開し、『海と山の民俗自然誌』という一冊にまとめることができた。

（注）　自然知と文字知という概念は歴史学者・塚本学氏から示唆を受けて作った造語である。一九九〇年から一九九二年の三年間、国立歴史民俗博物館の共同研究「生命観―とくにヒトと動物の区別認識についての研究―」が行われ、この研究会でこれらについて議論した。これらの議論は「生命観―とくにヒトと動物の区別認識について―」（『国立歴史民俗博物館研究報告』六一集、一九九四年）として出版されている。

第一章　自然と民俗

第一節　柳田国男の自然観

一　柳田国男と庭木

柳田国男が自然の極微の世界の観察者であったことは彼の著作『野草雑記』『野鳥雑記』『明治大正史世相篇』『豆の葉と太陽』などをみれば即座に了解できることである。それも普通の観察者ではなかった。そして観察から民俗学を作り上げる構想をあたかもダーウィンがビーグル号航海記の後に進化論を構想したように可能であると信じていた。しかしそれは失敗した。柳田自身はそのことを『明治大正史世相篇』の序において「方法がつたないゆえ」(1)としているがはたしてそうであろうか。

柳田の極微の世界の出発はまず自分の家の庭であった。『野草雑記』の序「記念の言葉」のなかで、一九二七年（昭和二）の秋、喜多見の山野のくぬぎ原に家を建てたが、「私の家では、始めには庭に何物をも栽えない主義であった。木は門を出ること数歩にして松でも何でもある。草は抜ききれないほど色々のものが生える。どんなものが先ず生えて來るか、見ようと思って空地にして置いたのだが、あまり土埃りが立つというので芝を張った」(2)と述べている。新興の宅地造成をした庭にどんな植物が侵入してくるのかについて柳田は多大な興味を示した。それは洪水後などにできる裸地にどんな植物が進出し、それがどう変遷していくのかという植物生態学の問題と共通した関心である。現在の我々だって、いや自然保護主義者の多くだって、いわゆる都市化してマンションなどが立ち並び何気なく通り過ぎる整備された公園のような共同の庭に北アメリカ産のニワゼキショウが万葉以来人々に愛されているネジバナと同居して、もう昔から住んでいますという顔をしていることなどほとんど気づきはしまい。

柳田は喜多見のこの家にきて一〇年目の春にこの『野草雑記』の最初になる章のところを書いているが、ここで述べているタケニグサの行方については一〇年の観察を根拠にしている。そして一〇年間の家の庭に生起した植物の遷移を「此間に於ける草木の有為転変は、一つの巨大なる歴史であって、これに比べると人は寧ろ常磐であったとも言える」(3)と表現している。ここで注目しておかねばならないことは遷移を歴史とみなしていることである。そしてタケニグサの生育する場が都市の近郊では普請で土を動かした部分であって、やがてこういう環境がススキやそれと仲のよいハギやワレモコウの混じった野原に遷移することを見抜いている。さらにタケニグサの方言名からこの植物が元来、ゴウラと称されるような石の多いところを好んで住む性質を推測しているが、これは植物図鑑の記載とそれほどずれるものではない。ここまでくると生態学の重要な概念であるハビタット（生育場所）やニッチ（生態的地位）を理解することは容易なはずである。

この『野草雑記』の第一章の最後は観察と聞き書きという事実からタケニグサの生活様式の変化（歴史）を見事に推測している。タケニグサの元来のハビタット（郷里）は、人の生活と関わらない山中（ゴウラといわれるような場所）であった。自然災害でできる裸地にパイオニヤ植物として進出する。日本の地形では自然災害地を始めタケニグサが生育できる環境が随所にできる。それがタケニグサという種が絶滅せずに存続できた大きな理由である。最近、土地利用の型が変わって（つまり都市開発）都市の近郊にもタケニグサが生育できる環境が増えた。そんなわけで都会の周囲で異国情緒を発散するタケニグサに我々が出会うことになったといっている。見事なほど生態学的であるといっていい。

タケニグサは異国情緒を放つといっても在来種であるが、この形容には柳田の別の思いが込められている。それは後述するとして、タケニグサは我々の先祖の拠っていた山中からでてきたが、現在では生態学的現象としてもう少し規模は大きくなり、外国産のオオキンケイカやフタマタタンポポが都市の近郊の空き地を埋め尽くしている。現在では都市の近郊の空き地にタケニグサをみることはむしろ稀である。逆にそのタケニグサはアメリカやヨーロッパで日本からきた帰化植物としてかなり普遍的になっている(4)。在来種であったタケニグサはコスモポリタンにそれこそ柳田の用語を使えば成長したといえる。こうしたタケニグサの運命を柳田が知ればなんと言ったであろうか。世界民俗学、あるいは比較民俗学のそろそろ必要な時期にきたとでも言ったであろうか。

タケニグサの故地を述べるまでのくだりは鋭い観察に基づく叙述であるが、柳田にあってはこれから先の表現が問題である。異国情緒を発するタケニグサと「元々御互いによく似た身の上である以上は、是はたゞ我々の忘却、もしくは最初からの無関心以外の、何物をも意味しないのである。我々の先祖も山に拠り、山あひの小さな空き地のみを捜し求めて、末々其後裔が斯んな海端の平蕪の地に、集合し又放浪しようとも思わなかったことは同じだが(5)……」と述べ、タケニグサに対して山間の田舎から都市へきた人間の境遇と同じようにみて同類感情を抱いている。というよりタケニグサに仮託して柳田自らの運命を語っているようでもある。もしこの仮定が正しいとすれば、異国情緒を放つ柳田とはなにか、在来種でありながら外来種のような存在とはなにかという厄介な問題になる。

柳田はタケニグサに対して「流転はまことに此一族の運命であったかと思われる(6)」と擬人的な用法を駆使する。

タケニグサの郷里・歴史・一族・流転・運命の用法にみるように植物に対してさえも擬人法を使うのは特筆に値する。動物に対しては『孤猿随筆』のなかの猿・狼への言及で明らかなように、彼らの不幸への哀惜は友人に対するそれである。まことに柳田にとって草木や鳥獣の生き方・歴史は人間の生き方や歴史と同じであった。タケニグサにみるように彼らの存在は柳田の多くの発想の根源であったのではなかろうか。

『婚姻の話』の冒頭を読むとなかなか人の話にならず、鳥がペアであることの意味についてさまざまな蘊蓄を傾けている。日本列島に展開した婚姻の歴史的経過について諸外国のさまざまな事例を比較検討するより鳥のペアのありかたに日本における婚姻の変化の隠された原因を探りだすことができるとさえ言っている。これは生き物に対する擬人法的な見方というより人の現象の隠れたる事由と生物の現象の隠れたる事由が相同であると言っているのではないか。擬人法とか相似では捉えきれない事由の発生の類似を生物界に柳田はみていた。そこにこそおそらく柳田の発想の淵源が外来の進化論にではなく日本の博物誌に求められるのではないか。中村哲が柳田の方法は生物学的な世界観であるといったが、(7)それは決して近代的な意味での生物学ではなく博物誌の系譜をひくものであった。また鶴見和子は柳田と今西錦司の思想の類似性を指摘している。(8)類縁の認識による類推という今西の哲学と上に述べてきた事由の発生の類似は確かに近似したものである。(9)

二　動物学者の語る柳田国男

よく知られているように柳田国男の子息・柳田為正氏は動物学者である。彼は東大で最初はゾウリムシを手がけ、その後東大の三崎・油壺の臨海実験所にいって腔腸動物のイソギンチャクに興味をもち刺胞の研究をする。(10)この柳田為正氏を訪れ柳田についての聞き書きをとったのは主として二つの理由からである。一つは柳田の近親者としてみていた父・柳田国男と庭木のこと、つまりタケニグサの話の舞台となった庭のその後をみたかった。今一つは動物学者からみた柳田国男と進化論・博物誌の関係を知ることであった。以下の内容は柳田為正氏に聞いた話を骨格にしている。

柳田国男の家は東京都世田谷区成城にあって小田急線・成城学園前で下車し徒歩で五〜六分のところにある。晩年縁の深かった成城大学とは目と鼻の先である。柳田が宅地を購入し家を建てたころと現在では回りの景観はすっかり変わってしまっている。つまり武蔵野の面影を残すところは皆無に近い。柳田の家は瀟洒な住宅街にあって屋敷の外観は庭木を含めて特に特徴があるというものではない。ここが砧村であった当時、ここが宅地の分譲地として売り出され、一つ一つの単位は三六〇坪であったそうだ。二〇間×一八間の矩形である。入り口は西北の隅にあって、そこに大きな樹木が二本ある。根元が寄せ植えしたせいで、すでに一緒になっている。エノキとムクノキであるが、北関東の人が柳田に二本の苗木を寄贈して植えたものだそうだ。ムクノキはムクエノキと別名があるようでこの地方ではエノキとくっつけて植える習慣が武蔵野にはあったようだ。そのすぐ横に一本のザクロの木があった。これが『婚姻の話』のなかの「子無しと子沢山」の一節「人を非情の草木にたとえたりすることは、うれしくないことのように思われがちであるが、じっと観て居ると存外の暗示がある。私の窓の外のザクロの樹で見たように、あまり元気がよくなると花ばかりで実がならない」(11)そのザクロである。

柳田に暗示を与えたザクロは健在であったが、柳田為正氏は「父の話では、あるところではあの世に行くとときどき家に戻ってきてそこらへんにあるいちばん自分の気に入りだった樹の上にとまるんですって。俺だったらさしずめあのザクロの樹かななんていって」と語り、柳田はこのザクロに戻ってくるつもりだったといった。庭の西南の隅にはボダイジュがあり、その横にこれによく似た日本の在来種のシナノキが聳えていた。いずれも誰かからもらったものだということだ。東南の角には武蔵野というより関東の屋敷林に普遍的なケヤキがあった。

縁側の前に二本のアカマツがあり、その東側に柳田が愛したという雌雄異種の二本のヤマモモがある。ヤマモモのそばにはマテバシイの大きな株もある。

柳田がこの敷地を手にいれたときは雑木林や畑を伐り拓いた後であったのでハギが二株あっただけであった。その数年前にはヨーロッパに行っていたのでヨーロッパの庭に憧れクロッケーができるように芝を植えた時期があるがそれもあまりおもしろくなくなり、人から貰う樹木や野草を植えていろんなものが繁ってしまったという。柳田は庭にものを植えない主義であったが埃がひどいので芝を張ったというが、それは柳田の舶来主義を隠す韜晦であったようだ。柳田がこれらの樹木のなかでとくに懐かしがっていたのは故郷・辻川の神社の境内にあって、よく登って遊び実を食べたりしたヤマモモであった。それは新宿御苑の庭園に勤めていた人から貰った苗木が大きくなったものである。為正氏によればそのほか野鳥が好きであったので飛来させるため、実のなるウメモドキとかガマズミを植えたり、また武蔵野でシドメの方言をもつクサボケやアケビ・ムベを藤だなに這わせたこともあったらしい。たしかに柳田は植木屋が珍重し推薦する樹木や草花には冷淡であった。

かなり変化してしまった庭を見学した後に、自然科学者としての為正氏から柳田の自然観についての興味深い感想を聞いた。それは柳田のよく使う語彙「実験」と「成長」のことである。柳田の「実験」の意味はそこにあるものを観察する、あるいは今進行している現象を知るということであり、自然科学の実験とは基本的に異なる。なによりも自然科学の実験は反復可能で誰にでも検証できるという点が特徴だが、そうしたことは全く含意していない。

「成長」についてはさらに特異な使い方をしている。柳田は動物の場合も植物の場合も、さらに風景のようなものにさえ「成長」という言葉を使う。従来動物学者は「成長」を使い、植物学者は「生長」を使う慣習がある。柳田には生物学に関係する友人も多かったし、生物学関係の本も相当読んでいることを考えれば柳田がこの使い分けを知らなかったとは思われない。とすれば柳田のこの「成長」という語彙への固執は意図的であると考えられる。植物にも「成長」の語を使ったのはそれぞれの種がそれぞれの一族としての運命をもつからであろう。その「成長」の語はさらに風景や都市のようなものにまで拡張され使われていく。

人が無意識に天然の均衡を破る。そしてその無意識の集積が風景を成長させる。非情なタケニグサにさえ一族の運命をみる柳田であるから、それらの生き物によって構成される風景を一つの有機体のようにみる考え方は必然的に演繹されてくるだろう。思想としてのエコロジー運動からかりにこういう柳田を評価するとすればエコーシステムとしての風景論を胚胎していたということになるのであろう。しかし柳田の動的な風景論では、人間はいつも「無意識に天然の均衡を破る」ものであり、人間の存在は何をしようと自然のなかの一員でありその規矩を越えることはないと考えられていたのではないか。無意識に天然の均衡を破るが自然の大きな規矩は越えないというありかたは伝統的な人々の生活が自然埋没型のものであったのかもしれない[12]。

伝承されたものの中にはすべて理由があり、それは理解されるものであるという前提はフォークロアの根本仮説の一つであると言ったのは橋川文三である[13]。柳田は自然に埋没した人間が民俗を創造すると仮定していた。その民俗の理解に自然の構成員である野鳥や野草の歴史や生活様式が単なる比喩としてではなく利用されるのはそんなあたりに理由がありそうである。

三　柳田国男と進化論

柳田国男がダーウィンの『種の起源』を始めとした生物進化論をどのように評価していたのか。あるいはどのように理解していたのか。柳田の思考に動物や植物の社会や歴史がアナロジーとしてではなく同情をもってみなくてはならない隣人の社会や歴史として映っていた。そうであるとすれば明治十年代から三十年代、モースによって紹介されたダーウィンの生物進化論とその俗流解釈の大流行は柳田に影響を与えたかもしれない。柳田は生物進化論に関する著作を読んでいるだろうか。そこでまず柳田の読書遍歴を知る手がかりである『柳田文庫蔵書目録』の一二「自然科学」の項と「洋書目録」の項に進化論関係のものがあるかどうかみてみた(14)。柳田の蔵書目録にはスペンサーを始めとしたいわゆる社会ダーウィニズムの系譜に連なるものは何編かはある。しかし純粋に生物進化論に関するものは皆無といってもいい。

先の目録の「自然科学」に挙げられている書物の数は八七冊であり意外に少ない。そして分野別の傾向をみてみると、まず自然科学といいながらほとんどのものは動物・植物に関連したものである。明確に動物・植物に関係すると判明するのはそのうち六四冊である。生物学というより博物学といったほうがふさわしいものが九冊あり、それを含めば七三冊が生物に関する書物であり自然科学のなかで特に生物に関心をもっていると一般的にいわれてきたことは事実のようだ。さらに柳田のこの分野に関する読書傾向には大きな特徴がある。それは生物学のなかでは、個体以下のレベルを扱う生理学・形態学などのものはほとんどなく、また遺伝学に関するものもない。あるのは博物誌的な匂いのする図譜・図説・図鑑・植物誌である。そして動物に関しては特に鳥類に関する博物誌が多い。

書物の発行年月日は購入年月日より当然早いので正確な購入時期はわからない。書物の発行年月日の経時的な分布は、必ずしも購入ではなく寄贈も考えられるので分布の密度の高い時期が生物関係の書物を集中して読んだとは断言できない。しかしある程度は反映していると考えてもそれほど異論はないであろう。生物関係の書物の集中する時期はおよそ一九二六年（昭和元）から一九四〇年（昭和十五）である。これで柳田の生物学に関する読書傾向を判断しうるであろうか。実は今一つ考慮しなければならないことがある。それが柳田の子息である動物学者・柳田為正氏を訪問したもう一つの別の理由であった。

確かに『柳田文庫蔵書目録』にはダーウィンやハクスレーの原書もないし、明治時代の進化論の普及に貢献した石川千代松・丘浅次郎やや後に活躍した小泉丹などの著作や翻訳も一切ない。けれども柳田の子息・為正氏は動物学を専攻している動物学者であるので柳田の蔵書の中で進化論や動物学・植物学の書物が彼に流れている可能性があるかも知れないと考えた。為正氏の答は次のようなものであった。彼は「（柳田国男から譲り受けたあるいは買い与えられた本の）冊数は多くないのですが、そのなかにはダーウィンだとか進化論だとかに関係するものはありませんでした。残念ですけど。父は博物誌みたいな本が好きでね」と述べ、柳田が生物進化論にそれほど興味をもっていなかったことは確かなことのようだ。

また柳田の若い頃の読書傾向を示す『困蟻巧程』一巻、『困蟻労程』二巻・三巻は少なくとも一九〇三年（明治三十六）までの読書日記である。(15) しかしそのなかには進化論・生物学に関するものはない。E・S・モースの『動物進化論』（石川千代松筆記）は一八八三年（明治十六）にすでに出版されていた。明治時代のモースに始まる日本人の進化論の受容とその展開過程と柳田の軌跡を少し交錯させてみよう。よく知られているように進化論を始めて日本に紹介したのはエドワード・モースで進化論に関する初めての連続講義が行われたのは一八七七年（明治十）である。柳田二歳の時である。その後の明治十年代の進化論の流行は爆発的であったが、それも生物学の新理論としてというより人文・社会科学の人間社会理解の一つの思想として受け入れられた。

渡辺正雄は『日本人と近代科学――西洋への対応と課題――』のなかで次のように述べている。「しかし、それにもかかわらず、当時、進化論なるものは急速に流布し、しきりに論者たちに取り上げられているのである。西洋との比較のため、試みに当時の代表的な学術誌についてこれを調べてみると、英国の科学誌 Nature（一八六九年創刊）や米国の科学誌 Science（一八八三年創刊）では、一八八〇年代の大小記事の総数のうち進化論に関するものの比率がいずれも一パーセントに満たないのに対して、日本でのこれらに匹敵する総合学術誌『東洋学芸雑誌』（一八八一年創刊）では、その比率が掲載論文総数の中の八パーセント余にも達している。（中略）しかも、これを内容にわたって分析してみると、前ページの図にあらわれているように、進化論が最も多く取り上げられたのは、自然科学の分野ではなくて、社会科学の分野においてなのであり、それもひじょうに高い比率を占めているのである」(16)

生物進化論というより其の亜流である社会進化論が明治思想の展開に大きな役割を果たした。社会進化論の代表的旗手としてのスペンサーのことを『明治文化史五　学術編』は次のように記している。明治十年代、西郷隆盛の乱を経て、明治政府の基礎が堅固になったが封建的伝統はなかなか打破されなかった。

学界にあっても未だ自らその専門を研究するの域に達せず、大学を始め各学校の授業も主として外国語、殊に英語の習得にあったといってよい。従って西洋の学説を批判する力もなく、時代の流行を追って西洋の優れた学説をそのままに模倣する風を生じた。この傾向はその後においてもこの国の学界にみられる一つの特徴であるが、その最初の例にとなったのはハアバート・スペンサア（Herbert Spencer, 1820~1930）である(17)

日本の輸入学問の無節操な崇拝ぶりが進化論を契機として始まるが、スペンサーはさらに保守と革新の両極からも都合よく解釈されるという輸入学問のその後の象徴的なありようを当初から示していた。スペンサーの『社会平権論』は自由民権の聖書のような役割を果たしたともいわれる。また国権主義の理論に根拠を与えた象徴的なできごととして加藤弘之が『国体新論』（一八七四年）などで依拠していた「天賦人権説」からダーウィンの俗流解釈に依拠し『人権新説』(18)（一八八二年・明治十五）を著し、明治政府の「富国強兵」政策を擁護する立場に転向したことが挙げられる。

生物の同種内の個体間の変異が生存競争を通じて自然淘汰され種の形成に関わるという進化の現象に対する原

理の提唱が、人間社会の優勝劣敗・適者生存の進化論に矮小化されたわけである。しかも社会や国家間の競争にまで拡大解釈されていった。しかし肝心のダーウィンの『種の起源』が翻訳されたのは一八九六年（明治二十九）であった。それは立花銑三郎による『生物始源』というタイトルであった。柳田二十一歳の時であった。俗流進化論が隆盛をきわめていたとき柳田はむしろ文学に傾斜して直接的な影響はなにも受けなかったようだ。

柳田との関係で興味深いのは東京大学の初代の植物学教授矢田部良吉である。ダーウィンの進化論の理解者であった矢田部が俗流進化論のあまりの隆盛に鋭い批判をおこなった。それはダーウィンがミミズが地中の土をどのくらい運び出すか測定するため三〇年の歳月を要したことを述べて、当時はやっていた社会進化論の著書の一節を確たるものとして主張したいのなら一節ごとに一五年の研究はして欲しいと悲憤慷慨したものである。[19]この事態は現在でも人文・社会科学一般でそれほど変化してないのではないかと思われる。西欧の理論の軽兆浮薄な受け売りは根の深い問題である。この批判をした矢田部良吉の妻は柳田の妻・孝の姉・順である。しかし柳田と矢田部の学問的交流については為正氏は否定的であった。

俗流進化論はともかく、それでは日本の生物学界内部では進化論はどう展開していったのだろうか。進化論が日本のキリスト教や仏教をも含む思想界に与えた影響は大きかったが生物学の主要な研究テーマとなることはむしろなかった。一九〇〇年メンデルの遺伝の法則の再発見を契機に生物学はマクロからミクロへと視点を転換して近代生物学に脱皮していく。しかし日本の近代生物学が急速にすすむのは大正時代である。生理学・細胞学・発生学・遺伝学など実験を中心にした生物学の隆盛はこの時代になってからである。[20]個体以上を扱う巨視的な生物学は川村多実二によって『動物生態学』（一九三一年）が著されるが、中心はやはり記載分類学でありそれは依然として博物学の時代であった。つまり柳田の思想形成期や民俗学確立期の柳田が関心をもった個体以上の生物学は川村多実二などの生態学を除けば記載分類学が中心であった。しかもその分類学は進化論的な系統分類ではなかった。したがって「種」や「系統」を研究するものではない。

柳田と同時代人・丘浅次郎は生物学者であると同時に進化論の啓蒙家・思想家であり、多くの進化論の普及書を書いている。しかし柳田には丘の人類滅亡論を含めて読んだ形跡がないし、影響を受けたとは思われない。むしろ柳田の生物学関係の蔵書にみるように柳田が好んで読み、つきあったのは分類と生態を中心にする博物学であり、博物学的な傾向をもつ生物学者であった。後者については為正氏の聞き書きのなかでも明らかである。鳥類学者黒田長礼や植物学者武田久吉などとは特に親しかったようだ。

柳田の比較研究法の出所はやはりフレイザー、タイラー、ゴンムなどのヨーロッパの進化主義的人類学や民俗学であって生物進化論からの直接的啓示は受けていないようだ。柳田の著作のなかから生物進化論の影響を読みとることはかなり困難なことである。最も簡便な方法は柳田の著作のなかにダーウィンやハックスレーの名を捜すことである。そして進化論や生物学に関連すると思われるいくつかの概念や用語を柳田の著作のなかで捜し、それらの語がどのような分脈で使用されているか調べ、そこから彼の進化論に対する理解を推論する。

筑摩書房の『定本柳田国男集』の別巻五による総索引によればダーウィンは一回（ダーウィニズムとして別に一回）、ハクスレーやヘッケルは一度も出てこない。フレイザーの一二五回、タイラーの八回、ゴンムの四回と比べるといかにも少ない。[21]これからみても柳田の学問に生物進化論が直接影響を与えたことはないといえる。では次に柳田がダーウィンに言及したところからみてみよう。ダーウィンと名前が出てくるところは一回であり、それは一九二九年（昭和四）九月に仙台放送局での放送を後に「東北と郷土研究」として発表したもののなかに入っている。郷土研究の必要性を説く枕に「其中でも殆と世界の流行ともいってよかったのは、「国の始」を知らうとする物ずきに近い念慮であります。ダーウィンが人類進化の説を立てます迄は、人間は今から六千年ほど前に、突然に作られたことになっていました。そうでなかったという事がきまってから、昔が非常に遠くなりました」[22]

とある。この後、天孫の降臨地の詮索より平民の以前の生活がどのようなものであったのかということのほうが大事な問題となってきたことを述べている。しかしここでのダーウィンの引用は進化論理解というより、単なる話の枕にダーウィンを引き合いに出したにすぎない。

ダーウィニズムと記述される次の箇所のほうがダーウィンの理解がどのようなものであったかをより明快に推測させる。これは一九二六年（大正十五）四月の日本社会学会での講演で「日本の民俗学」と題して行われたものである。後に『青年と学問』に収められる。このなかに「民俗進化の跡」という章の冒頭に「時代の最も健全なる学風、即ち比較研究の方法は是にも応用せられ、更に又ダーウィニズムの啓示が、此方面に於ても切実に学者の推理力を刺激した。サー・ジェムス・フレイザーの如きは、其師タイラーの勇猛な学説を祖述して、所謂文明の中に残留する野蛮の痕跡を、指示すること最も丁寧であったが、彼の著『旧約全書のフォクロア』三巻に至っては更に同一研究法を押及ぼして、次々に昔今の多くの民族の前代を知得する手段とした。（中略）即ち所謂蛮民土人の社会にも進化があって、今現前するものは同時に又、彼等が歩んで来た前代を説明する。そうして只之に由ってのみ、彼等の将来を推測することが出来るのである」[23]とある。この分脈からすれば柳田は社会進化を一系的進化として理解していることになる。しかしやはりダーウィンの何に啓示を受けたのか具体的には分からない。現存する生物の形態・生理・生態・習性・分布などから系統分類と進化の機序に関する理論を打ち立てたという一般的な理解を出ないのではないかと思う。ダーウィニズムの啓示によったという比較研究は実際にはフレイザーの方法であった。そしてそれは同一系統の文化の中では「我邦は南も北も遡れば却って多くの一致を見、たゞ地形と中央からの距離の多少とによって、其変遷の歩みに遅速あるを見出すのみである。個々の郷土は時を同じくして、同じ一つの道筋の上の各丁場を例示している」[24]という理論につながっていく。これは柳田の著作のなかでは珍しく図の入ったもので灯火の手段の都鄙の差を時代差に置換するもので、後に周圏論として喧伝される方法論とも関連する柳田の民俗学の根幹をなす考え方である。

福田アジオが批判したのはまさにこの「同じ一つの道筋の上」という本来仮説的なものを教条的ドクマとした点である。(25)ただ周圏論の基礎になった『実験の史学』のなかの文章は一九〇九年（明治四十二）に自家出版された『後狩詞記』のなかで「古今は直立する一つの棒では無くて、山地に向けて之を横に寝かしたようなのが我国のさま」(26)をさらに精密に発展させたものである点が気がかりである。柳田がフレイザーを読み始めるのは一九一二年（明治四十五）からである。(27)前に述べたように柳田は生物進化論そのものに関する書物はおそらく読んでないであろう。だとすればこの周圏論の基礎になる考えは彼の独創であろうか、それとも俗流進化論あたりに淵源があるのであろうか。

今一つ彼はこの章のタイトルを「民俗進化の跡」としたが、この民俗進化という語法に注目してみたい。柳田は同じ『青年と学問』の「合理的民俗誌学」のところで「文明もあらゆる自然界の現象と同じく亦進化するものである」とか「文化相の進みにも必ず法則がある」(28)と述べている。そうすると柳田は民俗というものもある法則的な進化をするものだという理解に立っていたことになる。柳田は現在のある民俗がかってのあるものの零落した姿だという表現をよくするが、これは先の記述との関連でいえば矛盾した表現である。民俗という一般を理解する方法はやはり時代の推移とともに形骸化し本来の意味は忘れ去られレリックになっていくものであろう。すると民俗は進化すると、それも法則的に進化するという柳田の言辞は単なる当時の流行言葉を使ったレトリックであろうか。

一九二六年当時進化という語彙がどのように使われていたのであろうか。「明治思想における進化論の役割」（『明治哲学史研究』船山信一）では Evolution は始め変遷と訳されその後進化が使われるが、逆に述語めいているなどの理由で進歩・発達と訳されるようになるとしている。(29)日清戦争後、また進歩・発達では平凡だから、力あり特別の進歩をみるという意味で発展・展開が使用され始める。しかし科学的に考えるにはやはり進化が適当であると考えるようになったとしている。これは三宅雪嶺の『明治思想小史』のなかで述べられていることの紹介であるが、この本が書かれたのが一九一三年（大正二）である。明治の哲学・社会学のなかで進化・溶化（これは退化を意味していたらしい）とそれを総合した循化などの語彙もあった。循化の代わりに大化あるいは輪化という語彙もあった。しかし有名な丘浅次郎の人類滅亡論に象徴されるように進化は退化と対語であった。そうであれば柳田の進化の語の使い方はやはりそのなかに進歩・発展という意味を含意していたと考えるのが素直であろう。

ではもう一度民俗の進化に戻り、それがここで述べるように民俗は進歩・発展すると解釈するとどうなるであろう。柳田がよくいうように現在のある民俗はあるものの零落した姿であるという表現は現在の民俗のほうが過去のものより進化しているが、これを零落と心情的には言いたいということであろう。民俗が進化してより豊かな民俗になるということではなく、零落することがすなわち進化することなのである。しかし柳田の韜晦な文章は韜晦な心情に支えられている。より豊かな民俗が具現していたけれど進化していない過去のほうが、進化はしているが零落した民俗を示す現在より柳田は好きなのである。ここにはやはり進歩・発展の近代主義と民俗の反近代主義の相克が色濃くみられるが、半身は近代主義に引きずられていかざるを得なかった明治人・柳田の矛盾する姿がみられる。

四　柳田国男の自然観

風景は成長する。風景は人間のつくるものと柳田国男は考えていた。(30) 新しい生活に新しい風景が必要であり、そのため改良はいつでも前からある者の不幸であったと述べている。柳田の語彙の使い方にはさまざまな特徴があるが、「成長」や「改良」また「実験」もよほど注意してかからないと大きな誤解を生むであろう。『明治大正史世相篇』で使っている改良は「村の犬」から猟などの必要で「飼い主のいる犬」への変化を指しているが、不幸なのは改良によって消滅する「村の犬」なのである。犬の変化ならともかくこれが自分の育った故郷であったり、変化の激しい都市であったりすると、変化以前の姿を「幼時の川の岸ばかりを懐かしいものに思う」ように懐かしがり、眼前の変化を俗悪と嘲り罵る結果になるといっている。

この場合も不幸なのはそのようにしか感ぜられない「古い趣味の束縛」を受けている人間ばかりでなく、変化する以前の農村であり都市である。変化する以前の農村が不幸であるということは、変化した農村は幸せであることを前提にしている。変化した農村を昔を懐古する人々は俗悪という。だからこの幸福は古い時代を懐古する人々には俗悪なものである。しかし柳田の文脈の論理からいえば柳田は俗悪とはいわずこれを幸福だと考えたはずだ。これは「俗悪」を推し進める者の擁護であり、柳田自身は「古い趣味の束縛」を受けずに別の地点に立っていると考えていたことを示す。

ここで俗悪を「近代」と置き換え、「古い趣味の束縛」を反近代の学としての民俗学と捉えれば、柳田以降の民俗学はほとんど柳田自身が否定していることになってしまう。武蔵野の屋敷林の多い風景からコウモリの群れが衰微し、蚊がうるさくなったものに変化したことを述べ、人が無意識に天然の均衡を破ることを認めている。そして狸が捕らえられ野鼠が跳梁し、蛇を捕る職業が盛んになり、やがて鼠や蛙などの繁盛を招くことを予測する。この本が執筆された一九三〇年以降に武蔵野にこのような変化が実際に起きたのかどうか寡聞にして知らない。柳田の文章の文脈から考えると一九三〇年以降どうもこういう武蔵野の自然の衰退と歩調を合わせて飼い鳥の流行があったらしい。そこで次のようにいう。

しかし近ごろの飼い鳥の流行をもって、すぐにこの空隙を充たすがために起こったように、考えてみることだけは事実に反する。第一こういう趣味に遊びうる者はわずかで、しかもその多数は必ずしも野外の鳥の声に、耳を傾けようとしていた人たちではなかった(31)

この文章の「近ごろの飼い鳥の流行をもって」というところを「近ごろの自然保護主義の流行をもって」と言い替えると問題はより鮮明になる。動物や植物の生活様式に関心をもつことから出発した生態学と近ごろの思想運動としての片仮名のエコロジーの相違はまずもって後者が野外の鳥の声に耳を傾ける生来の人々ではないところにあると断言してもいいだろう。生態学の系譜をたどると進化論よりむしろ博物誌にゆきつく。それは野鳥の声に耳を傾けてきた人々がエコロジー運動の隆盛と共に幕のうしろに後退してしまったことと関係があるだろう。

こうした留保をつけながらも柳田が変化を推し進める俗悪を承認するのはそれが人が無意識に天然の均衡を破るからである。そこに柳田の風景や自然に対する根本的な態度がある。つまり風景の成長や都市の改造は人が無意識に天然の均衡を破る結果であって政府の政策や資本の投資とは直接的な関係がないと考えていた。というより直接的な関係がないような微細でつましい小さな世界について言及している。そのことは柳田の『明治大正史世相篇』のなかの「風光推移(32)」で明瞭に理解できる。

確かに庭に赤系統の花をつける花木を植えるようになった農村の色彩の変化を担った人々は無意識に天然の均衡を破ったものであろう。それにしても柳田が好んで使う「成長」や「改良」や「実験」を担う人々の相貌がはっきりしない。時にはこれらの動詞の主語が風景とか時代とか地域とかであったりする。このことはこれらの言葉を自動詞的に使っていることを示している。つまり自然が「実験」し、「成長」し、「改良」するときの自然とは柳田にとって自ずから然《な》るものであって、人間の科学の対象たる客観的存在としての自然ではない。つまり柳田にあっては自然は主体と客体の未分化な状態を指しているらしい。だから「成長」・「改良」・「実験」を担うのが人間である場合はそれは風景の中に埋れてしまい、相貌も明かでない主体性のない存在になってしまう。つまり人々は自然に埋没してしまっている。

やがてこれらの語彙の主語として「常民」という言葉が発見されていくが、その概念がいつまでたっても明断性にかけるのは主客未分化な言葉の使い方にあるのではないか。人々が自然に埋没してしまっている風景を柳田はみていたが、その風景が成長するのであれば人の自然に関与して能動的に自然を改変していくのもまた成長の一つの要素であったと柳田はみなしていたのではないか。

風景が成長するという言葉も当時の風景論のなかではきわめて特異な主張である。そしてその風景の中に人と身近な動物・植物の関係性のダイナミズムとその変化をみいだそうとしているのであるから、近ごろ流行の思想家としてのエコロジストがそこに柳田の予見性を述べるだろうことも想像に難くない。その関係性の表現は生態学の食物連鎖（フード・チェイン）や遷移（サクセッション）を連想させる。

さらに敷衍していうならば柳田の歴史という言葉の使い方には進化の俗流解釈が入り込んでいる可能性がある。それはオートジェネティックな変化という意味を自然史から人間史に持ち込んだという意味である。いずれにせよ野外の身近かな自然の声に耳を傾ける人々の側に柳田は自らを位置づけたことはまちがいない。したがって柳田自身が自然の声を観察することは当然であった。そして無意識に天然の均衡を破ることについて柳田は寛大であった。というよりこういう自然への人の介入はむしろ積極的に評価していたというべきであろう。人と自然の乖離がはなはだしくなり、それに反比例するように自然破壊が深刻化する現代にあっては柳田の自然観はむしろ楽天的とさえいえるかも知れない。無意識に天然の均衡を破ってもまだ自然の慈悲を享受できた時代に柳田は生きたのであろう。

注

（1）　柳田国男『明治大正史世相篇』（『定本柳田国男集』二四巻）一九三〇年、筑摩書房、一三二頁。

(2) 柳田国男「記念の言葉」『野草雑記』(『定本柳田国男集』二二巻) 一九四〇年、筑摩書房、四頁。
(3) 柳田国男、注(2)前掲書、一七〜一八頁。
(4) 浅井康宏『緑の侵入者たち—帰化植物のはなし—』一九九三年、朝日新聞社、一一五〜一一八頁。
(5) 柳田国男、注(2)前掲書、一七〜一八頁。
(6) 柳田国男、注(2)前掲書、一一頁。
(7) 中村哲『柳田国男の思想』上、一九七二年、講談社、五、二五頁。
(8) 鶴見和子「国際比較における個別性と普遍性—柳田国男とマリオン・リーヴィー」『漂泊と定住と』一九九三年、筑摩書房、七二頁。
(9) 丹羽文夫『日本的自然観の方法—今西生態学の意味するもの—』一九九三年、農山漁村文化協会、二四〜三二頁。
(10) 柳田為正氏を訪問したのは一九九三年一月十三日及び二月三日の二度である。二度目には福田アジオ氏と同行した。快くこちらの質問に答えていただき感謝したい。
(11) 柳田国男「子無しと子沢山」『婚姻の話』(『定本柳田国男集』一五巻) 一九四六年、筑摩書房、一九頁。
(12) 伊谷純一郎『自然の慈悲』、一九九〇年、平凡社、二三三〜二三六頁。
(13) 橋川文三『柳田国男—その人間と思想—』一九七七年、講談社、一六頁。
(14) 柳田文庫蔵書目録編集委員会『柳田文庫蔵書目録』一九六七年、成城大学。
(15) 柳田国男「困蟻巧程」「困蟻労程」(『伝承文化』五号) 一九六六年。
(16) 渡辺正雄『日本人と近代科学—西洋への対応と課題—』一九七六年、岩波書店、一〇九〜一一〇頁。
(17) 財団法人開国百年記念文化事業会『明治文化史』第五巻学術篇(編集委員矢島祐利・野村兼太郎) 一九五四年、洋々社、五七五頁。
(18) 船山信一『明治哲学史研究』一九五九年、ミネルヴァ書房、二九四頁。
(19) 渡辺正雄、注(16)前掲書、一二〇〜一二二頁。
(20) 上野益三『日本博物学史』一九八九年、講談社、二二一〜二二五頁。
(21) 定本柳田国男集編纂委員会『定本柳田国男集』別巻五、一九七一年、筑摩書房。
(22) 柳田国男「東北と郷土研究」(『定本柳田国男集』二五巻) 一九三〇年、筑摩書房、四八三頁。

(23)　柳田国男「日本の民俗学」『青年と学問』(『定本柳田国男集』二五巻)一九二六年、筑摩書房、二五四頁。
(24)　柳田国男「実験の史学」(『定本柳田国男集』二五巻)一九三五年、筑摩書房、五一一頁。
(25)　福田アジオ「重出立証法と民俗学」『日本民俗学方法論』一九八五年、弘文堂、一七五頁。
(26)　柳田国男「序」『後狩詞記』(『定本柳田国男集』二七巻)一九〇九年、筑摩書房、八頁。
(27)　新潮日本文学アルバム『柳田国男』一九八四年、新潮社、一〇五頁。
(28)　柳田国男、注(23)前掲書、二三七頁。
(29)　船山信一、注(18)前掲書、三四七頁。
(30)　柳田国男『明治大正史世相篇』(『定本柳田国男集』二四巻)一九三〇年、筑摩書房、一二三一頁。
(31)　柳田国男、注(30)前掲書、一二三〇頁。
(32)　柳田国男「風光推移」(注(30)前掲書)。

第二節　民俗学の方法としての観察

一　経験と観察

数年前、昔ニホンザルを研究したことのある友人と広島県の帝釈峡を訪れた。餌づけと個体識別という方法がニホンザルの社会の解明に大きな力を発揮したことは周知のことであるが、観光に一役買ったサル山のサルも、その後人間の無責任な放置によっての農作物を荒らしたりするので、捕獲されたり撃ち殺されたりしている。いったん人間と親和関係に入ったニホンザルがその後一方的に人間から関係を断たれ敵対視されることになって、ニホンザルにすれば未曾有の経験をさせられることになったわけである。この帝釈峡でもその問題が起こっているが、そうしたことをここで言うのではなくその友人が経験したことを論の端緒としてみたい。

サルの群れはもうめったに人前に出てこない状況であったが、友人はかつてその群れが歩いたルートを知っていて、河辺林あたりを散策し口笛を吹いていた。すると雑木林の中を見え隠れに素早く移動する群れがあって、そのなかに彼が調査していたとき順位二位だったメスザル、トモコがいるような気がした。ピーナツを用意してかつての餌場で口笛を吹いて呼び続けると、そのトモコだけがそこへ来て友人の手からピーナツを受け取った。「相変わらず容姿端麗だなあ」と友人は唸ってこの邂逅を喜んだ。

このことは多くのことを示唆する。まずこれがニホンザルの経験という一般的な問題になるかどうかは別にして事実であること、そしてこれが私たちの経験からすれば不思議な未知の領域に属する現象であることの二点である。さらにこうした経験を支えているのが観察という手段であることも看過できない。

はたしてトモコは、十数年前の観察者の口笛を記憶していた特異なニホンザルなのか、あるいは条件反射のようなものであったのか。ニホンザルの経験とわざわざ言うのは、この対面の時の挙措動作がそれこそ擬人的解釈を自然に惹起するものである故、彼女のなかで何かが起こっているはずだと思うからである。

そしてこうした人間の側の不思議な経験は、多くの野の観察者、それは多く自然に依存して生きてきた人々である猟師や魚を獲る人、あるいは農耕に従事する人々が体験してきたことなのである。このことをひとしなみに伝承という言葉で片づけるけれども、それは必ずしも父子相伝のように語り継がれなければならないものばかりではなく、優れた猟師なら一代で発見する現象だって多いはずである。不思議という伝承には語り継がれたものであると否とにかかわらず、背景に鋭敏な観察があることを忘れてはならない。

二　自然観察と民俗

この逸話を述べたのは、これが民俗学の方法と無関係なのではなく、この研ぎ澄まされた観察から遠心力を作動させたのが柳田国男の『野草雑記』(1)『野鳥雑記』(2)『信州随筆』(3)『孤猿随筆』(4)などであると思うからである。柳田はこの不思議という現象を観察したものの言動を集積し、多くの不思議を説こうとした。同時に自らも身辺卑近な小さな生き物を観察し、伝承のなかに躍動する生物の世界のなんたるかを追求した。

そしてこれとは対極的に、観察から求心的に生き物の世界に没入したのが日本の動物社会学であったのではないかと同時に思う。この対比が無縁なものでないのは、この方面の優れた知性である今西錦司や伊谷純一郎のなかに柳田が意識されていることからも明らかである。この両者が現在最も優れた自然（人間を含み）の理解者であることは異論がないであろう。それゆえこの対比を主軸にして、柳田の民俗学の方法について検討してみたい。

柳田が自然観察者たらんとして自分の家の庭や散策の途次で出会う動物・植物の優れた観察記録をしているのをみると、この人が普通の観察者でなかったことがわかる。『野草雑記』のなかでタケニグサの身の上について書いているように、柳田には個々の生物に対して人間社会とそれが等価のものと感じているところがあり、またオオカミやニホンザルについて述べるところでは経験・境遇・隠居・国などの語を多用し、まるでどこの人間社会の話をしているのかといった感じさえするところが見られる。

観察から遠心的に伝承の蓄積に向かっていった柳田の自然観察は、求心的に種社会の解明に向かっていった今西や伊谷によって必ずしも正鵠を得たものでなかったことが指摘されている。(5)けれども今西や伊谷の座右の書のなかにこれらの柳田の著作があることは間違いない。柳田の「猿の皮の批評をしようとする者は、あらかじめいろいろの境遇にある猿の生活を、知ってかかる必要がある[6]」という問いが、孤猿の問題としてようやく決着がついたことは、伊谷純一郎の『自然の慈悲』[7]が教えてくれる。対象たる自然に求心的に向かっていった者は孤猿の問題を解決するのに三〇年近くの年月を要したのである。このことを一つの例としてみても柳田のこれらの著作に、自然についていかに多くの問題の種子がばらまかれているかが証左されている。

興味深いことに、上に述べてきた三人は、共に庭のような小さな極微の世界の観察者でもある。柳田は「私の家では、始めには庭に何物をも栽えない主義であった[8]」と言っている。同時に彼らはそこに留まらず、極大の世界に対しても、方法は異なるが観察という手段で読みとろうとしている。

柳田が「菫の方言など」で民謡について、「これから亡びる者は永久に、また根こそげなくなるのです。そうかと言って人為をもって保存するのはつまりません。ただじっと看ている他はないと思います[9]」と言っていることは、自然についても通じる思想である。「狼のゆくえ」のなかで「この自然の趨勢というものは、我々の手段では左右することができない[10]」と、哀切に狼のたどった歴史を述べていることも同じである。優れた自然の観察者であり、理解者である柳田・今西・伊谷が、自然と人為という問題に対して短絡的に自然保護主義者にならないことの意味について、自然を洞察していこうとするものは深く考えねばならない。

『野鳥雑記』『野草雑記』『孤猿随筆など』に収められた柳田の自然についての洞察は、今まで民俗学や人類学の立場からは積極的な言及はあまりなかったように思われる。それは随筆や雑記というジャンルであるために、柳田の著作のなかでは比較的肩のこらない軽い読み物と見なされてきたせいかもしれない。けれどもエッセーといわれるものにはその人の本質が功まずに発露されるように、これらは柳田のもののなかでは比較的明快に書かれた民俗学的な考究と洞察に溢れたものなのである。しかも柳田における民俗学の確立期と福田アジオがいう一九三〇年代の充実した時期に書かれているものが多いことが注目される[11]。

柳田の仕事の多くのものに野にある動物や植物がどれほど重要な役割を果たしているのか考えてみるといい。初期の『遠野物語』[12]のオオカミ・ニホンザル・シカ、晩年の『海上の道』[13]のタカラガイの仲間・ネズミ・ジュズダマそしてイルカやクロモジのことなど、例を挙げればきりがない。『西は何方』[14]のクワ・アオダイショウ・クモ・アリ・カマキリ・アリジゴク、そして『蝸牛考』[15]『神樹篇』[16]などの重要な著作には、博物誌のように多くの動物・植物が出現する。いやむしろ人が身辺卑近なモノから思考を拡大していくとすれば博物誌的想像力によらざるを得ないのかもしれない。

この人の思考の出発点は確かに身辺卑近なものであり、それが「村の犬」[17]のように、しばしば幼児期の体験にまで溯ることに驚異すら感じるのは私だけではあるまい。彼は自らの経験に絶大な信頼を置いているのである。[18]

さて、この柳田の観察の向こう側に立ち上がった生物の世界とはどういうものであったのか。たとえば「狼史雑話」のなかで「犬や鶏やその他の家畜のように、人に飼われておいおいと改良して来たものに、歴史のあることとは誰でも知っているのだが、それを認める人々でも、なお野外の動物だけは、原始以来千篇一律の生態を続けているかのごとく、速断している者が多かりそうである」[19]といい、あるいは『野草雑記』の冒頭で「この間における草木の有為転変は、一つの巨大なる歴史であって、これに比べると人はむしろ常磐であったとも言える」[20]といっているように、狼の国の滅亡、猿の国の貧困化、タケニグサの境遇など、眼前にある生活や社会ではなく、観察の向こう側にある彼らの歴史にその視線は注がれた。柳田は、猟師や農民の観察の聞き書き（伝承化したものも直接観察された経験もあるいはそれらから彼らが推測したものもすべて含む）と、わずかに残る文献と、自らの観察・経験で、彼らの国の歴史を構成しようとした。しかし、観察から抽象される生態、さらには生態に潜む歴史を見る方法もあったはずである。この点こそが決定的に動物社会学と袂を分かったものであろう。

柳田は、聞き書きと精細なる観察を民俗学の方法とした。けれどもこの二つが等価のものとしてあるのではなく、前者の跛行的な肥大が現在の民俗学である気がする。そして眼前にあるものの観察からいつか遠心的に眼を反らし、遥かかなたの見えない猿の国の歴史へと想像力を働かせてしまったのではないだろうか。『野鳥雑記』には「旅は読書と同じく他人の経験を聴き、できるだけ多くの想像をもって、その空隙を補綴しなければならぬ[21]」と、野にあるものの経験を重視し、同時にその直後に「畠に耕す人々の、朝にはまだつぼみと見て通った雑草が、夕方には咲ききって蝶の来ているのを見い出すように、時は幾かえりも同じ処を眺めている者にのみ神秘を説くのであった[22]」と言って、観察を続けるものの言葉の内実が、旅の経験と想像力による補綴とはまた異なることを言っているのである。

聞き書きと精細なる観察は、同時に満足させることのできない方法であったのである。聞き書きのなかには現にあることの習俗やモノが記されると同時に、野にある人がこうであろうと想像していることが不可分に含まれている。柳田は精細なる観察を聞き書きに含ませることによって、つまり野の人の観察を聞くことでこの矛盾を解決しようとした。

三　聞き書きの限界性

柳田の方法にこだわるのは、特に自然と人間の関係に関心を寄せる者にとっては、柳田が文献による歴史学的方法に限界を感じたように、聞き書きにもやはり限界があると感じるからである。比喩的にいうならば、いくら文献上に現れるニホンザルを追求してみたところで猿の国の歴史など分かるはずもないのと同様に、聞き書きの補綴をもってしても不十分であろうと思うからである。しかし観察から問題の所在を見抜く力という点では、柳田の洞察力は賞賛に値する。

さて聞き書きと観察という問題をもう少し単純化して整理してみよう。ここでは民俗が生き物の世界と関わるという領域に限定するが、さらにそれは民俗学の全領域に敷衍できるかもしれない。聞き書きの内容は語る側の質からいうと三つに弁別できるが、それは相互に浸透し影響しあっている。「野の人の伝承化された知識」――「野の人の直接的な観察や経験」――「これらから作り上げられる推測（自然観や人生観なども含む）」がそれであるが、一方観察も、同所に長く留まってなされる観察か否かを別にすれば、その内容は三つに弁別できる。通常は観察力も訓練によって次第に向上するが、柳田のように天賦の才能も認めざるを得ない人も稀にはいる。けれどもやはり長期間の観察でしか見えてこない現象の奥に潜む固有なメカニズムがあるのも事実であろう。そうしたものをとりあえず留保し捨象すれば、観察は「自己の観察」――「他者の観察」――「自己の推測」というプロセスを経て了解に至る過程と考えられるが、ここでもやはり三つは相互に干渉しあう。

この二つの系列は経験に至る二つの道であるが截然と分離できるものではない。どんな人もこれを混在させている。前者はよりエスノサイエンスに近く、後者はサイエンスに近いともいえるし、前者を遠心的経験、後者を求心的経験といってもいい。柳田では「野の人の伝承化された知識」「自己の推測」が強調され、今西や伊谷は「野の人の直接的な観察や経験」に敬意を払い考慮に入れるけれども、基本的には観察の系列の思考の人であるといえる。どちらもフィールドワークを経験科学の手段として論理構築を行ってきた。科学という限りは法則定立や体系性を求めることになるが、現象に内在する論理を分布に求めたのが柳田であり、そのことをもっとも端的に表しているのが『野草雑記』のなかの「虎杖及び土筆」[23]である。

ある特定の語彙の方言が同心円的に分布することの発見から「蝸牛考」が書かれたことは有名であるが、「虎杖及び土筆」もその翌年に書かれ、同じく方言分布の原因・由来を求めたものである。各地のイタドリとツクシの方言を取りあげ「四隣の異同を詳しく究めた上でないと、地方的変化の法則を知ることができず、地方と時とがどれだけの影響を与えるかを測量しないでは、言語の成長を説く方法がないのである」[24]と、距離が遠くても単語の近似する例はイタドリ・ツクシに留まらず、こうした異同の生成は伝播によるとして「周圏波動の法則」を打ちたてている。これはいわゆる方言周圏論として喧伝されたものである。

周圏論を擁護するにせよ批判するにせよ、銘記しておかねばならないことは、これが身辺卑近な生物を素材にしていることと、この命名・伝播に子供が関与していることを忘れてはならない。個別的な現象のあるレベルでの法則性をいっているのであって、民俗一般に敷衍できる代物でないことは恐らく柳田がいちばん知っていたであろう。

柳田はこうした民俗の形態学的側面や分類学的側面に強い関心をもっており、おおむね彼の論理は多くこれらの分布論から構成されているといえる。ただ柳田の主張した精細なる観察を必要とする側面、それは分布論ではどうしても解析できず、植物や動物の生態や生活様式と関連する民俗を分析するような面においては多くの弱点を備えていた。つまり彼の観察と推測には疑わしいものがかなりあることも知っておく必要がある。柳田の学問を教典としてみるのではなく批判的に検討することは民俗学的知性の再生には不可欠であると思うからである。

今西は早くから柳田のこの弱点を見抜いていた。狼の絶滅過程をたどるとき、狼は群れ生活者であるという柳田の前提条件に今西は自らの観察に基づき疑問を感じた。今西は『孤猿随筆』と『遠野物語』のオオカミに関する記述と柳田の推測を検討し、その記述には信頼をおきながらも柳田の推測には反対であると、次のように述べている。「しかるに群れ生活が狼の社会の常態である、という仮定から出発した柳田氏にとっては、狼が孤独でいるということそれ自体にすでに何か不吉な兆候が宿っていなければならない、と考えられたであろう」[25]。また『遠野物語』のなかの異常な狼の群れの出現を述べた条に対しては「しかも、こういう異常な群れの現れた遠野郷では、その後狼の数が激減したというのであるから、それは実際にも絶滅の先駆的現象であったということができる。柳田氏は群れの解体のなかに絶滅の前兆をみようとしたが、私は反対に、こうした群れの成立のなかに絶滅の前兆を認めたいのである」[26]と反論を開陳している。

絶滅の最期、狼の大群が海を泳いでゆくところをみたものによって「水かき」の存在が伝承されたのではないかと推測しつつ、民俗学者の手にこの問題を返すと今西は結んでいる。これは一九四八年（昭和二十三）のことであるが、その後柳田や民俗学のなかでこのことがどう展開されたのか知らない。

今一つ柳田の推測が鋭い観察者によって否定された例を挙げておこう。それはニホンザルの孤猿についてである。『孤猿随筆』にある、孤猿の存在を黒部川の上流の山の陰の一軒家の老人から聞き、猿の国の歴史に想いを馳せるくだりである。餌の確保のためわざと群れから離れる猿がいて、次第に群れの仲間から疎んぜられ、「いわば好んでこのはぐれ猿になるそうである」[27]と山に詳しい老人の推測を支持する。けれどもこうなってきたのは「動物の国もおいおい狭く、食物ももう豊富とはいわれなくなった」[28]と餌の減少がその原因であると推測し、孤立独行の猿の皮が美しいのは栄養がいいからだとしている。そして猿が豊かな自然のなかで悠々と生活していた昔には孤猿は出現しないかのように書いている。

これには附記があって、猿の孤立独行するに至った原因を、毛づくろいで仲間から傷をいじられるのが煩わしくなり、群れを指揮指導した大猿のようなものでも一つ猿になり、隠居するようだという。

猿の皮一枚の観察とわずかな聞き書きと彼自身の蘊蓄によって、擬人的な表現で孤猿の由来を説く柳田の彗眼はさすがである。しかし現象の奥に存在するニホンザルの生活史はそれほど単純なものではなかった。それは生態に潜む歴史といっていいが、それを洞察するにはさらに多くの聞き書きと自らの観察を必要とした。精細なる観察といいながら彼はここから遠心的に聞き書きの世界に没入してしまった。

孤猿の由来について数十年をかけて求心的に追求してきた伊谷純一郎は次のように結論している。「研究が進むにつれて、ニホンザルの孤猿はすべてが雄で、心身は健全であり、雄たちの生活史のなかのある過程を示すものだということがわかってきた。それだけではなく、ニホンザルの雄たるもの、すべては自らが生まれ育った群れを離れて孤独な放浪の生活をおくり、出自群に戻ることはまずなく、やがてほかの群れに入ってその成員となり、何年か経つとその群れからも離れ、生涯のうちには二群三群を渡り歩くということも明らかになった。つまり彼らの一生というのは放浪と寄宿の連鎖からなっており、その放浪時の姿を指して孤猿と呼ぶのが正しいということになったのである」[29]

かくて柳田の推測した猿の国の歴史は瓦解してしまったのであるが、このことは決して柳田の評価を下げることにはならないであろう。それほどまでに魅力的な自然と民俗の、それも心意に関わる問題を柳田は聞き書きの世界から発見している。こうして明らかにされたニホンザルの生活史を踏まえて、聞き書きや記録に残る日本人の猿に仮託してきた心情とその動物観のようなものが、再度民俗学の問題として投げ返されていると考えなければならない。狼や猿に限らず柳田の投げかけた問題は多い。それを自らの透徹した観察と聞き書きによって深化できるのではないだろうか。

注

（1）柳田国男『野草雑記』（『定本柳田国男集』二二巻）一九四〇年、筑摩書房。
（2）柳田国男『野鳥雑記』（『定本柳田国男集』二二巻）一九四〇年、筑摩書房。
（3）柳田国男『信州随筆』（『定本柳田国男集』二二巻）一九三六年、筑摩書房。
（4）柳田国男『孤猿随筆』（『定本柳田国男集』二二巻）一九三九年、筑摩書房。
（5）今西錦司『自然と山と』（『今西錦司全集』九巻）一九七一年、講談社、二六四頁。伊谷純一郎「老い―生物と人間―」（『老いの人類史』所収）一九八六年、岩波書店、一一九頁。
（6）柳田国男「猿の皮」（注（4）前掲書）三二六頁。

(7) 伊谷純一郎「家族以前」『自然の慈悲』一九八六年、平凡社、一一八頁。
(8) 柳田国男「記念の言葉」(注(1)前掲書) 四頁。
(9) 柳田国男「菫の方言など」(注(1)前掲書) 五六頁。
(10) 柳田国男、注(4)前掲書、四三八頁。
(11) 福田アジオ「村落史研究と民俗学」『日本民俗学方法序説』一九八三年、弘文堂。
(12) 柳田国男『遠野物語』(『定本柳田国男集』四巻) 一九一〇年、筑摩書房。
(13) 柳田国男『海上の道』(『定本柳田国男集』一巻) 一九六一年、筑摩書房。
(14) 柳田国男『西は何方』(『定本柳田国男集』一九巻) 一九四八年、筑摩書房。
(15) 柳田国男『蝸牛考』(『定本柳田国男集』一八巻) 一九三〇年、筑摩書房。
(16) 柳田国男『神樹篇』(『定本柳田国男集』一一巻) 一九五三年、筑摩書房。
(17) 柳田国男「黒を憶う」(『定本柳田国男集』二二巻) 一九三〇年、筑摩書房。
(18) 橋川文三『柳田国男の思想』一九七七年、講談社、二一〜二四頁。
(19) 柳田国男「狼史雑話」(注(4)前掲書) 四四〇頁。
(20) 柳田国男、注(1)前掲書、九頁。
(21) 柳田国男、注(2)前掲書、九一頁。
(22) 柳田国男、注(2)前掲書、九一頁。
(23) 柳田国男「虎杖及び土筆」(注(1)前掲書)。
(24) 柳田国男「虎杖及び土筆」(注(1)前掲書) 五五頁。
(25) 今西錦司『遊牧論そのほか』(『今西錦司全集』二巻) 一九四八年、講談社、三六五頁。
(26) 今西錦司、注(25)前掲書、三七九頁。
(27) 柳田国男「猿の皮」(注(4)前掲書) 三一六頁。
(28) 柳田国男「猿の皮」(注(4)前掲書) 三一六頁。
(29) 伊谷純一郎、注(7)前掲書、一一八頁。

第二章　自然誌と民俗誌の関係

第一節　聞き書きのなかの自然

一　自然と常民

「自然に生きる人々」と「自然を生きる人々」とは同義ではない。ここでいう「自然に生きる人々」とは固有な自然観をもち、なかには実戦的な生活者として自然賛美を主張する近代人・現代人を指している。念頭に置いているのは最近の自然保護思想を標榜する都市のエコロジー派のことである。「自然を生きる人々」とは生業の対象として海や山や川の自然を利用してきた人々である。しかしこの両者の乖離は大きく、特に前者が後者を「自然に生きる人々」であると勝手に思い込んできたことは大きな誤解であった。民俗学は人々の伝承を対象として、現在をも含む歴史的叙述にあらわれなかったある種の長い人々の生活史の物語を構築しようとしてきた。しかしこの伝承を扱う民俗学もその伝承の中の人間の行為が多く自然と調和し反近代的であるということを自明の前提としてきたようだ。だから自らを前者の側につまり、「自然に生きる人々」の側にくみいれてきた。「自然を生きる人々」つまり民俗学がいうところの常民の自然観とエコロジーを標榜する人々のいう自然観と同じであろうか。現実には常民はエコロジー派の人々の常民の自然観に関する解釈をわけのわからぬものとして斥ける。したがって聞き書きを解釈して創りあげてきた自然に関する民俗学的世界が虚構をもつ可能性は十分ある。

千葉徳爾はすでに古く文人墨客の自然観が決して常民の自然観と同じでないことを「日本民俗の風土論的考察」(1)の中で論じた。それはそれで正当なことであったが、これを意識する民俗学者は少数であった。伝承がもっていると思われてきた予定調和的な自然性に、最近強い疑いをもつものが出てきたとしても不思議ではない。その疑いとは、伝承の中の自然と人間の関係から恣意的に自然と調和する民俗を取りあげ、古くさい伝承を意味あるものとして現代に蘇生させ人々にインパクトを与えようとしてきたことである。自然や環境に関する民俗をより具体的により体系的に論ずる若い民俗学者が多く輩出してきたのはその「疑い」の真否を確かめたいからであろう。最近のこれらの動向を一定の論旨にしたがって整理してみたい。

二　生態と自然観

さて現在この方面の研究は二つの焦点をめぐって展開しているものと思われる。一つは「生態」、今一つは「日本人の自然観」である。どちらも日本各地の民俗が豊かに具現していた時代には傍流にすらならなかった領域である。民俗という現象の生態的側面というものは、とりもなおさず人々が自然とつきあう時の行為そのもの、あるいはそれらについての聞き書きを指す。それは観察と聞き書きの双方を対等なものとして展開できる民俗的世界であったが、自然を糧として生きる人々の極端な減少という場面に直面して始めて観察に基づく民俗の世界の記述の重要性が問われ出した。そして以前では聞き書きを採る人と採られる人々との間にはアプリオリな共感が存在していた。それは民俗学者自らの回りに自然に関する民俗的世界が満ち満ちており、それをよく知っていたからであろう。この共感に支えられて、自然に関する民俗的世界を淡々と叙述しさえすれば、詩歌などの世界とは異なる常民の自然観を描くことができた。柳田国男の『野鳥雑記』(2)、『野草雑記』(3)をとりあげるまでもないが、この系譜は依然として少数ながらある。宇都宮貞子の例えば『草木ノート』(4)、最近刊行された武藤鉄城の『鳥・木の民俗』(5)はその代表だろう。その『草木ノート』の跋に山口昌男が卓抜な評価を与えている。「人間の行為の具体性を通してみた自然＝世界がそこには開示されている」といい、「自然にかかわりあう人だけに可能な観察が読者と自然との対話のチャンネルを一そう拡大する」(6)として、この共感の立場つまり観察と聞き書きの同時的なシンフォニーを支持している。しかし今や、この観察と聞き書きの美しき共存は解体し、別個なものとして意識されてきた。民俗の行為という具体性を通して、つまり観察から自然観を析出する立場と聞き書きから自然観を析出する立場に微妙なズレが生じてきた。それはまさに民俗学の方法に関わるものであると同時に得られた資料の解釈上の問題にも関わる。現代的な問題とからんで列島の民俗の中の自然や環境がどういったものであるか、さらにそれが公害や環境破壊と民俗の変容がどうからむのかが問われだした。さらに民俗学は成立時から歴史学との補完関係をもっているため歴史の中の民俗との整合性も射程に入れねばならない。つまり歴史における自然と、常民の自然観と、現代における自然と人々の自然観の連続性と非連続性も問われなければならないことになってきた。それほど現代の自然の変容、民俗の変容は激しい。

　そこで最近だされたこの方面に関する論文を方法と対象の二つのレベルで読み解く作業を試みた。この読解の基本的な枠組みは二つの軸から構成される。図1に示した

		方法のレベル		
		生態 観察	伝承 聞き書き	歴史 文書と聞き書き
解釈のレベル	研究者の論理・感性	Ia	Ib	Ic
	生活者の論理・感性	IIa	IIb	IIc

図1　「自然をめぐる民俗」研究の分類

ように横軸に民俗学の方法のレベルに関する軸をとり、縦軸に解釈のレベルの軸をとる。すると六つのカテゴリーが設定できる。もちろん焦点は「生態」と「自然観」であり、その為の分類である。ここでは列島の人々と自然の関係を解くため、研究の対象を生態・伝承・歴史（これには文書と聞き書きを対応させた。民俗学者と称される人の歴史学、歴史民俗学の領域を想定している）に分類してみた。この三つのなかで生態つまり民俗を観察することは現在では不可能になりつつあり、できる限り観察を行うという方法しかとれないのは皮肉である。

縦軸の解釈のレベルでは調査者の論理・感性と生活者の論理・感性に二分したが、これは一筋縄ではいかない問題を孕んでいる。これをエティックとイーミックあるいは客観的と主観的という言葉で代替することも部分的にはあたっている。もともと筆者は柳田国男を創始とする日本民俗学は調査者の論理・感性と生活者と論理・感性を区別する必要を感じなかった、ある意味で幸せな時代を送ってきたと考えている。したがって柳田やその薫陶を受けた人々の論文ではこの弁別は難しい。

三　民俗学の方法と最近の動向

さてとりあげた諸論文がこの六つのカテゴリーのどこに位置するのかを述べ、相互の関係など私見を披瀝してみたい。図1のそれぞれのカテゴリーをⅠa、Ⅰb、Ⅰc、Ⅱa、Ⅱb、Ⅱcとして話を進める。Ⅰaのカテゴリーは自然や環境に関する民俗をできる限り観察することを方法とし、解釈のレベルでは調査者の論理・感性を意識し、多くはこれが客観や普遍へ通じて、より自然科学的色彩が強い論文と思われているものである。しかし民俗事象そのものの観察がこの方面では特に難しくなっていて、民俗の変容でも扱わない限り、素材の多くを聞き書きに頼らざるを得ない。しかし方法のレベルで強く観察を意識しており、当然従来の聞き書きと聞く内容は異なっている。

そして同時に自然と関わる生業を個々の技術に解体して説明するのではなく、生業全体の中に働いている論理を抽出し、それを統一的に解釈することに主眼を置いており、従来の民俗学にはみられなかった傾向といっていい。そこには生態人類学の強い影響がみられる。

安室知の二編の論文「稲の力―水田における漁撈活動の意味―」(7)、「水田で行われる畑作水田二毛作と畦畔栽培」(8)はその副題にいずれも別の生業がついているように、稲作を複合生業論の立場から論じたものである。そしてその中に生業のありかたについて稲作民の生計維持システムの二つの戦略的方向性を見いだしている。当然それは稲作地の周囲の環境が方向の規定性をもっているわけだが、生業の複合と内部化の視点から生業複合型稲作地と単一化志向型稲作地に分け、稲作という生業を類型化した意味は大きい。自然・技術・社会を個々に把えるのではなく、内部に働く論理を通して統一的に生業を解釈しているのは説得力がある。稲作の歴史的展開過程にまで論は及んでいるが、最近進歩の著しい考古学的知見との整合性は将来の課題であろう。

今一つとりあげてみたいのは岡恵介の「北上山地一山村におけるアク抜き技術―民俗社会の中での生態学的位置―」(9)である。照葉樹林文化論でつとに有名になった山村のアク抜き技術であるが、岡は安易にその論に寄りかかるのではなく、批判すら行っている。そして木ノ実を始めとしたアク抜き・水さらしの技術が生活の中でどれほどの比重を占めていたのか、すでに民俗社会では計量化が困難であるにもかかわらず、方法を駆使して山村の自給性の意味を引き出している。アク抜き技術は単に特定の植物と技術の関係ではなく、その山村の自然環境全体との間に位置づけられる自給のための多機能をもった生計維持の重要な手段であったことを明らかにした。生業の技術を自然・文化・社会の相互浸透性の中でとらえることで、単に文化要素の分布や分布の重合、さらにはそれらと自然環境との対応から民俗を記述する方法の脱却を試みている。対象そのものがデータの定量化をすでに阻んでいるのはある限界性をもつけれども。

Ibは方法のレベルでは聞き書きを、解釈のレベルでは調査者の論理にしたがうものとしたが、それはやはり一つの傾向にすぎない。ただ対象を明確に限定した上で、民俗に内在する論理を求めている点ではIaと似ており、おそらく生態人類学の影響はここでもみられる。

菅豊の「〈水辺〉の生活誌――生計活動の複合的展開とその社会的意味――」[(10)]は先に述べた安室の生業複合型稲作地のまさに典型と思われる地域の生業と自然環境の関係を述べたものである。特徴的なのは生業を支えている全自然環境を社会的に意味ある空間として分類し、生業との諸関係を論じている点であろう。社会的空間の境界が自然環境（もちろん人為環境を含んでいるが）の相違する境界と一致するのは話がうますぎるが、生業全体を支える全自然環境を問題にして民俗に内在する論理を引き出しているのは前述の安室や岡と同じである。この論文は同じ著者の「〈低湿地文化論〉その可能性と課題――河岡武春の方法論とその展望について――」[(11)]で述べたことを検証する意味も含んでいると思われる。しかし低湿地という自然環境と初期稲作というように、それがいつも民俗に外在する論理と結びつけられるのは民俗学の宿命なのだろうか。

小川徹太郎の「船住い漁民の漁撈活動体系――広島県二窓浦木江組の場合――」[(12)]も生態人類学を意識しつつ従来の民俗学ではほとんど取り扱わなかった漁撈活動体系を論じている。列島の民俗を扱う人（民俗を扱う人が必ずしも民俗学者ではない）で昨今顕著になっていることは、どうも対象の何を理解したいのかが世代によって大きく異なっているのではないかと思うことである。漁師は「シオをみて漁をする」というが、それではどう具体的にシオを確認するのか、山アテ（小川の場合はヤマクイアイ）で位置確認をするが、では夜間はどうするのかというように意外なところ（古い世代からみれば）に着目する。小川もうまく漁をしているというだけでは納得できず、それを体系的に理解しないとわからないタイプであろう。他地域の事例でそれを説明する民俗学者の地域や人間の扱い方に不満をもつからであろうが筆者も同感である。

野中健一の「中部地方におけるクロスズメバチ食慣行とその地域差[13]」と「長良川流域における淡水魚介類の漁撈と食用[14]」は昆虫と人間、川と人間と両者とも自然と人間の関係を扱っている。信州の蜂の子採取は有名であるが、ここまで徹底した調査も少ないであろう。採取方法の四区分と食慣行の内容及び食用程度の関係をみるなかで、自然を対象にした民俗の分布（単一の文化要素のさらに微細な分布）の中に興味深い構造を発見している。同じく長良川という水系全体を取り扱った後者は魚貝類の棲息の地域差や季節差と食用の地域差と季節差の相互の規定性を述べている。こういう研究はもちろん民俗の地域差という問題に一石を投ずるのは当然と思われる。対象地域や集団を明確に限定し、それを理解するために何が必要であるのかを自ら考えていき、それが学際的になろうがなるまいが気にしないというのは若い研究者に共通している。

こうした傾向とは別にいわゆる民俗学のオーソドックスな方法というものもⅠbにはいる。民俗を通してみた自然や環境に焦点を定めている例を一人だけ挙げてみたい。野地恒有の「飛魚と漁撈儀礼―対馬暖流沿岸域の漁撈民俗研究序論―[15]」と「旅漁民・集住地・潟文化をめぐる試論[16]」である。前者は飛魚をめぐる儀礼、後者はウミヘビの信仰とクロヤキの儀礼を通じて、つまり特定の生物種をめぐる儀礼や信仰の地域的広がりから日本海文化や潟文化を析出しようと試みている。特定の生物種が何か意味のありそうな儀礼や信仰を伴わない限り、つまりある整った形をなしている民俗でない限り自然をとりあげないというのは今までの民俗学の一つの典型である。連関すると思われる事例を横に並べ発生や伝播さらには構造をそこから見いだしていくのは民俗学の最も得意とするところである。しかしこれは何も特定の生物種の民俗でなくともいいわけで、例えば沖縄糸満漁師の発明とされる水中メガネの伝播などでもいいわけである。今までみてきた多くのものが自然や環境を通してみた民俗のあり方に比重を置いているのに対して民俗を通してみた自然や環境のあり方との相異が明確にみられる。民俗に外在する論理を求めるという由縁である。ただこの種の研究の危険性は事例の恣意性と祖源を求めるあまり一挙に歴史を溯ったり、特定の地域間の関係が必要以上に強調されることである。

聞き書きと生活の連関よりも聞き書き（とすでに資料化された聞き書き）と歴史の連関を強く求めていくのはIcのカテゴリーにはいる研究である。すでに一九八七年の『日本民俗学』の特集「日本民俗学の研究動向」で伊藤良吉が「生活空間論」[17]のなかでとりあげている福田アジオの「村落空間論における領域と境界」[18]、及び「村の境」[19]を再び自然や環境とかかわる問題としてとりあげてみたい。福田の後者の論文でよくわかるが空間の境とか領域区分というものは村人の意識の反映として（形骸化していてもいい）、その具体的表現である「形に現れた民俗」を通してしか分析できないという立場を福田はとっている。しかし自然や環境の区分というものは自然や環境をどのように民俗分類して認識しているのかを見ていくことによっても分類できる。形に現れない民俗も多い。様式化していて比較が可能なものだけが民俗ではない。所有や支配との連関だけで空間の区分が存在するのではなく環境認識の立場からも空間は区分される。その両者がどういう関係にあるのか福田に問うてみたい。その意味で前述の安室や菅の環境の記述と福田の空間論の交錯を期待したい。福田の観点は民俗の外在化した論理を所有や支配など制度の歴史との関連でみていくというものである。そして境界や領域の民俗から世界観や象徴論を引き出す論の不毛性をつく福田はより実態的な民俗としての環境の変遷史（歴史的開発などの民俗）に注目していくことになる。

その福田などの大きな影響があると思われる県史や市町村の民俗誌の中に環境や自然そしてその開発の歴史を扱うものが増えてきた。こうしたものは量的にとても読み切れるものではないので目についたものを三編とりあげておくにとどめる。飯島康夫・斉藤純の執筆による伊勢崎市史民俗調査報告書四集『上之宮町の民俗』「第一章　民俗と環境」[20]、野本寛一の執筆による静岡県史民俗編『伊豆の民俗』「第一編　人と環境」[21]などはその典型である。さらに中富洋の執筆による『滝根町史民俗編』「第二章　自然と生活」[22]もそういった例として挙げることができる。

Ⅰcの大きな特徴は通時的にみた日本人と自然の関係を論ずるものに見ることができる。聞き書きを史料として扱い日本人と動物の関係を論じた中村禎里の『日本人の動物観』「序章　日本人とヨーロッパ人の動物観」[23]は極めてユニークな分析である。変身という民俗を通してグリム昔話と日本の昔話の比較分析は説得力がある。日本人が自然を愛してきたとするのは一種のドグマで、実は「自然観」を愛してきたのではないのかと、それまでの文献による自らの研究を否定したのは斉藤正二の『植物と日本文化』[24]であるが、民俗学の立場からみれば何を今さらという感がないではない。前提としてドグマなどおかずに伝統的自然観とは何かと分析的に昔話から古典まで通時的にみた日本人の自然観の析出を行う中村のような人が民俗学の外側から現れるのも興味深い。

小川正賢他の「日本の昔話とわらべうたに潜む自然観の抽出」[25]は結論は平凡で予測できるようなものだが、伝統的自然観の内実を確かめたいという動機は首肯できる。民俗に仮託して自らの心情（多くは柳田などの踏襲であるが）を語るよくある通俗化した民俗学とは明確に異なる。

環境と民俗とのかかわりを東アジアまで広げ、その中で動物にかかわる日本の民俗を相対化してくれたのは周達生の『民族動物学ノート』[26]である。自然や環境に関する民俗の焦点である「生態」や「自然観」とは必ずしも交錯しないが、一種のナチュラリストの趣があって裨益するところ大である。Ⅰcの中では自然科学からこうした領域へ接近してきた人が多いのも特徴的である。

さて以上Ⅰa・Ⅰb・Ⅰcに分類して述べてきたが、観察から次第に歴史へ傾斜を深めていく形でそれらの論文をみてきた。対象を客観的に扱うという意味ではより科学的であろうとする態度を貫くものがこのⅠの領域であるといっていい。反対に一般的に文学的といえるものの多くはⅡの領域に入る。ただ主観的論理と生活者の論理・感性を明確に区別する立場も同じこの領域に入れたため文学的とは言えないものも入ってしまう。Ⅱaはそのために設けたカテゴリーであるが民俗学の領域ではこうしたことを意識する人は極めて少ないと思われる。IIbは自らの感性と常民の感性が同じであると見なせる立場（意識するしないにかかわらず）として設定した。それは聞き書きの中の自然は常民の心意の表現形態であると同時に調査者のなつかしいそして忘れてはいけない日本人の自然観の表出だと素直に考えられる研究者を指している。

IIaの論文は量的にはまだ少ないが今後の民俗学の重要な鍵をにぎっていると思われる。大槻恵美の「現代の自然――現代の琵琶湖漁師と自然とのかかわり――」[27]は現代日本の一民俗社会の思考（資本主義体制下での）を手がかりにそこに住む人々のリアリティのある自然とは何かを追求している。自然に働きかけて生きる人々が自然と共生する論理をもっているとしたり、自然に関する民俗の中にすでに生態学的論理が萌芽として存在するとして、その側面を賛美するもの（筆者もある意味でその一人であったが）に反省を迫るものである。民俗学が現代を問題にするというなら著者のいう「意味のつまった自然」と「意味のつまっていない自然」の弁別は常民の思考を考える上で鋭い問題提起となろう。常民の民俗を愛する立場をつきはなして考えてみた時、真にイーミックな立場での民俗的思考が見えてくるのは皮肉というべきである。太古から自然と共に生きてきた日本人などという大仰な言い草は民俗学者の創りあげた幻想であることがよくわかる。大槻の理論的背景は鳥越皓之編の『環境問題の社会理論――生活環境主義の立場から――』[28]に精しく記されている。フィールドワークを通して現代の人々と自然のかかわりを考える上では不可欠であろう。

こうした生活者の歴史的意識を「伝承の中の景観」と「景観の中の伝承」の二つをゆきつもどりつさぐっているのは香月洋一郎である。飛行機の上からマクロな村の姿の写真というある種の観察と地を這いまわるようなミクロな人々の意識の発掘を織りまぜ、独特な文体で人々を描いている。『空からのフォークロア――フライト・ノート抄――』[29]と「山の水田――伝承論ノート1――」[30]はイーミックの立場たらんとする著者の悪戦苦闘の成果であろう。民俗を鳥の眼と虫の眼の双方からみていきたいと願うのは民俗の採集者であると同時に研究者であるものが必然的に要請されることである。

Ⅱcは歴史学の分野で社会史を標榜する人々の中にいるのかもしれない。しかし少なくとも民俗学の分野で自然や環境に関する人々の「意識の歴史」にこだわり続けたのは柳田以外にはあまりいないといえる。その柳田ののでさえ、それがイーミックなものであると誰も保証できない。Ⅱcについては民俗学の領域としては省略してもいいだろう。

最後に残ったのがⅡbである。Ⅱbというカテゴリーには本来ならここに自然や環境、景観や風土の民俗に関するものが集中すべきであろう。事実、動物・植物をはじめとした自然を扱った民俗学的研究は枚挙にいとまがない。漁撈や狩猟、木地師など生業上自然とつきあう人々がいる以上当然である。しかしあえて言えば、再三繰り返してきたように、それらの記述を支えている論理や感性は常民と同じものであると見なせるとアプリオリに信じている、すでに大家となった民俗学者たちのものである。つまり記述の枠組みは記述以前に用意されており、イーミックであるはずのものが実は民俗学者の固有なエティックになっている。その枠組みは多くは柳田をモデルとしたもので、例えば谷川健一の『神・人間・動物――伝承に生きる世界――』[31]や初めに出した宇都宮貞子・武藤鉄城などがその例である。つとに有名になった野本寛一の『生態民俗学序説』[32]はこうした自然に関する民俗の解釈に生態学の論理を持ち込んで、いうなればⅡbからⅠbへの転換を計っているが、しかしその記述の基底を支えているものはやはりこの固有の枠組みであると思う。Ⅱb以外に拡散した民俗学の担い手たちにはこの固有の枠組みはもう存在しない。

野本寛一の「ヒルギとグーザ」[33]もマングローブの自然と民俗を扱っているが、民俗の生成を生態から述べようとするのであれば少なくともイノウと生活のすべてのかかわりを述べる必要があろう。同じ『民俗文化』二号に所収されている島袋伸三・渡久地健の「イノウの地形と地名」[34]はⅠaに入るものであるが、両者を比較すると後者は仮説こそ少ないがはるかに実証的である。このⅡbに入る領域こそ民俗学の本領が発揮できるところである。新しい方法と解釈を期待したいものである。

自然や環境をめぐる民俗に関する研究の動向は今までみてきたように方法と解釈の論理の相異で拡散しているように思う。しかし結局はこのⅡb領域に収斂してくるであろう。その時はもはや民俗は生活実感としては一体感をもてる存在ではなくなる。それは逆に新しい民俗学の展開を見せるものであるはずだ。「聞き書きの中の自然」とは一体何であろうかという問題意識はⅡbの領域の新たな展開の期待を意味している。

注

（1）千葉徳爾「日本民俗の風土論的考察」（千葉徳爾編『日本民俗風土論』所収）一九八〇年、弘文堂。
（2）柳田国男『野鳥雑記』（『定本柳田国男集』二二巻）一九四〇年、筑摩書房。
（3）柳田国男『野草雑記』（『定本柳田国男集』二二巻）一九四〇年、筑摩書房。
（4）宇都宮貞子『草木ノート』一九七〇年、読売新聞社。
（5）武藤鉄城『鳥・木の民俗』（『武藤鉄城著作集』Ⅰ）一九八四年、秋田文化出版社。
（6）山口昌男「『草木ノート』跋」（注（4）前掲書）。
（7）安室知「稲の力―水田における漁撈活動の意味―」（『日本民俗学』一七八号）一九八九年。
（8）安室知「水田で行われる畑作水田二毛作と畦畔栽培」（『信濃』四三巻一号）一九九一年。
（9）岡恵介「北上山地一山村におけるアク抜き技術―民俗社会の中での生態学的位置―」（『岩手の民俗』七号）一九九〇年。
（10）菅豊「〈水辺〉の生活誌―生計活動の複合的展開とその社会的意味」（『日本民俗学』一八一号）一九九〇年。
（11）菅豊「〈低湿地文化論〉その可能性と課題―河岡武春の方法論とその展望について―」（『史境』二二号）一九九一年。
（12）小川徹太郎「船住い漁民の漁撈活動体系―広島県二窓浦木江組の場合―」（『ふいるど』一号）一九八六年。
（13）野中健一「中部地方におけるクロスズメバチ食慣行とその地域差」（『人文地理』四一巻三号）一九八九年。

(14) 野中健一「長良川流域における淡水魚介類の漁撈と食用」(『地理学評論』六四巻四号) 一九九一年。
(15) 野地恒有「飛魚と漁撈儀礼—対馬暖流沿岸域の漁撈民俗研究序論—」(『民俗学評論』二六号) 一九八六年。
(16) 野地恒有「旅漁民・集住地・潟文化をめぐる試論」(『日本民俗学』一八四号) 一九九〇年。
(17) 伊藤良吉「生活空間論」(『日本民俗学』一七一号) 一九八七年。
(18) 福田アジオ「村落空間論における領域と境界」(『民俗フォーラム』一号) 一九八五年。
(19) 福田アジオ「村の境」(『歴史公論』九五号) 一九八三年。
(20) 飯島康夫・斉藤純「第一章　民俗と環境」(伊勢崎市史民俗調査報告書四集『上之宮町の民俗』) 一九八五年。
(21) 野本寛一「第一編第一章　人と環境」(『静岡県史資料編二三民俗一』) 一九九一年。
(22) 中富洋「第二章第一節　自然の利用とくらし」(滝根町史編さん委員会『滝根町史第三巻民俗編』) 一九八八年。
(23) 中村禎里『日本人の動物観』一九八四年、海鳴社。
(24) 斉藤正二『植物と日本文化』一九七九年、八坂書房。
(25) 小川正賢他「日本の昔話とわらべうたに潜む自然観の抽出」(『季刊人類学』二〇巻一号) 一九八九年。
(26) 周達生『民族動物学ノート』一九九〇年、福武書店。
(27) 大槻恵美「現代の自然—現代の琵琶湖漁師と自然とのかかわり—」(『季刊人類学』一九巻四号) 一九八八年。
(28) 鳥越晧之編『環境問題の社会理論—生活環境主義の立場から—』一九八九年、お茶の水書房。
(29) 香月洋一郎『空からのフォークロア—フライト・ノート抄—』一九八九年、筑摩書房。
(30) 香月洋一郎「山の水田—伝承論ノート1—」(神奈川大学日本常民文化研究所論集『歴史と民俗』二号) 一九八七年。
(31) 谷川健一『神・人間・動物—伝承に生きる世界—』一九七五年、平凡社。
(32) 野本寛一『生態民俗学序説』一九八七年、白水社。
(33) 野本寛一「ヒルギとグーザ」(近畿大学民俗学研究所『民俗文化』二号) 一九九〇年。
(34) 島袋伸三・渡久地健「イノウの地形と地名」(近畿大学民俗学研究所『民俗文化』二号) 一九九〇年。

第二節　風土の民俗学

一　民俗語彙の喚起するもの

一つの挿話から出発してみたい。民俗学者坪井洋文氏は亡くなる二、三年前から盛んに日本人の故郷観を気にしており、それに関するいくつかの論考も発表していた。それらの論考はここで述べようとしている風土と交錯するが、それについては後に言及することにし、ここではそのことではなく彼から直接聞いた挿話を紹介したい。それがいかにも彼の人柄を偲ばせる話であると同時に故郷や風土を考える上で象徴的で寓意に富んだものだからである。

東京のある酒場の主人のことである。この主人と親しかった彼は時折主人の問わず語りのライフヒストリーを黙って聞いていた。主人の生まれたところは信州で雪国であった。学校を卒業してから雪国を離れ東京に出ていろいろ苦労した。今は居酒屋の主人に納まっているが、おそらく事情もあったのであろう、故郷を出てから一度も帰郷していない。それではというので坪井さんが一句捻ってさしだしたところ、その句をみて酒場の主人はワアワアと泣きだしたというものである。

その句のどこにそのような喚起力があるのか、作品論としてその句について論じようというのではない。ある種の語彙、あるいは語彙と語彙の連関が故郷や風土の隠喩になっていて情動の抑制装置がはずれてしまうことが問題ではないだろうか。この情動を喚起する何物が、多少色あせた用語となってしまったが、「風土」とか「故郷」の中にやはり隠されているとみなさなければならない。

民俗語彙の収集をし、それを使用していくばくかの分析と総合を加えることによってその地域を手中に納めた気になるのは早計であろう。民俗学は、インフォーマントの語る語彙や語彙と語彙の関係、あるいは語り口そのものの中に捨象できない重要な感覚や感性を発見しなければならないのかもしれない。この句はそれを示唆している。

ひとくべの風呂　故郷は雪ン中　　坪井洋文

二　風土と民俗

自然を人はどのように解釈しているのかという問題の設定は当然風土論とも深く関係している。所与としての自然という場合はある地域の地表上で生起するあらゆる諸現象を指しており、それは客観的存在として自然科学の対象となるものを普通指示している。(1)

和辻哲郎もその風土論の中で「風土と呼ぶのはある土地の気候、気象、地質、地味、地形、景観などの総称である」(2)としながらそれを自然と呼ばずに風土と呼ぶところから論を書きはじめている。人と自然の媒介項として解釈という認識過程を入れることによって、この認識過程こそ我々の問題とすべき風土とは何かに迫ることができるのではなかろうかというのが筆者の主題である。つまり結論からいえば風土とは解釈された自然である。

和辻もその点を「そうすれば家を作る仕方の固定は、風土における人間の自己了解の表現にほかならぬであろう」とか「この料理の様式が一つの民族の永い間の風土的自己了解を表現する」(3)など認識過程と風土の関係性について鋭い迫り方をしている。そして「一つの民族」「永い間の」というように時間性・空間性の双方にかかわるものとして風土をとらえている。風土を時間性に即さない空間性として捉える方向と空間性に即さない時間性として捉える方向のいずれに対しても批判を行っている。

和辻が説く風土論はその基礎理論において風土と人間の相互規定性を排して、「人間の、すなわち個人的・社会的なる二重性格をもつ人間の、自己了解の運動は同時に歴史的である。したがって歴史と離れた風土もなければ風土と離れた歴史もない。これらのことは人間存在の根本構造からのみ明らかにされ得るのである」(4)として風土の現象は人間が己を見いだす仕方として規定している。このことから当然風土は自己了解の世界に向かうべきであったが、基礎理論以下の和辻の展開は砂漠の民自身の自己了解ではなく、和辻の学識に支えられた和辻の自己了解の思弁となってしまった。

したがって和辻の論が有効性をもつとしたら彼が三つの類型の一つとして分類したモンスーンという気候と気質の関係を論じたところとモンスーン的風土の特殊形態として一節を設けた「日本」のところで展開した論であろう。それはやはり砂漠の民の風土それ自身を中心的な課題としたのではなく、日本の風土の理解のための対象として捉えているからである。砂漠の民の自己了解の世界が他者にとって理解不可能というのではなく、それがあまりに印象論に傾いているからである。

論証の手続き上の不備は否めないが、日本の風土の二重性格として大雨と大雪を取り上げ、また台風の季節性・突発性の二重性格をいい、そこから結論としてアフォリズム的表現「しめやかな激情、戦闘的な括淡」を日本人の国民的性格としている。これを和辻は風土が歴史的に形成してきたものとして捉え、一方それが空間的に展開したものが人と人との間柄における特質であって、日本ではそれが「家」であるという。

砂漠、牧場、モンスーンという三類型をそれぞれ「部族」、「ポリス」、「家」に対応させ、それらは風土の形成してきた根本的性格と論じた。日本列島をひとまとめにして、大雪・大雨・台風の二重性格と気質を関連させてしまうのが基本的に誤謬であるのは、なにも日本列島という地理的・歴史的・民族的レベルで砂漠の民と比較するからであるという意味ではない。気質との相関はひとまず措くとしても日本列島の自然環境上での斉一性は砂漠とは異なり、むしろその多様性こそ特質であろう。自然環境に留まらず文化や歴史の面でも多元的な文化のあり方をめぐって、民俗学からも発言が増えてきている。日本列島というスケールオーダーで比較すべき気質・民俗・制度もあるであろう。しかし和辻は気質と風土のダイナミズムを説いているのであるから、大雪に縁のない風土も沖縄をはじめ広いわけで、生成過程を問題にするなら初期条件すらみたしていないといえる。

和辻の風土論の批判はさまざまな立場で論じられている。井上光貞の『風土』の解説ではそれまでの批判を三つにまとめている(5)。第一に天皇制の安易な護持につながるイデオロギー的な側面であり、第二に自然の理解についてである。第三には学問的手続きに関して、彼の芸術的直感を批判するもので、気候と気質の因果的論証の不明確さを衝いたものである。いずれの批判も首肯できるものであるが、ただその基礎理論の部分には今なお輝きを失わない側面があるのではないだろうか。

戦後の人類学的調査の飛躍的な前進や国内における民俗学的調査は、容易に風土など持ち出せないほど理論的にも調査方法においても緻密なものになっている。しかし、例えば次の一節などはエティックな立場に対してイーミックな立場を強調する最近のエスノサイエンスを始めとした民俗分類・民俗地理を標榜する研究にも共通するものがあると思われる。

かく見れば主体的な人間存在が己れの客体化する契機はちょうどこの風土に存するのである。風土の現象は我々がいかに外に出ている我々自身を見いだすかを示している。寒さにおいて見いだされた我々自身は、着物、家というごとき道具となって我々に対立する。が、さらに、我々自身がそこに宿っている風土自身も、「使用せられるもの」として道具になる。たとえば「寒さ」は我々を着物の方向に働き出させるものであるとともに、また食物への関心において豆腐を凍らせる寒さとして使用せられる。「暑さ」は我々に二百十日の無事を祈らせるものであるとともに、また帆をはらます風である。我々はかくのごときかかわりにおいてもまた風土のうちへ出で、そこからまた我々自身を、すなわち使用者としての我々自身を了解する。すなわち風土における自己の了解は同時に道具を己れに対立物として見いださしめるのである[(6)]

風土は道具なのである。ここに表明されている思想は言葉を換えれば環境が主体化されて創造への喚起力をもつ心的な環境イメージといっていいだろう。ただし道具とは広義には利用のために修正を施された物的環境の部分であるとみなせば、この喚起力をもつ風土はそこに住む人々の自然環境自身とは必ずしも一致しない。

森や川に住む生物の環境といったときも全てひとしなみにその物理的環境が動物の生活様式にとって意味あるのではなく、当該種によって環境のもつ意味が異なる。このことから考えると和辻の主張はカワゲラなど清流の小昆虫の生活の立場から川を分類した可児藤吉の生態学的発想と相似している[(7)]。

動物にとっての環境の意味はかなり時間的に固定的なものであるが、人間の場合はそれが歴史的に変化することは当然である。この点については井上光貞が和辻の批判を纏めた第二の点、つまり第一の自然と第二の自然の和辻の混乱とも深く関係している。全ての自然環境を人間が主体化するのではなく、主体化された環境が風土なのである。しかし自然環境についての当時の認識では和辻の犯した錯誤はやむを得ない。

民俗学の側から積極的に風土論に関わってきたことはむしろ少ない。柳田国男の著作にも風土という言葉は意外なくらい少ない[(8)]。柳田が和辻の『風土』に対してどのような見解をもっていたか寡聞にして知らないが、それは無視することによって批判をしたのであろうか。そうだとすれば柳田一流の韜晦であり、福田アジオが「政治と民俗[(9)]」のなかで柳田の『先祖の話』が靖国神社に戦没者を祀ることの、『海上の道』が戦後の保守政権の沖縄政策に対する批判であると深読みしたことにも通底する柳田の作為かもしれない。

しかし柳田の流麗な文章のなかの底流となって流れているのは、少なくとも福田のいう批判が核心的な思想とは到底思われない。この福田の観点については別に論じるとして柳田は風土をあまり論じてはいない。「風土の差異」とか「風土の力」とかわずかに使っているが風土の概念については明確ではない。

谷川彰英は『柳田国男と社会科教育』(10)という著作のなかで教育課程審議会の答申、つまり小学校低学年の社会科と理科の生活科への再編、高等学校社会科の地歴科と公民科への解体を憂慮している。その中で改めて戦後の柳田の社会科への熱い期待から生まれた社会科教育論の再評価を試みている。けれども柳田の世間教育の必要性という観点からやがて史心の育成に至るというプロセスの中で地理教育の目的については必ずしも明確ではないと谷川は指摘している。結局地理においては「風土感」の理解が子供にとって重要であるというが、柳田のこの風土感なるものの概念が曖昧である。

柳田にとっての風土は自然と人間の相互作用の過程として把握されているようで「自然に対する適応」、「対応の人間の態度」(11)が風土の内実であるようだ。和辻が環境と人間を相互規定的なものとしてあつかえないとしている立場と異なる。極めて多義的な内容をもつ柳田の膨大な著作に分け入って常に論理的一貫性を追求する事は必ずしも有効なことではない。

柳田は風土という言葉に比して風景・自然という語彙は比較的多用している。そして彼は人間から自然に働きかける側面と自然に制約される側面の両面について言及している。例えば「風景の成長」の中で「日本の山水は過去一千年の間に、人の力を以って非常に変化させられて居る。大体において私は好くなって居るように思ふが、人によってはさう思わぬかも知れない」(12)と述べている。成長する風景という認識は柳田の大きな発見である。

これとは逆の側面においても、誤解されれば環境決定論と受け取られかねない言説もある。日本の氏族制度の強固な結合が近代になって弛緩し、夫婦親子で構成する自然家族に変化した要因として次のように言っている。

それが近代に入って段々と形を斂め、終には夫婦親子を以って構成するいわゆる自然家族を単位として、社会を組織するかのごとき観を呈するに至ったのは何故であろうか。是を西洋の個人主義の感化と見る者も有るのだが、実際はすでに開国の少し前から、此傾向はもう現れ始めて居るのであった。隠れたる原因は地形の特徴に在って、最初から大きな群れを以って土着するような平地が乏しく、少し人口が剰ればすぐに一部を遠く離れた処へ送り出すか、さうでなければ族人を抑圧した、低い生活をあまんぜしめなければならなかった為では無かったか(13)

小さな谷や小盆地における人口圧が家族構造に影響を与えたと述べているわけで、直接風土とは述べていないが家族構造といわゆる環境とが無関係ではないといっている。柳田は漠然たる内容しかもたない風土という言葉を分析概念としては使いたくなかったのではなかろうか。

風土としか表現できないようなある種の人間と知覚化され広義の道具にまで高められ、切り取られた環境との系はさまざまな形で問題となっている。例えば県民性の是非についての問題であるとか日本の文化の東と西の対立などもその一環として考えられなくもない。しかし民俗との関わりから風土について積極的に発言をしてきたのは千葉徳爾であろう。そして千葉の和辻批判の観点は明快である。彼はつまりその論拠になった資料に対する根源的な疑問を提出している。

「ごく平凡な日本人の生活が、そのまま風土の原義である」と『古風土記』を取り上げ、「それの原義を、記録された文学や形態としての美術という上層文化の表現のみを資料として、知識人のみの生活態度として追求した学者達が、誤った論法で処理した結果として、風土論＝自然観あるいは風土論＝風景論＝美的感覚といった方向に屈折したといえよう。このような見地から平凡な日本人の自然破壊を論じ、美的感覚の有無をあげつらうのは、風土という語に対する認識上の誤解を意味する(14)」と言っている。

そして具体的な例として渡り鳥に対する常民のイメージと詩歌を操る知識人の詠嘆との乖離などを挙げている。奥州外ケ浜の雁風呂の話は渡り鳥が海を渡る時にくわえてきた木の枝を日本に着くとき海岸に残していき、北に帰る時また拾っていくという話である。だからもし雁が帰った後も海岸に木の枝が打ち寄せられていればその雁は捕らえられて命を落としたことになる。その供養のため浜人たちが風呂を焚いて衆人に浴させるというものだ。この心あるものの哀愁を誘うという仕掛けが常民の心意の反映では決してないというのが千葉の説くところである。

彼はこの鳥の特定をウミウだとして文芸の創作と推定している。常民の側ではこれらは大きな害鳥であり、正直爺婆がそれを叩き殺して雁汁にするのは、正直な人に対する当然の報いであって少しも残酷ではないのであると昨今の自然保護論者が聞けば激怒しそうな主張をしている。

しかし下層の農民達にとっては生活体験として全身に染み込む恨めしさと文化人の季節の哀感の対比は鮮やかであり、千葉が「都市に多い自然論者の主張が、容易に農漁民の賛意を得られない理由がここにあり、日本の風土の性格というものの一端がこのような鳥類に関する民間伝承の階層性、もしくは多面性というものを通じてうかがわれることは単に文芸のみを資料としたのでは理解しがたいであろう(15)」と正面きって今までの風土論を論破するのは、風土論は民俗学の側で論じられてこそはじめて平凡な人々のものとなるという自負であろう。

しかしこのことは民俗学が民俗学たりうる存立基盤を表明していて、風土を論じるときの問題に限定されるとは限らない。対象と方法についての千葉の批判は正鵠を射たものであるが、対象については都市の常民といったカテゴリーが存在するのかどうか問題はあるが、歴史や文学の領域で行われてきた自然観や風土観と普通の人々との自然観にズレがあることは少し現実を理解しようと野外に出て直接農民や漁民に聞けば分かることである。

しかしどうズレがあるのか、またそれをどのような方法で抽出できるのかという方法を民俗学が手に入れているとは思えない点こそが焦眉のことなのではないか。千葉は先の引用のなかで「誤った論法によって」と述べているが、別のところでその方法上の疑義について次のように言っている。

「複雑な地域の諸地理的条件と時代の歴史的差異とによって織りなされた民俗の規模を、地域の規模の広狭あるいは時間的差異の長短によって、事象の精粗の区別を考慮せずにとりあげ、これを比較考察することは非科学的な方法といわなくてはならない」(16)と述べ和辻批判を行っている。比較のためのスケールオーダーを揃えた上でそのなかの民俗を考えるべきだと主張している。そして無限定のまたは普遍的な「自然」ではなく、日本人の民俗における特異な行動・思考・認識のパターンと関わっている場合のみ、つまり民俗の側から環境を照射して考察しうるところで、これをどのように考えうるかと言い、いくつかの事例を挙げている。

この千葉の視点は究極には民俗現象の生成には歴史的伝播とは無関係に成立する民俗があることを述べていて、それを個別具体的な民俗事象とあるスケールでの気候とが関連することを主張するものである。

ウンカの大発生とその飛来地域が虫送りの習俗の形成に作用するなどの例はその好例である。こうした事例が風土の中身の一部であることは十分考えられるが、スケールが異なり、分布の広い狭いのある事例を何枚も重ね合わせることによって風土が論理的に析出できるものであろうか。千葉はその重ね合わせの写真から風土観の生成に関するダイナミズムについては述べていない。つまり漸近線的に風土に接近したとしてもついに風土には到達しないであろう。人々の内なる自然といいながら民俗的事象の背後にある認識ではなく、分布による調査者の側の解釈によって風土に迫ろうとしたからではないのか。千葉とは別にやはり風土に多大な関心を晩年もっていた坪井洋文の風土論はどうであろうか。

坪井の風土論の背景には彼が『イモと日本人』(17)で展開した日本民俗文化の多元的重層構成という理解があり、それが彼の風土論の前提になっている。彼は民俗という概念を「民俗とは異質な文化との接触による衝撃によって起きた自己認識の連続過程の総体」[18]と捉え、一方的な同化・拒否ではなく、そこに住む人々の主体的な選択の過程があって、さまざまな変形を生み累積した結果が民俗文化の地域差となって現在に伝承されていると考えているのであるから、この地域差がすなわち風土を生成すると必然的に帰着する。

千葉の「風土論の特質は環境論のように住民生活をその外的要因によって解説する方向ではなく、住民生活それ自体が環境の総合的表現あるいは歴史的所産であるとみて、そのような生活自体の内容分析を試みる方向をとることにある」[19]という言説に呼応して常民の主体的な民俗の創造や選択の意志を重視した民俗叙述の立場を表明している。坪井の風土の概念もこの延長上にあり、『令集解』の風土の理解すなわち「物を養い功なるを風という。坐して万物生ずるを土という」[20]という定義に依拠し土を自然に、その万物から人間の意志によって選んだ物を養い育てて収穫する風を風土に対応させた。

そしてこの風土の民俗的類型として自然的風土・選択的風土・管理的風土・造成的風土[21]の時系列を提唱している。常民の側の文化を産み出す装置としての風土を類型化したわけであるが、それがひとつの地域のなかに歴史的記憶として混交し、過去の生活をすべて包み込んだところの世界観的実在としての風土としている。これは坪井の日本文化の多元的重層構成の別の表現であって、これを空間軸のなかに置き換えてみてもその地域の各種の風土類型の累積の相違は見いだしえてもそれが何故差異を産み出すのかという点についての言及はない。仮にこの風土の民俗的類型を認めたとしても例えば自然的風土がどのようにして何を産み出すのかが解かれなければならない。

しかし坪井がこの風土の変遷の奥に例えば過疎で故郷を捨てる人々の精神誌を志向したことは先駆的である。[22]坪井にとって風土と故郷は二重写しの写真である。それは故郷像が離郷者にとってのものであり、離郷者が自己のうちに経験した感覚のなかに留まる故郷像である限り故郷や風土は、変化しない民俗を理想として追い求める民俗学と同一のものになってしまうという危機感からきている。

千葉が生活自体の内容分析といい坪井が自己認識といったことは、つまりそこに生きる人々のイーミックな感覚・認識にどれだけ接近できるかという問題に還元できる。感覚や認識の破片たる資料を集めそれを組み立てることによって創作された感覚や認識は人々の「もどき」であっても実体とは隔たっている。知りたいのは研究者によって粉飾された共同体論や常民ではない。人々の感覚や認識それ自体であり、それにどのように接近するかがやはり問題であり、異なる風土というのは結局他者を理解するための民俗学的接近方法とならなければならない。民俗を蚕食して民俗の思想を捏造してはならないということになる。

三　自然と民俗

日本人の生活が自然に深く根ざしていて「それは単なる自然崇拝ではなく、自然を生活していたのであって、日常の生活が自然のうつろいとともになされたことは当然といわねばならない(23)」と宮本常一は述べている。したがって行事や労働が気候と深い関係にあるという訳であるが、果たしてこれが日本人の特質であろうか。

その根拠の一つに宮本はE・モースの『日本その日その日』を取り挙げ、そのなかで日本人は米国人が米国の動物や植物を知っているより遥かに多くの動物や植物を知っていると述べていることを引用している。さらに当時の田舎の子供が花・きのこ・昆虫を知っている程度はアメリカの研究者と一緒で、日本の子供は昆虫の数百の種に対する俗称をもっているというモースの驚嘆を誇らしげに日本人の自然への共感と見なしている(24)。

アメリカとの比較ではある確からしさをもっていると思われるが、それにしても昆虫の数百の種は誇張がすぎる。また日本のかつての子供程度のことは東アジアや東南アジアの民俗に目を転じてみれば日常的なことであろう。問題はこうした自然と人間の関係の取り結び方であろう。日本列島各地に天候予知の諺や自然暦と通常いわれるものがおびただしく採集されている。

オギュスタン・ベルクが「日本文明の生態学的側面が大幅に植物を基礎としてきたこと、またそれはこの領域において、自然の恵みによってのみ可能であったことを過小評価しないようにしよう(25)」と述べたことも自然と民俗の関係である。そして植物のテーマ化が「物合わせ」の形をとり、現象（物）と現象（物）との強制的な共示がある季節、ある植物、ある感情との間に不可分な関係を取り結ぶとしている。

さらにベルクは文学や芸術で確立したこの共示の図式が「全体としてそれらを社会のあらゆる層へ普及させようとする傾向をたどった(26)」とみている。こうした結果「この数世紀にわたる変化は、教養人の文化から次第に周辺の文化に達し、やがて日常のレヴェルでは自動的な連想作用、風土のさまざまな形象の間の首尾一貫した隠喩と換喩の体系を生むに至った(27)」と重要な指摘をしている。

だがはたして教養人から常民へ、中心から周辺へ隠喩と換喩の体系が移入されていったのであろうか。千葉の主張にみられるように別の隠喩と換喩の体系があるのかも知れない。ある植物とある季節の共示がある感情を惹起することはいいとしてもこの共示の図式が中心から周辺へ普及・移動して風土観が構成されるものであろうか。文化の枠組みの普及や移動はあってもある植物とある季節を惹起する感情はひとしなみなものとは思われないし、このテーマ化した植物以外にもその地域である感情を喚起する現象・物は無数にあると思われる。

しかしベルグのいう日常のレヴェルでは自動的な連想作用の体系はあるに違いないし、俚言や語呂合わせになっているものもその一部にすぎない。柳田が「生活用の教科書(28)」といったものもその一部である。正岡子規が母の言葉はそのまま俳句になるといったのもこのことと関係がありそうである。俳諧化という作用も一般的には伝統的な言葉でいえば見立てという一種の隠喩である。実際眼前にある空間は生きられる空間であるからそこにはあらゆるものが現象している。コトとコト、コトとモノ、モノとモノが重層的で多変量的な関係をもつ。しかもそれは時間というものまで内在しているので分析的な理解は方法としては原理的には可能としても解明されることはおよそ期待できるものではない。しかもそれを見る眼差しは客観主観の弁別を厳格にしない、というよりそんな必要もない眼差しなのであるから本来的に相対的なものであり、民俗的言説であろうが科学的言説であろうがその正否についてはある蓋然性があるというに過ぎない。したがって「秋の夕焼け鎌を研げ」という俚諺の統計的正当性をいくら論じても仕方のないことである。

筆者も最近富士山の裾野にある裾野市須山で地震と天候の興味深い俚諺を採集した。それは「四時の雨に八ツ日照り九は病」というものだが、明け方の地震はその日のうちに雨になる、昼に近い午前ならその後日照りが続く。そして真夜中の地震は疫病が流行るほど被害甚大なものであるという。こうしたことを経験科学云々と信憑性を考察することにいかほどの意味があるか疑問である。

ここでむしろ興味あるのは、観察された膨大な経験を「見立て」「やつし」「もどき」などの技法を駆使して俳句・俚諺・語呂合わせなどの簡潔な短い文章に閉じこめてしまうことである。連想作用とは自然界に起こる二つの現象の同時的進行を因果論で説明するのではなくアナロジーとして捉えているのであって自然観察の一つの表現形式なのである。

柳田はこの農民文芸といえる俚言の弊害として「これあるために実験を細かく叙述し、または意見を丁寧に説明する技能が、後世多数の日本人に欠けることになったと言われるかも知らぬが、とにかく人の才智判断観察などを、最も有効に表現する手段としては云々」(29)といっている。この日本人の資質に関する柳田の感想には二重の錯誤が含まれていると思われる。

それは実験を細かく叙述する技能に欠けるという点が第一点である。この実験の対象となる現象あるいは現象と現象の関係は元来多変量解析を必要とする現象であって、生物学にあっては生態学などの学問が二十世紀になって勃興してきて初めて科学の俎上にのったものであり、日本人固有の資質の問題とはならない。むしろこうした俳句などと通底する観察の鋭さは日本の霊長類学の発展の根本的性格なのではないのかと筆者は別のところで述べたことがある。(30)

いま一つは連想作用・隠喩・換喩などのアナロジーを因果論的論理と混同してしまうことである。「観察を最も有効に表現する手段として」と柳田も述べているようにこれは表現の手段であって、この背後には柳田が採集しなかったその土地の膨大な語彙と語彙の比喩の体系が横たわっていると思われる。俚言や歌の地理的な異同を詳細に比較することが日本人の心意を抽出する作業になるのではなく、その土地の俚言や歌の背後にある比喩の体系を抽出することがその地域の風土観の生成と関係があるように思われる。試論の枠を出ないがこの可能性を若干事例を示すことによって風土の民俗学的研究の視角を提出してみたい。

山形県東田川郡は朝日連峰の一部を含む山岳地帯である。朝日村はその朝日連峰縦走の入り口の一つでもある。現在の赤川の上流大鳥部落は近世においても猿子渡りで行き来したといわれる隔絶した山村であった。(31) 曽我五郎十郎に討たれた工藤祐経の一族工藤大学が隠棲したといわれる伝承をもつ隠れ里でもあった。ゼンマイ採りや熊狩りの盛んな村でもあり、現在四つの集落一〇〇戸ほどが過疎化のなかで生活している。

大鳥のモノグラフは別に予定しているので省略するが、大鳥松ケ崎の三浦熊吉氏（八十二歳）と佐藤蔵次氏（七十八歳）は山の自然について実に詳しい。東大鳥川の上流に西俣沢という沢があって、この沢をつめたところに雷神という山がある。この山の南斜面は熊狩りの絶好の猟場であった。

春の土用を待って熊狩りをしたというがツキノワグマが仮眠から覚めて穴から出る時期は次のような俚言によって表現されていた。「青蠅がでるころ熊がでる」というものだが、こういう無関係の二つの現象の同一時期に起こることの発見でさえステレオタイプな花鳥風月の心では困難なことであろう。青蠅が熊を連想するなどおよそ風雅の繊細とは異なるが、しかしここには風土の繊細が充満しており、天賦の感性を見いだすことができる。しかもこのハエについての分類の確かさは精密なもので、山には二種のハエがいてシマバエ・アオバエと区別している。形態の区別は体中に縞模様のあるなしで区別している。さらにこの二種の行動の違いも明確に弁別している。二種とも人間の嫌う汚物の香りが好きであるが、アオバエは匂いを嗅いですぐ飛び立つが、シマバエは小さなウジを腐ったものに産みつけて去るという。しかも青蠅と熊の関係でいえば出現時期が重なるのはアオバエであってシマバエではない。

このアオバエがミヤマキンバエなどのキンバエ類であり、シマバエがシリグロニクバエなどの仲間であることは明かである。事実シリグロニクバエは卵胎生なので幼虫を直接肉に産みつける。山の生活者の精緻な観察にはただ驚くほかない。「青蠅がでるころ熊がでる」という表現には単純に出現時期の同一性だけを述べたものではなく鋭敏な生態の観察が含まれているわけで、語彙や俚言の採集だけでは知ることのできない世界が展開している。ましてこれらのものを並列して恣意的に解釈することなど許容できるものではない。

語彙と語彙の関係の背後にある関係性を知ることによって、例えば自然暦といわれるものが単に諺の収集羅列に終わらず自然観や動物観の析出が可能になるのではないか。

次は佐藤蔵次氏の雪とカモシカに関する話である。雪の生態に関して詳しいのは当然であるが、注意されるのは雪崩である。寒中に雪が締まっていて、そこに若雪がどさっと降り、それから急に温度が上がる時若雪と締まった雪を境にして雪が落ちる。これをワカスという。冬中何度も大雪が降り層をなしていて気温が緩んだ時それを境に落ちることがあり、これをアマスドという。そこから全部払われるのをネスドという。雪崩は一般にスドという。

ワカスは雪煙をたててパーッと落ちてくるわけや。それは避けようもねえ、どうしようもねえ危険な目にあってる連中がいっぱいいる話は俺も聞いたことあるけどな。そういう気配を感じたら山の下の方を歩くことは危険だ。遠回りでも山の八合目までいって峰渡りすれば一番良いども。アオジシ（カモシカ）は雪のなかでも出てくるからな、ワカスは風のようなもんだからな、ワカスに驚かされるアオジシがおったもんだ。そうやって出てきたアオジシを三人くらいでこっちからぼって、ここさ待ってて逃げ道を塞いで捕ったもんだ。ワカスは一《メートル》二《メートル》くらい降ればその後はいつでも注意してないといけない、一《メートル》も降ればシバ（山の潅木をいう）がみんな埋まってしまうからそれからの雪に注意が必要、つまり落ちやすい。ワカスが落ちるときはブナなんかも倒していくような時がある。その後にナメコが出ていっぱい採ったことがある。

ワカスはもちろん危険な雪であり、その兆候を知ることによって災難を回避する術を知らねばならない。けれどもそれだけではない、ワカスを積極的に利用することによって狩猟や採集の効率を高めている。消極的に自然を観照する態度とは基本的に異なる。和辻が風土をして道具たらしめるという言説はこういうことなのではなかろうか。

真壁仁は「六十里越街道」のなかで同じ朝日村の田麦俣で雪に関する語彙を詩人らしい直感で聞き出している。

僕はここで、農民が生産と生活の中から創り出した古い美しい比喩のことばを聞きとり、それを通して民衆言語史というものを将来はつくっていかなければと、大それた考えを起こしているのである。旧暦の三月の雪を「木の股裂き」といい、四月の雪を「花くずし」といい、五月の雪を「びっきかくし」といっている。この比喩の表現はみな、労働の体験の中で、意味を視角的にとらえた事物であらわす比喩の言葉である[32]

時間的に変化する雪の状態を自然界のなかの連動する変化と関係づけることによって環境の主体化を表現する。ここでは雪は所与の自然環境ではなく風土としての雪であり文化としての雪である。この雪の連想するものは教養人のステレオタイプの雪月花ではなくその地域固有の連想体系なのである。

しかしこの連想の体系といったものがその地域で抽出できたとしてもそれが風土観の生成と関連すると予想されるだけで具体的な生成過程は今後の課題である。こうした連想作用は習俗という人間社会の現象とも深く関係している。その事例を沖縄県八重山郡竹富町黒島という南海の島にみてみよう。ここでも島社会の一般的なことは全て省略する。見慣れた樹木が島の人にどんな感慨を起こすのか、島以外の人には分からない典型的な例である。黒島に古くから歌われている歌謡アヨウに「やらぶ種子」と題されるものがある。歌詞は次のようなものである。

やらぶ種子にん　転び来　一人子
転び種子にん　廻り来　一人子
さいやまにん　廻り来　肝の子
巻ふだにん　まき来　産の子
笠ぬはにん　廻り来　一人子
廻り見にん　巻き子　一人子

この歌詞に秘められている隠喩は到底島の人たちの解説なしには理解できない。ここにも島の見慣れた動物・植物が歌いこまれている。ヤラブとはテリハボクのことで島では家の周りの防風の樹木フクギと共に多い樹木である。この種子は木から落ちるとよく転がる。サイヤマとは糸車のことでこれも廻ることで何かを象徴している。マキフダはマアリニナとも呼ばれ島の環礁に多い巻き貝の一種でありコロコロよく転がるものである。笠はいわゆるクバガサであり、ビロウのことでこの葉を笠にするのは有名である。円形であり、島の踊りのなかにも多用される。

くるくる廻る事物の連関想起と息子への想いを七四五の定型と対句で繰り返し何かを隠喩する単純な歌は、詩人なら直感するかもしれないが、我々にはわからない。島のティジリ神山忠蔵氏の解説を聞いてみたい。これは黒島の一九八八年の新年会で神山氏が島の小中学生に踊りとアヲウを披露したとき自ら解説したものである。

昔の旅は命がけであった。日本ではいわゆる船底の下はグソウ（地獄）だと言われていたのである。そのような時期に一人息子を旅立ちさせはしたものの永年帰ってこないので、その親にとっては心配で朝夕願い歌わずにはおられなかったのである。このような事情でできたのがこのアヨウだという。一言も旅とか船の用語はないが旅立ちまたは無事帰り来る願いの歌だといわれるのはここに由来がある。昔この両親はいつものように畑仕事にでてヤラブの木の下で昼休みの時、このヤラブの種が落ちて廻ってくる、また転んでくるのを見てハッと感づきそれから廻るものに想いつかれサイヤマ・マワリニナ・クバガサなどの素材をなぞらえているところが親の著しいほどの切なる想いを表現したものだと思う。但しこの歌は結婚式では、特に嫁方において歌うことを深く禁じられているのである。これがヤラブ種子の由来である。

廻って帰ってこいという悲しいまでの願望を直接的に叙述せずに事物に仮託したものであった。転がるもの、円形、回転するものが人の回帰を象徴することを島の人の解説で知りえたわけであるが、これに類することはおそらく無数にあるであろう。そして何が何を象徴するかの約束事は島の人のなかで共有されていると思われる。だとすれば語彙と語彙の関係や、語彙のもつメタファーやそれを説明するアレゴリーは島の人のなかに求めていかなければならないことになる。したがってくるくる廻るこの事物に仮託する表現方法は、島の人の行動や認識にも敷衍される。神山忠蔵氏は廻ることの意味について次のような敷衍した例を挙げている。

くるくる廻るものばっかりだというのは、廻るようにもう家に帰ってきなさいという意味ね。戦争中ね、召集されるとか入隊するとかいう時よ、こういった離島からは船で桟橋を離れますね、その時一応廻ってからいったんです。必ず帰ってくるという意味でね。戦前はもう本船は沖で、小さな船で通って。召集兵を乗せた場合、本船に行くぐるっと廻ってから本船に乗せたって

国家の命に対して島人の共有する民俗の感性で秘められた抵抗をしたことになるのであろう、我々は国家の思想に対峙する連想体系の背後にある生命を慈しむ風土を感ずる。離別に対する畏怖感は同じ神山氏が「人が死ぬとや、筏が一回廻ってからいくや、左回りかな」と述べたことにも現れる。死者に対して哀惜の念ばかりでなくこの世に戻ってこいということなのであろう。

事物に付与されるこの象徴性は外部のものにはなかなか分かりにくい。例えば島の民俗の中に夫婦が離別したとき、もう戻らないようにとサイヤマ（糸車）を道に出しておくということがあった。ヤマというのは一般に道具を指すがこのサイヤマに物除けの力があると昔の人は信じていたと島人は解釈するが、上に述べた一連の連想体系からすればこの民俗は回転することの象徴性の拒否（回帰することを拒むという意味）が民俗となって顕在化したことにほかならない。

雪の降る村で雪がカモシカやナメコを採集する道具として使われた例を挙げたが南島の黒島でも寒さが道具として使われることはある。黒島でピラクーヤといえば誰でも知っていることで、冬一番寒い季節の夜をいう。ピラクーヤといえば黒島の人はフクラビを連想する。フクラビはムラサメモンガラのことで、この魚は島の環礁の中で生活しているがピラクーヤで水温が下がると死ぬことがある。この魚が一番最初に反応を現すからだというが、こうした時、島の女たちはピーと呼ばれる干潮で姿を現した環礁にいき昨晩死んだ魚を採ったという。

こうした事例は様々な地域でいくらでも聞くことができ、あたかも俳句の歳時記のようにモノとモノ、モノとコト、コトとコトの感覚を惹起する体系があるように思える。事物や現象はその土地の生活や歴史を具体的に仮託できるものとして、秩序づけられ整然と連想の体系を形作る。こうなると客観的な自然というものは民俗の思

考にとっては意味のないものであり、野生であれ栽培であれ意味を付与された自然はひとつの文化として振舞うことになる。風土とは人間にとって道具化された自然といってもよく、この中で醸成される感覚や感性こそ風土観の重要な構成要素となる。

　こうして民俗学は語彙と語彙の連関、連想、象徴性を探ることによってその地域の感覚や感性に迫ることが必要なのではなかろうか。従来のように語彙や俚言の収集だけをしておき、こうしたものの背後にある民俗思考や民俗的感覚を柳田国男個人の感覚の中に閉じこめてしまうことは許されないであろう。

四　風土への新しいアプローチ

坪井洋文の挿話に誘われて風土と民俗について考察してきた。人口に膾炙された風土という言葉も厳密な意味で用いようとすれば自己撞着の陥穽に落ちる。またある雰囲気を伝える言葉として漠然とした意味で使われてしまうことも多い。したがって民俗学の対象としての風土は明確な領域を設定できない。けれども風土としか表現できない何物かが存在することは誰しもが感じていることである。

　日本の風土、雪国の風土、瀬戸内海の風土、山村の風土、農村の風土、津軽地方の風土、八重山の風土、岡山県の風土、県北の風土、島の風土と大は日本から小は市町村のレベルまで風土の空間的領域は伸縮自在である。風土とはもともと他との対比・相違を暗黙の前提にして成立する言葉であり、どのレベルで自己の風土的帰属意識をもつ領域を決定するのか個人・集団によって異なる。特に人々の移動が激しくなり他地域の文化と自分の所属する地域の比較は必然的に増大する。

　このことは日本に留まらず異文化との接触においても起こっており、例えば生業的基盤を共有する稲作文化地域に共通な基本的性格がありそうだと多くの人は感じているだろうし、またその逆にその中での異質性を強調する人もいるであろう。同じ稲作文化の中で中国の風土と日本の風土を比較するとはどういうことをやればいいのであろうか。しかしこうなればもはや風土の比較というより文化の比較を論じたほうが妥当である。とすれば風土の問題は一見同質的文化と思われている文化の中で論じた方が実りが多いと思われる。

この空間の伸縮性・曖昧性を嫌うため、例えば民俗学では地域性という言葉をもって代替しようとしているが事の本質的な問題は同様である。これらのことは風土の外延的性質に固執しすぎてきたことの弊害でもある。弊害といって悪ければ、風土が地理的問題として捉えられてきたことに由来するのであろう。

風土とは何かという問題は譬えると生物学における種とは何かという問題に酷似している。風土の概念規定とは何かという問題から出発すればそれは堂々巡りをする事になる。種とは何かという問題は生物学の重要な課題であって、これを廻って進化論・生態学・分類学などが展開している。けれども種とは何かという問題は解決しているわけではない。結局生物学の種の問題がその内包的性質に向かったように、風土も内包的性質に向かわなければならない。

この風土の内包的性質を明らかにする方法として筆者は和辻の風土論の基礎理論に対して再評価する必要があることを述べた。環境を主体化し創造への喚起力をもつ心的な環境イメージというのが筆者の風土への接近方法であるが、千葉徳爾や坪井洋文のいう生活自体の内容分析とか自己認識と本質的なところで交錯するものと思う。

具体的な方法としてある地域のイーミックな解釈による語彙と語彙の連関とその隠喩による連想体系の抽出を提起してみた。日本の民俗学は今までイーミックな立場にたって民俗を理解しようとはしなかったといえばいいすぎであろうか。柳田国男が同郷人による同郷人の学が究極的な民俗学の目的であり、心意については最終的には研究者は到達できないと呪縛を掛けてしまったため、もうこの心意に迫るための方法的検討を民俗学は放棄してしまったように見える。和辻にとって風土の問題が気質であったように風土とはやはり気質とか心意の問題なのであろう。だとすればやはりある地域の感覚や感性に迫る民俗学的問題は提起されなければならない。柳田の呪縛を解いてそろそろ感覚の民俗学というものを考えてもよいのではないだろうか。

注

(1) 自然という言葉は明治に nature の翻訳語として成立する以前から存在したが、それは nature の翻訳語とは意味の上にズレがあった。このことは現在でも自然という言葉に纏わりついており微妙な解釈の相違を生じさせる。これについては柳父章『翻訳語成立事情』（一九八二年、岩波新書）に詳しい。端的にいうと翻訳語としての自然以前の自然の意味は「natural science の意味を持たされていなかった。自然淘汰とは〈自然〉による淘汰でなく、いわば〈自然な〉淘汰のような意味であった」（同書一四〇頁）となる。つまり翻訳語としての自然は「客体の側に属し、人為のような主体の側と対立するが、伝来の意味の自然とは、主体・客体という対立を消し去ったような、いわば主客未分、主客合一の世界である」（同書一三三頁）ということである。本書で使っている自然は nature の翻訳語としての意味である。

(2) 和辻哲郎『風土—人間学的考察』一九七九年、岩波書店、九頁。

(3) 和辻哲郎、注(2)前掲書、一六〜一七頁。

(4) 和辻哲郎、注(2)前掲書、一七〜一八頁。

(5) 和辻哲郎、注(2)前掲書、井上光貞・解説文、二九五〜二九七頁。

(6) 和辻哲郎、注(2)前掲書、二三頁。

(7) 可児藤吉「渓流棲昆虫の生態」（『可児藤吉全集』一巻）一九四四年、思索社、三〜九一頁。

(8) 定本柳田国男集編纂委員会『定本柳田国男集』別巻五・索引、一九七〇年、筑摩書房。索引の語彙から風土・風景・自然を拾ってみると次のようになる。風土はわずか一〇回の出現であるのに対して風景は四〇回以上である。自然及び自然界という言葉も二〇回以上であり風土に比べると遥かに多い。

(9) 福田アジオ「政治と民俗—民俗学の反省—」（桜井徳太郎編『日本民俗の伝統と創造』）一九八八年、弘文堂、二四〜二五頁。

(10) 谷川彰英「柳田教育論の形成」『柳田国男と社会科教育』一九八八年、三省堂、七三〜一三四頁。

(11) 谷川彰英、注(10)前掲書、四五頁。
(12) 柳田国男「風景の成長」『豆の葉と太陽』(『定本柳田国男集』二巻)一九三三年、筑摩書房、三四頁。
(13) 柳田国男「日本民俗と自然」(『定本柳田国男集』三一巻)一九七〇年、筑摩書房、二三四頁。
(14) 千葉徳爾「日本民俗の風土論的考察」(千葉徳爾編『日本民俗風土論』所収)一九八〇年、弘文堂、一九頁。
(15) 千葉徳爾、注(14)前掲書、一八頁。
(16) 千葉徳爾「日本の民俗と自然条件」(日本民俗文化大系第一巻『風土と文化』所収)一九八六年、小学館、一一七頁。
(17) 坪井洋文『イモと日本人』一九七九年、未来社。
(18) 坪井洋文「風土の時間と空間」『民俗再考』一九八六年、日本エディタースクール出版部、一四六頁。
(19) 千葉徳爾、注(14)前掲書、一〇頁。
(20) 坪井洋文、注(18)前掲書、一五九頁。
(21) 坪井洋文、注(18)前掲書、一六二頁。
(22) 坪井洋文「故郷の精神誌」(日本民俗文化大系第一二巻『現代と民俗』所収)一九八六年、小学館。
(23) 宮本常一『民間暦』一九八五年、講談社学術文庫、一〇二頁。
(24) 宮本常一、注(23)前掲書、一〇〇～一〇一頁。
(25) オギュスタン・ベルク著、篠田勝英訳『風土の日本―自然と文化の通態―』一九八八年、筑摩書房、一〇三～一〇四頁。
(26) オギュスタン・ベルク、注(25)前掲書、一〇七頁。
(27) オギュスタン・ベルク、注(25)前掲書、一〇八頁。
(28) 柳田国男『青年と学問』(『定本柳田国男集』二五巻)一九二七年、筑摩書房、二〇四頁。
(29) 柳田国男、注(28)前掲書、二〇五頁。
(30) 篠原徹「書評・生態民俗学序説」(『日本民俗学』一七〇号)一九八七年。
(31) 朝日村村史編さん委員会『朝日村史』上巻、一九八〇年、七四九～七五二頁。
(32) 真壁仁『みちのく山河行』一九八二年、法政大学出版局、二五一頁。

第三章　海の民俗自然誌

第一節　一本釣漁師の村とその生態

一　漁日誌の発見

自然を長期間にわたって観察し、その中に生きる生物の生態を熟知して、その知識を経験法則にまで高めて生計活動を営む人々は現在では数少なくなってしまった。伝統的な狩猟や漁撈に従事してきた人々の伝承文化が消滅するのはもはや時間の問題である。彼らは技術だけではなく技能により、近代的道具ではなく民俗的な知識により自然に対峙し、そこから生活の糧を得ていた。こうした点を考えてみるならば、彼らの自然に対する知識が如何に生業活動に活用されていたのか、それを具体的に描いてみることはあながち無意味なこととは思われない。

ここに一人の一本釣漁師の詳細な漁日誌がある。この日誌は山口県萩市見島という日本海の孤島に住む漁師が一九六〇年（昭和三十五）から一九八二年（昭和五十七）に至るまで毎日丹念につけたものである。この漁日誌の最大の特徴は、彼が非常に几帳面な性格で漁に出た日の漁行動の記録を一切もらさず記入していることである。一九八五年現在、六十歳になるこの漁師新徳寿幸氏は見島の一本釣漁師の中でも若い時から名人と謳われ、その腕前によって生計を支えてきた。彼は小型のエンジン付漁船（三トン）に一人で乗って、魚群探知器やローランなど最新の道具は積まず伝統的な山アテ法によって魚礁を発見し高級魚のブリやマダイ、レンコダイを大海に追う、ある意味で古風で頑な一本釣漁師である。もちろんそうはいっても釣道具はナイロン釣糸や優秀な釣針を使っている。彼が同じ見島の網漁師や海士たちと伍していけるほどの漁獲を挙げることができる秘訣はこの漁日誌にある。

この漁日誌は初期のものでは一年に一冊づつの当用日記を使用しているが、途中から三年連用の当用日記に切り換えている。これは一ページが三段になっていて三年目には三年間の同じ日の漁行動が手にとるようにわかる。本章は彼が記載した膨大な日誌の中から一九六〇年、一九六五年、一九六七・一九六八・一九六九年の三年連用日記、一九七一・一九七二・一九七三年の三年連用日記を借り受け、この中の一九七二年（昭和四十七）の一年間の漁行動を生態学的手法を用いて分析したものである。この調査の初期の目的は見島における三つの生業形態（農業・漁業・半農半漁）を比較することにあった。この膨大な漁日誌を発見したことにより日誌の分析を通じて伝統的な一本釣漁師の生態を具体的に明らかにすることができると考える。

一九七二年の一年間を分析したものは、一九七四年以後は彼が漁活動をするのに最近のデータを調べて行動するので借り受けることが困難であったからである。また一九七二年以前は彼の言によれば、見島をとりまく自然環境・社会環境が調査時（一九七六〜一九八二年）と異なっているからである。調査時における漁活動以外の調査との時間的整合性が保てるとの判断からこの年を選んだ。

さてこの日誌の性格であるが、一例を挙げると次のようになっている。

一九七二年（昭和四十七年）　一月十六日・日曜

天候　曇時々雨後晴、北北西程強し

八里に出る。北八里でタカリがいたが浮ピイでブリ一尾、
後コギでタイソと中ブリ一尾

と記され欄外に帰港後漁業協同組合に卸した数量が「ブリ大　一箱入」とあり、さらに出港した時間が「八時十九分」、帰港した時間が「十七時四十五分」となっている。この方式は漁に出た日は必ず採用されており、彼は帰宅後食事をし就寝する前に必ずその日の漁日誌をつける。したがってこの漁日誌はきわめて信頼度の高いものである。この記載では天気、風向と風速（定性的ではあるが）、漁をした漁場の位置、そして如何なる漁法でどんな魚種を何匹釣り上げたのかが全て記されている。またそのうち何匹（何箱とトロ箱で記してある場合もある）を漁協に卸しているかも記載している。そして日誌の中には時々、漁についての感想が簡潔に述べられていて、彼がなみなみならぬすぐれた観察者であることを窺わせる。例えば「秋のブリは海底にふしており、又餌を追っている場合は多少浮上することがある」などのように書いているが、このような蓄積が彼をして名人たらしめているのは疑いない。新しい魚礁やよく釣れる漁場を発見したときはその時の地点を山アテによって憶えておき、後日誌に記載している。つまり通常人間の行動を生態学的分析に資する場合極めて困難と思われる長期間の記録を彼は期せずしてつけていたことになる。期せずしてというのは調査者の側の言い分で、彼がこれらの事項を記したのは効率のよい漁を求め漁獲を最大限にするために如何なるデータが必要であるかということを積年の漁活動の中から自然にくみとっていたというべきであろう。

ただ見島全体の漁撈活動の生態学的分析という点では、一人の一本釣漁師の生態が明らかになったからといっても限界があるのは当然である。見島には網漁師、一本釣漁師、フナンドである海士、カチンドである海士と漁業の専業化が夥しく、多様な漁撈活動が沿岸で展開されている。それぞれ季節や漁場を使い分け、共存している。それが全体として一つの生態学的システムとなっているかどうかは明らかにできなかったが、おそらく一つの生

態学的システムをなすにはあまりに外部社会との結びつきが強い。見島の漁業は小商品生産的漁業の段階のものではない。[1] 沿岸漁業ではあってもまた漁船の規模はそれほど大きくなくても見島は年間六億円以上の水揚げを誇る活発な漁村であり、流通機構を含めたもっと高次な社会経済システムの中で考えていかなければならないだろう。その意味ではこの報告は人間の生態学的研究が多くの自給自足の経済を対象としているのとは異なっている。見島における漁撈活動はあくまで漁獲による換金だけを目的としたもので、そのことによって生計維持を計っているプロ中のプロといえる活動である。伝統技術を駆使して換金経済の中で必死になって生計維持につとめる一本釣漁師の極限の姿がここに現されているといって過言ではない。しかし日本の多くの漁村の成立が背後に控える農村や消費都市の存在なくしては成立しなかった事情を考えてみると換金を動機とした漁師の生態の研究もまた必要であろう。そのような中にこそむしろ海や魚についての伝統的一本釣漁師の見事な民俗的知識が集約して表現されていると考えられるからである。

この調査は一九七六年から一九八二年まで七回延べ四四日間行った。調査期間が数年に及ぶのでデータは断りのないときは一九七八年（昭和五十三）の時のものを使う。

二　見島の概況

見島は萩市北西四六・八キロの位置にあり、東西二・四九キロ、南北四・八キロ、周囲一七・四五キロ、面積八・二平方キロの日本海に浮かぶ孤島である。萩港から定期船たちばな、はぎの二船が就航しており、所用時間は約二時間である。

見島の生成は海底火山の噴火・隆起による火山島で玄武岩類が全島をおおっている。島はかなりの起伏が認められ西海岸の最も高いイクラゲ山（約一八〇メートル）から三山ケ中、お駒、瀬高山の各山が連山をなし東海岸に向けて走っている。さらに西海岸沿いに北に向かって山塊が走り、島最北端の長尾の鼻に連なっている。日本海の孤島であるが、島は暖流の対馬海流に洗われ、比較的温暖であり年平均気温は一七度である。日本海の海流構造はさまざまな諸説があって複雑であるが、いずれにせよ西日本海域では「魚島」と異名をとるほど魚貝類資源の豊富なところである。[2]この島に古くから人が住んでいたのは見島本村の高見山から権現崎に広がる海岸線に七世紀半～十世紀初頭にかけて構築されたと思われるジーコンボ古墳群の存在によっても明かである。[3]南側の海岸線には無数の円礫が散乱しているが、古墳はこの礫を用いた積石塚であったようだ。この古墳群に近接して現在の見島本村の墓地が本村港に入っていく右側に展開し、墓石のまわりに円礫で野面積みしながら人の高さ程の矩形はいつも清掃されていて、年中供花の絶えることがない。そしてたとえ離島しても、親類・知己などに清掃を依頼していくので荒れ放題になっているものは少ない。信仰の篤い島でもある。島の生活が具体的に描き出されるのは時代を遥かに降って幕末になってからである。萩の藩士新山政辰が軍用主事として当島に赴き、その後『乾島略志』として島の生活を叙している。[4]この中に次のような記述がある。

> 見島郡は、一に箕島と曰ふ。海上十有八里萩府の乾方に在り、その地狭隘、南北一里、東西十五町、分って二村となす。本村と云ひ、宇津村と曰ふ。本村は人家二百七十戸、三社に分つ。宇津合わせて四社となす。里正一人之を総ぶ。畔長二人之に副たり。皆専ら農を業とす。浦組七十戸は独り漁釣を以って業と為す。別に正一長を置く

ここに見られるように島社会の基本的社会構造はすでにこの時期に確立しており、その骨格は今日に至るまで変化していない。つまり、藩制時代には本村は行政的なレベルでは浦方・地方《ヂカタ》に分かれ、さらに島全体としては四つの地縁的社会組織「社」に分かれ、それぞれ自立的な機能をもつ集落からなっていた。現在でも本村地方は

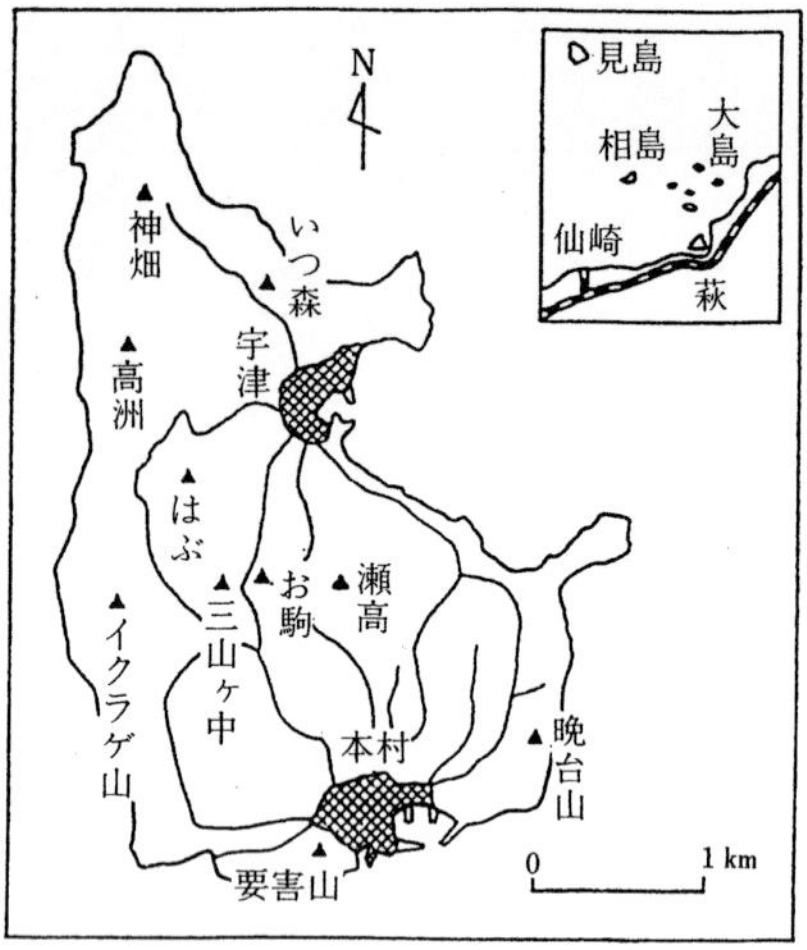

図2　見島の概観

表1　見島の3集落の組と人口

区分	区		組	世帯数	男	女	計
本村	在（地方）	東	1	39	78	73	151
			2	15	25	28	53
			3	97	179	184	363
		西	4	25	40	43	83
			5	45	75	64	139
			6	30	53	53	106
	浦（浦方）		7	56	112	108	220
			8	46	90	82	172
			9	64	127	135	262
本村計				417	779	770	1,549
宇津			10	27	66	76	142
			11	31	68	71	139
			12	62	139	144	283
宇津計				120	273	291	564
自衛隊営舎内				1	99	0	99
合計				538	1,151	1,061	2,212

注　1979年萩市役所見島支所発行『見島の概況』より.

東区と西区に分かれているが、この区分は社会的には曖昧になっている。けれども、浦方・地方の区別は明瞭で、生業・祭祀・通婚圏などの点で両者は異なった世界である。例えば祭祀圏から見てみると、本村地方の東区・西区は見島神社の氏子であるのに反して、浦区の人は住吉神社の氏子というが如きである。いずれにせよ暮らしのたて方が浦方（浦）、地方（在）、宇津と三者三様でそれぞれ漁業中心、農業中心、半農半漁と生業構造が異なっているのは極めて興味深い。

島の民俗については早くから民俗学者の注意を惹き一九三七年（昭和十二）の姿を瀬川清子が書いているし、(5) また一九六三年（昭和三十八）の島の生活を宮本常一が詳細に記述している。(6) 特に後者は浦方の生活様式を知る上で貴重なモノグラフであり、示唆されるところが多い。浦方と地方の生活様式の差異を交換経営―自給経営、土地の世襲―漁撈技術、通婚圏の閉鎖性、氏神の相異、間取の相異などの視点から鋭い問題を提起している。しかしここでは生業構造の異なる三つの小さな社会についての生活誌は両書に譲り、一本釣漁師の生態の理解に関連あると思われるものに限定して話を進めていきたい。

1　見島の人口及び通婚圏

見島の島社会が三つのムラからなり、この三つのムラはそれぞれ生業形態の相異を基盤としながら地理的・歴史的・経済的に統一された別個の社会として存立している。島の外観は図2に示したが、人口の密集する景観としての集落は二ヵ所であり、島南側の本村と島北東の小さな入り江にある宇津がそれにあたる。この二つの集落に世帯数五三八、人口二二一二人の人々が住んでいる。ただし見島は第二次世界大戦後、米軍の観測基地がおかれ一九五三年（昭和二十八）まで米軍が駐留していた。米軍の引き揚げ後、自衛隊がその後を継ぎ、現在でもレーダー基地として島の一部を使用している。自衛隊は世帯数としては一つに数えられ、隊員が九十九人駐留しているので人口の実数はこれが加えられたものである。米軍の駐留時代、宇津や本村在の農家の離れに一部の軍人が下宿していたこともあり、島にダンスホールも一軒あったが、そのことによって見島の社会は大きな変容をしたとは思われない。現在の自衛隊においても島社会への影響は少ないと思われる。以下自衛隊の存在は考慮せずに考察することにする。

南岸の本村は見島港を中心に扇形に広がった集落で、浦と地方の境界線ははっきりしない。しかし浦は海岸よりに家が密集し、家の造りも農家とは異なり、注意すればわかる。農家の方は農作業する場としての庭をもっているのに対し、漁家の方は庭がない。また現在では少なくなってしまったが漁家では蔀戸をもち二間取りの型式であることも農家とは異なる。行政的には表1に示したようにそれぞれに三つの組織をもち合計一一組から構成

表２　見島の通婚圏

島内婚・島外婚

夫＼妻	島　内	島 外	計
島内	357 (91.8)	26 (6.7)	383 (98.5)
島外	4 (1.0)	2 (0.5)	6 (1.5)
計	361 (92.8)	28 (7.2)	389 (100)

浦居住者の通婚圏

夫＼妻	浦	在	宇 津	本 土	計
浦	127 (82.5)	13 (8.4)	6 (3.9)	5 (3.2)	151 (98.1)
在	1 (0.6)	——	——	——	1 (0.6)
宇津	1 (0.6)	——	——	1 (0.6)	2 (1.3)
本土	——	——	——	——	0
計	129 (83.8)	13 (8.4)	6 (3.9)	6 (3.9)	154 (100)

本村（在）の通婚圏

夫＼妻	在	浦	宇 津	本　土	計
在	109 (75.2)	5 (3.4)	6 (4.1)	19 (13.1)	139 (95.9)
浦	——	——	1 (0.7)	——	1 (0.7)
宇津	——	——	1 (0.7)	——	1 (0.7)
本土	2 (1.4)	——	——	2 (1.4)	4 (2.8)
計	111 (76.6)	5 (3.4)	8 (5.5)	21 (14.5)	145 (100)

宇津の通婚圏

夫＼妻	宇　津	在	浦	本 土	計
宇津	85 (94.4)	2 (2.2)	——	1 (1.1)	88 (97.8)
在	——	——	——	——	0
浦	——	——	——	——	0
本土	2 (2.2)	——	——	——	2 (2.2)
計	87 (96.7)	2 (2.2)	0	1 (1.1)	90 (100)

注　調査時に夫婦ともに生存している完全夫婦389例を調べた．また各欄の下段括弧内は全体に対するパーセントで，小数第２位を四捨五入した．

されている。しかし島の人々の帰属意識をもつ社会集団という意味では浦・在・宇津のレベルが最も重要であることはすでに述べた。そのことを象徴的に表現しているのが、浦・在・宇津それぞれの本分家関係・姻戚関係の閉鎖性である。この三つのムラはそれぞれに非常に高い内婚率を維持していて、共同体意識は血縁関係によって支えられているといって過言ではない。一般に同族といわれる本分家関係の発達は少なく同族団構成戸数の最大頻数は三戸である[7]。けれども姻戚関係の複雑さは遥かにこれを越え、三つのムラ内部での諸関係は分析を不可能にするほどである。表２はそれぞれの集落における調査時に夫婦とも生存し同居している完全夫婦三八九例の通婚圏を表している。まず島内婚・島外婚に分けてみてみると夫婦とも島内出身である比率は三五七例、九一・八パーセントとなり、極めてこの島社会が通婚圏というレベルから見れば閉鎖性を保っていることがわかる。島内で分家できなく島外に出たものが各地で見島出身者による郷土会を結成していることからもこの閉鎖性は首肯できるところである[8]。

次に島内の三つの社会について見てみよう。すると表からも明らかなように島の閉鎖性はさらに三つの小さなムラの閉鎖性によって維持されている。宇津においては、内婚率は最も高く九四・四パーセントに達する。浦では八一・九パーセント、最も低い在においてさえ七五・二パーセントという高い数値を示す。このことからまず三つのムラが通婚圏からみる限りでは同じ島内にありながら婚姻を通じて社会関係を拡大する方向はとらず、それぞれが閉じた系であるといえる。このように近接したムラが三つありながら嫁取りや婿取りが相互の間で滅多に起こらないことは島の人々にも十分意識されている。これは時代を溯れば溯るほど強くなる傾向がある。島の人々は折にふれてこのことを言外にほのめかし、浦では在へは嫁に出したくないとか、在では浦に嫁がせたくないという意識が汲みとれる。しかし実際にはこのような事例は両者とも例数は少ないが存在する。宇津は地理的にも離れていることが影響して外婚は稀であるが本村の浦方・地方との間では在から浦へ婚入したものが一三例（九パーセント）、浦から在へ婚入した例が五例（三・四パーセント）見られる。この現象の起こる背景には島社会の戦後の文化変容が大きく関係しているものと思われる。戦後の島社会の変容という点で最も大きな変化をしたのは在であり、ここは農業を生業基盤にしていたため、かつては見島の中核的な位置を占めていた。それが戦後の農地改革、高度成長期における農業の構造的変化により変貌を余儀なくされ、農業経営は衰退の一途をたどった。見島牛で名を馳せた島の農業は現在ではみる影もない。

在の内婚率が低いのは、農家の子弟それも長男を含めた人々の島外への流出とそれに伴う挙家離村にも一因がある。また島外との社会的つながりが逆に強くなり、帰島しても本土から妻を貰う場合が増加している。在の就業構造も変わり、農業以外のことに従事するものが増えている。その兆候はすでに高度成長期以前にあらわれ一九五九年（昭和三十四）における地域別職業別世帯数から推量できる。[9] この時点で在における専業農家の全体に占める割合は四三・九パーセント（全世帯数二三九）である。これに対して浦の専業漁業世帯数は六一・七パーセント（全世帯一七七）であり、はるかに高い。さらに宇津は専業農家・半農半漁の家の全体に占める割合は七七パーセント（全世帯数一一八）と最も高い。このことは浦・宇津の二つのムラが漁業を営むことと高い相関をもつものと思われ、農業の不振に対して島の漁業は戦後飛躍的に生産性を上げ、特に本村浦では小商品生産漁村から脱皮しつつあることを物語っている。[10] 生業構造を多様化し社会変化に適応する過程は小離島でも生じておりかなり一般性をもつ現象であるかも知れない。[11] 浦では以前は漁家一戸一戸が船をもっていたのではなく、船を所有する船頭ともたない舸子からなっていて、[12] 舸子は船頭に頼んで船にのり歩合を払って漁をしたものであるが、現在では船をもたない人の方が少なくなっている。宇津のような半農半漁で採貝・採藻を中心にした漁業においてすら同様の傾向がみられ、島の経済の中心はむしろ漁業にあるとさえいえる。つまり本村の浦では漁業の専業化を著しく進展させることによって換金経済への適応を計ってきた。宇津の半農半漁の生業形態はもともと農間肥取漁であり、[13] カジメ・アラメ・ホンダワラ・ワカメなどの採藻が中心であった。それがアワビ・サザエ・ウニの島外の需要と魚価の高騰に支えられて採貝の比率が高まり、生業を分散化させることで島外の社会経済システムに最も適応しているといえる。そのことが元来のムラの閉鎖性を逆に維持しながら生計活動を営むことができる原因であろう。この点については後にもう少し詳しく検討してみる。

一九七八年（昭和五十三）の住民票を集計した結果を三つのムラ別に人口ピラミッドを作成してみたのが図3である。人口構成を見るとやはり三つのムラとも青年層の流出現象が著しく、この傾向は年を追うごとに加速す

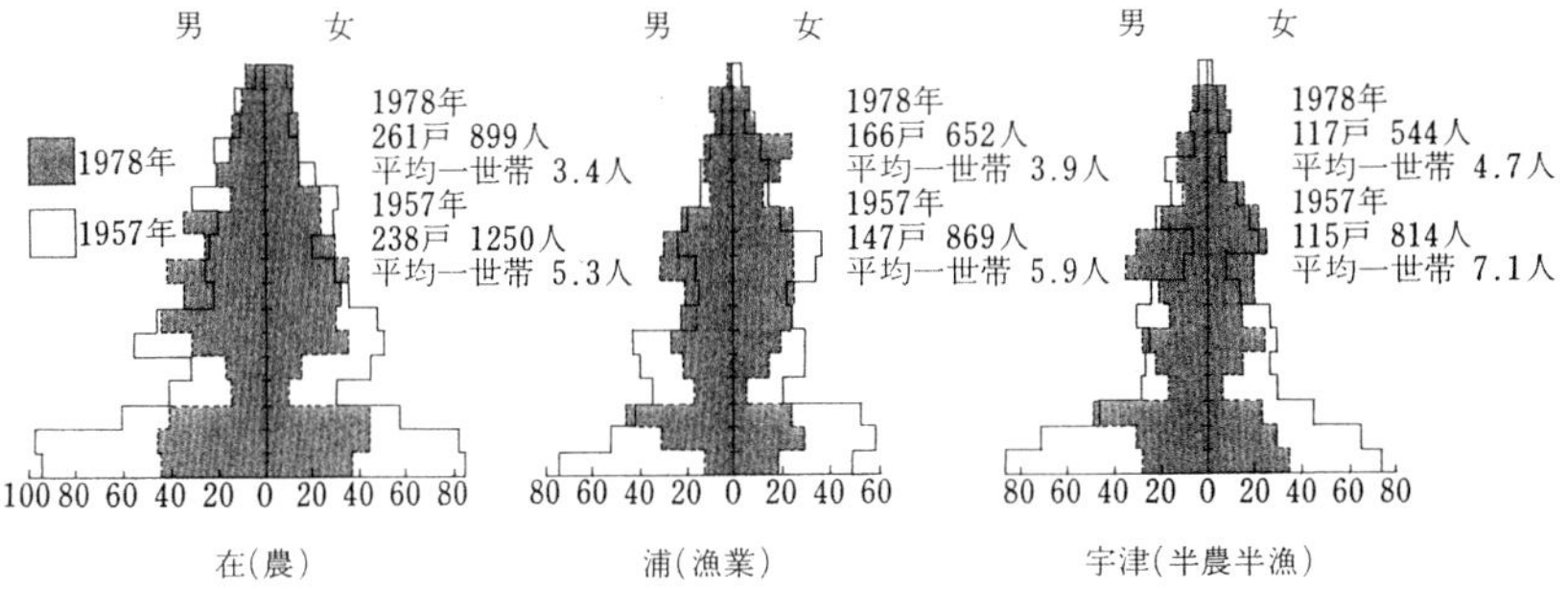

図3　1957年と1978年の3集落の5歳別・年齢別・性別人口構成

るものと思われる。ここでは人口構成が比較的安定していた一九五七年（昭和三十二）と比較したものを図示しているが、約二〇年間の変化は顕著である。しかし一九七八年の人口ピラミッドは、年齢が三十歳以上の人口構成においては一九五七年のものと較べ、それほど大きく変化を起こしてはおらず、全国各地のそれとは若干様相が異なる。これは島が漁業経済の発展に見合って経済的に安定しており挙家離村が少ないからであろう。若年齢層の人口減少は若い夫婦における子ども数の減少にともなうもので、これは日本全体の一般的現象であり、ここだけのものではない。

島には高校はなく、高校・大学へ行く層が萩市と比べて少ない。本村の浦・宇津においては、ある年齢に達すると帰島し親の生業を継ぐものが微増している。離村すなわち離島する傾向は在において最も激しく、ある程度漁業の発展にともない漁業以外の仕事が増加しても漁業地域と農業地域が相互に補完しあえる限度をすでに越えてしまっている。これはそれぞれのムラでの基本的生業に従事する就業人口の比率とも関連していて、一世帯あたりの家族数も宇津―浦―在の順になっており先述した就業比率と軌を一にしている。

それでも島の経済が漁業による発展で、仕事の多様性が進んでいるのは疑いない。建設業一七世帯、商業二七世帯、旅館業四世帯などは、港湾関係、釣り客の増加などの観光地化による最近の傾向はやはり漁業と関連している。

表3　見島の商店

	商店番号	取扱い商品	経営形態
在	1	食料品・雑貨	兼業
	2	食料品・雑貨	兼業
	3	衣料品	兼業
	4	タバコ・家具・家庭用品・履物	専業
	5	プロパンガス・食料・雑貨	兼業
	6	酒・釣具・ガラス・食料・ウニ製造	専業
	7	下駄・雑貨	兼業
	8	書店・雑貨	兼業
	9	玩具・衣料・質屋	専業
	10	農協販売部・総合	
浦	1	酒・タバコ・食料品	専業
	2	食料品・雑貨	専業
	3	食料品・雑貨	専業
	4	菓子	兼業
	5	菓子・氷屋	兼業
	6	食料品・雑貨	兼業
	7	食料品・豆腐製造販売	兼業
	8	食料品・ヤクルト	半農半商
	9	酒・食料品・ウニ製造販売	専業
	10	タバコ・食料品	兼業
	11	漁協販売部・総合	
宇津	1	タバコ・文具・雑貨	兼業
	2	パン・菓子製造販売	専業
	3	酒	専業
	4	食料品・雑貨	兼業
	5	食料品・雑貨	兼業
	6	衣料品・雑貨	兼業
	7	タバコ・衣料品・雑貨	兼業
	8	酒・タバコ	兼業
	9	農協販売部・総合	
	10	漁協販売部・総合	

注　兼業の場合，その家の主人はほとんどサラリーマン．

特に商業については日用雑貨・食料を売る商店がこの限られた世帯数の島に異常と思えるほど多く、漁協（見島・宇津の二ヵ所）、農協の購買部を含めると三〇軒になる。従来は日用雑貨・食料品を売る店がほとんどであったのに表3にみるように最近では特定の品目だけを売る専門店の傾向を帯びてきている。

2　漁業の概況

見島の漁業は沿岸漁業が中心である。見島の沿岸には見島の米倉といわれる八里ヶ瀬をはじめとした良好な瀬（図4参照）が多数あり、すべて山アテの伝統的技術によって位置を知ることができる範囲にある。したがっていわゆる山ナシ[14]の範囲まで足を延ばして瀬を捜す必要はなく、日帰り操業が可能である。見島沿岸に展開する瀬には、瀬付魚であるマダイ・アマダイ・レンコダイなどの底棲魚が豊富である。また対馬暖流に乗って回遊する西日本海の重要な漁業資源であるイワシ類・サバ類・サンマ・スルメイカなどの回遊性浮魚の通り道にも位置している。[15]加えて島の生成が火山島起源であることから海岸には岩礁が発達し、そこにはアワビ・サザエ・ワカメ・テングサ・ウニ類が豊富に棲息し格好な漁場を形成している。こうした水産資源の豊富さが見島の漁業に多様性を与えているのであり、海の生態学的条件が漁村発展の基本的要因になっている。戦後の動力船の飛躍的増加はさらにこれを加速し、高級魚や需要の高いアワビ・サザエの消費地への運搬を容易にし、ますます漁業専業化の度合いを深めている。

見島の漁業は操業形態から大別すると三つになる。本村浦には施網・棒受網・建網・刺網を中心にした網漁師グループ、一本釣漁師のグループ、さらに人数こそ少ないが高い漁獲高を挙げる採貝・採藻を中心とした海士（フンドウアマ）のグループが存在する。宇津は半農半漁であったが近年農業の衰退に比して漁業の比重が高まり、採貝を中心としたフンドウアマ・オケアマの海士グループが多数存在する。もちろん個々の漁師の操業形態は後ほど述べるように単純なものではなく、一本釣と刺網、海士と建網、海士と一本釣のように多種の漁業を組み合わせているものも多い。しかし漁師の間では相互に網漁師、一本釣漁師、フンドウアマ、オケアマと区別されていて、漁協の正組合員の中にさらに任意の網漁師組合・一本釣漁師組合・海士組合を作って漁場をめぐる紛争の

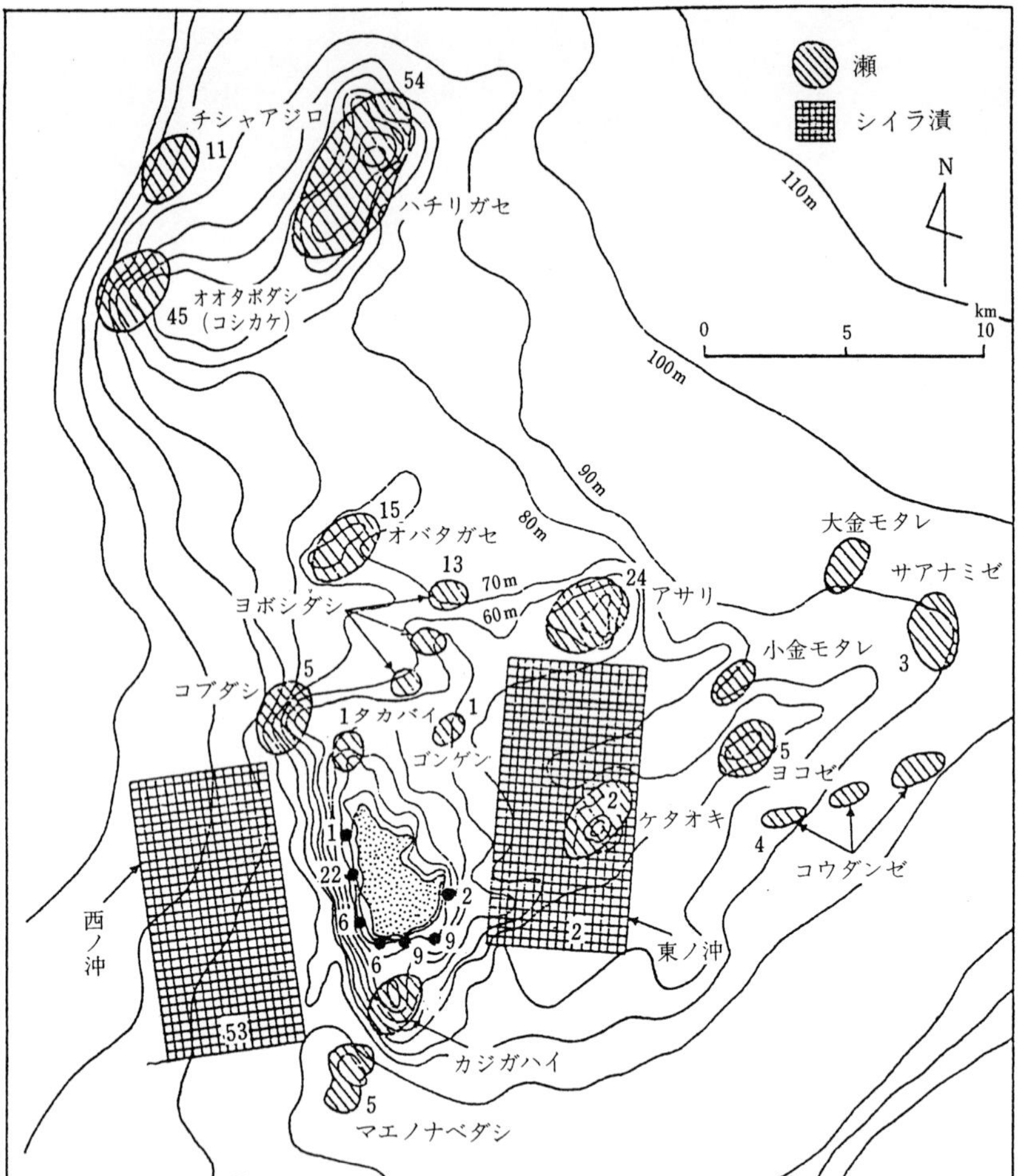

図4　見島の漁場

数字は新徳寿幸氏が年間に使った回数を示す．また見島沿岸の瀬は図10を参照．

協議をしたりしている。ただ網漁師の場合は他の漁業と併用して操業することがなく、その意味では最も専業化・大型化しているといえる。一般に網漁師の場合は船も大きく乗組員も三名以上で構成していることが多く、時には沿岸を離れて沖合漁業に従事することもある。一本釣漁師の場合は延縄も行うことも多いが、中には一本釣＋建網の組み合わせをとるものもいる。本村浦の海士は全てフンドウアマで、これも著しく専業化しており他の漁業に従事することが少ない。それに反して宇津では採貝を中心として海士が多いが、漁業形態は多様であり、海士にもフンドウアマ・オケアマの二種があり、しかも女もトモシ（船上で網を持つ）として加わっている。また海士＋建網、海士＋一本釣、海士＋刺網などの形態もあり、さらに採貝＋採藻中心とした家もあり、漁村のあり方が浦と大きく異なっている。

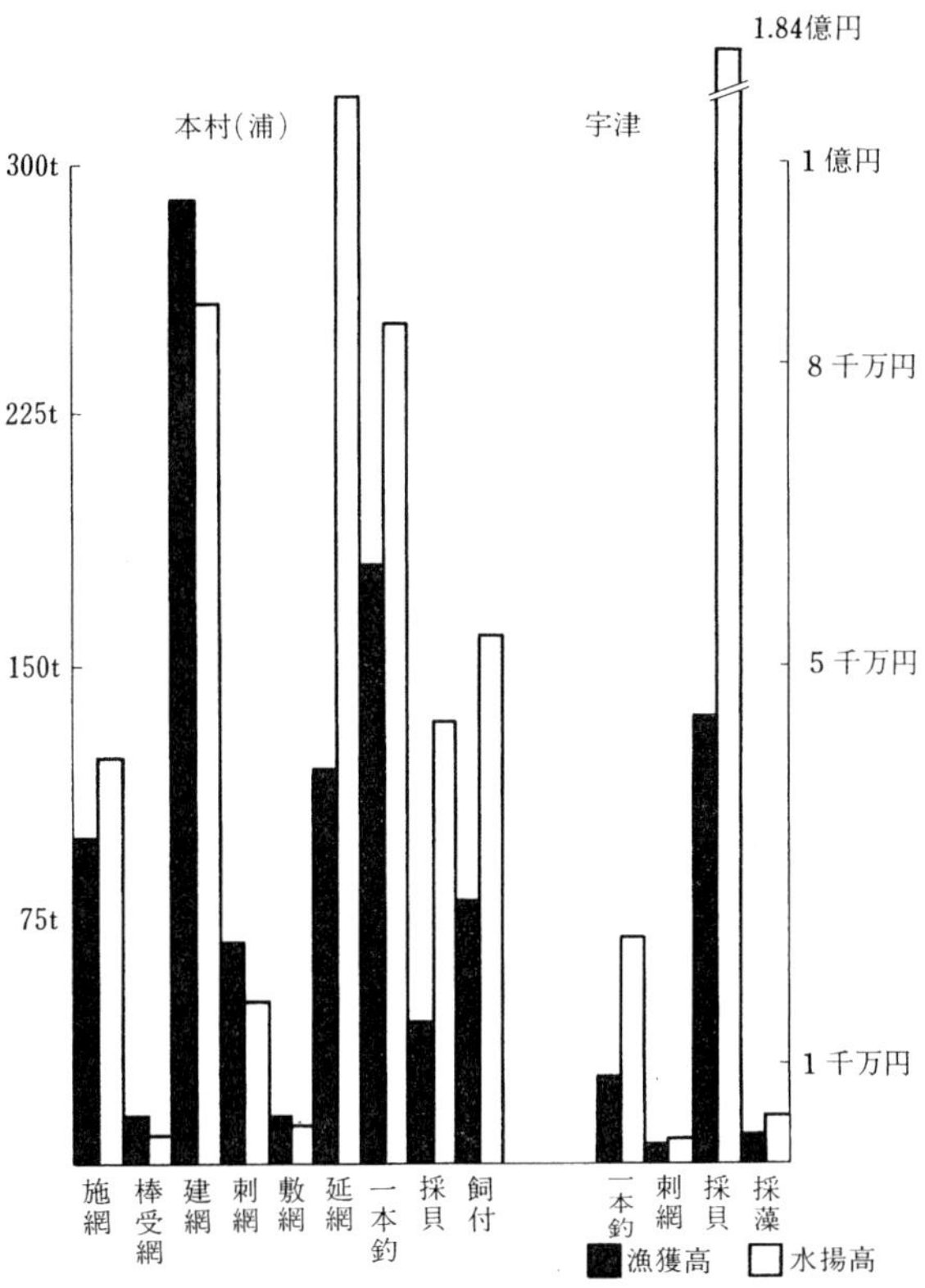

図5　浦と宇津の漁業別漁獲量および水揚高（1978年）

一九七八年（昭和五十三）の漁業別水揚げ高を浦と宇津を区分して通覧したのが図5である。この図からもわかるように本村浦では個々の漁師は専業化した漁業を営むが全体としては多種多様な漁業がある。それに対して宇津の方では個々の漁師は多様な漁法を採用するが全体としては採貝を中心とした比較的単純な漁業を営んでいる。施網はブリ・タイ類を、棒受網はイワシを主要対象魚にしている。建網は二種あって沖建網は稚魚対象であるが、磯建網はサザエ網ともいわれサザエが対象である。敷網はヤハズを、刺網はアゴ（トビウオ）を中心にしたもので、以上が網漁師の行う現在の網の種類である。漁獲高を見てもわかるように建網・施網・刺網が中心になっている。延網・一本釣は一本釣漁師が行うもので延網はアマダイ・タイ類を対象に、一本釣はブリ・イカ類を中心にしたものである。図に見るとおり、一本釣は漁獲量に比して漁獲金高の高い高級魚を狙った漁業である。一本釣組合員は浦全体の専業漁師一八四名（在の準組合員は除く）中一二〇人で構成されていて、見島漁業の中核をなしている。採貝はアワビ・サザエ中心であるが、これは市場におけるアワビ・サザエの高騰に支えられ最近急上昇して漁獲高・漁獲金高共にのびてきたものである。海士の漁業は燃料経費のあまりかからない効率のよい漁業といえる。見島には伝承によれば古くから男の海士は存在していたが数は少なかったようである。しかしウエット・スーツの普及で年中潜水可能になり、元来オケアマしかいなかったといわれる宇津にもフンドウアマが出現し本村浦の海士たちにとっては侮りがたい競争相手になりつつある。

以上のように見島の漁業は大別すれば三つの操業形態がある。そして漁業の漁獲高の側面からみると、本村浦の施網・建網を中心とした網漁師グループは漁獲高三八八・七トンを揚げ四二パーセントを占め、漁獲金高では一億二七五一万円で見島漁協水揚高の二八・一パーセントに達する。一本釣漁師のグループは四四・五トンで三一・九パーセント、漁獲金高では四五四四万円で一〇・三パーセントと人数に比して高い値を示す。

ここで餌付漁業について若干触れておく。餌付漁業はいわゆる栽培漁業といわれるもので、見島には戦前から導入された。初めは五島列島の何某という人が見島にきて漁業会に幾ばくかの手数料を払い行った。戦後は下関の人が同じように試み大儲けをしたといわれる。その後になって見島漁協がこれを引き継ぎ現在でも続けている。見島漁協の正組合員はこれに対して出資金を出しておりこの飼付漁業による利益は一人年間七万円の配当金が支払われている。操業しているのは八里ケ瀬とコブダシの瀬二ヵ所で半径五〇〇メートルの円形が専有飼付漁場で九月〜十一月の間は漁協の専有である。この期間は釣漁を含め一切漁業禁止で夜は監視船を出している。漁協所有の二隻の船を出し青年団などに依頼し給料を出し一本釣漁法で九月〜十一月の間漁獲をあげる。

宇津の漁師グループはアワビ・サザエ・ウニの採貝が中心であり漁獲高一七九・三トン、漁獲金高二億一四一一万円を挙げ、見島漁協の水揚高の約二分の一に達している。漁獲高は四分の一にみたないが、これは価格の高いアワビなど採貝によっているからで、その意味では効率のいい漁業といえる。ちなみに漁業と農業を対比し漁業の発展を見てみよう。表4は見島農協を通じて販売された農産物・畜産物の品目別の販売高である。漁協は戦後宇津と浦の利害対立から分裂したけれども農協は宇津と在は一本化しており、したがってここには宇津の農産物も含まれている。販売高総計で二億二六四六万円となり、すでに見島漁協の水揚高を下まわっている。農業生産高を単純に在と宇津の世帯数に比例配分し、在・浦・宇津の一世帯あたりの平均年収を計算してみる。それによると宇津が約二九〇万円、浦が二六〇万円、在が六一万円となり、年の粗収入という点では宇津が最も高い値を示す。もちろん、在をはじめとして非農業世帯・非漁業世帯も増加しているので、単純な比較だけで即断は許されないが、少なくとも第一次生産活動からみた三者では宇津が最も成功しており、外部社会への適応がうまくいっているといえるだろう。[16] 離島における漁業の生態人類学的研究の他の例が全て小規模な零細漁業を対象としているのと

表4　見島の農産物販売高

(1978年)

品　目	数　　量	金額(千円)
米	5,630 俵	112,282
麦	25 俵	269
大　根	——	17,561
野　菜	——	5,099
牛	——	2,355
肉　牛	754 頭	27,163
豚	143 頭	3,272
鶏　卵	35,962 kg	11,543
タバコ	40,168 kg	46,924
計	——	226,468

注　ただし，タバコは見島農協を通さず見島煙草耕作組合による販売.

較べると見島の漁業は大きく異なっている。例えば沖縄先島の小離島大神島を調査した市川光雄は当地の漁業を要約して、①漁業人口が少ない、②漁船規模が小さく、個人漁が多い、③漁港の設備はほとんどない、④漁場は日帰り可能な沿岸、⑤販売組織が未発達の五点を挙げている。見島の漁業は④の項目と②の個人漁が多いことを除けば対極的な位置にある沿岸漁業といえる。

3　漁業従事者数と漁船

一般に漁村といわれる中に本当に専業漁師として生活しているものは何割あるものであろうか。純漁村では当然その比率は高いものと思われるが、漁村として発達すればするほど漁業協同組合や加工工場、運搬船に従事するものが増加する。また漁業の換金経済の恩恵で商店のようなものの発達も前述したとおりであり、漁業世帯は無制限に増えていくというわけではない。現在見島の本村浦と宇津の漁業従事者数を見てみると図6に示すように浦では一二二世帯一八四人、宇津では九六世帯一二七人である。浦は浦の全世帯数に占める割合が七三・五パーセント、宇津では八二パーセントであり、この数値は相当高い数字であると思われる。一九五七年のそれと比して二一年間にそれぞれ一〇・八パーセント、五パーセントと増加している。ただしこの数値は見島漁協・宇津漁協に登録されている組合員台帳及び組合出資金明細表から作成したもので、実際に漁撈活動を行っている実数とは若干の相違がある。特に宇津においては何らかの漁撈活動（オカズトリ

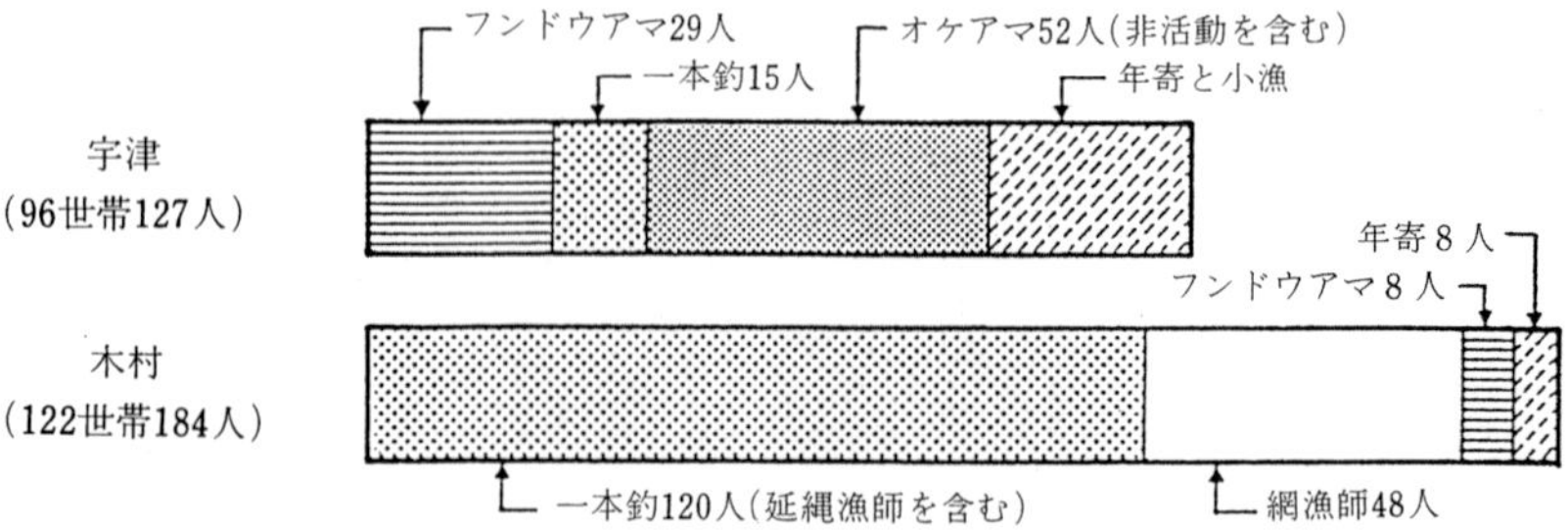

図6　宇津・本村における漁業従事者数

のような小規模のものも含めて）にたずさわっているという意味であり、専業ということではない。また本村においては在の農業世帯を中心に準組合員が一二九名存在し、小さな漁船で小漁を営むものから「オカズトリ」と称して春先コボラ（バフンウニ）・テングサ・モズク・ニナを海岸から入って採取するものまで幅広くいる。宇津漁協は準組合員が四名と少ないが、やはり非漁業世帯において「オカズトリ」は盛んである。これらの小さな漁撈活動の実態は把握することが困難であり漁業従事者数から省いた。

浦の漁業従事者数の漁業別構成は一本釣一二〇人、綱漁師四八人、フンドウアマ八人であり、これらの人々は実際に専業漁師として活動している数字にほぼ一致する。年寄りの八人の中には息子に漁業を継がせ、漁撈活動から引退したものもいるが、中には息子とは別個に隠居漁と称して一本釣や刺網などの小漁を行うものもいる。

漁業協同組合員数と実際の漁撈従事者数が一致せず異なるのは宇津漁協の場合であり、一九七八年度の宇津漁協の業務報告では経営体数、従事者数は九六世帯一一五人であるが組合員名簿は一二七人が登録されている。しかし年間一〇〇日以上漁撈活動をして漁協に漁獲物を卸す世帯はフンドウアマ、一本釣の二三世帯四四人であり、残りはオケアマや小さな釣漁、オカズトリの世帯である。オケアマなどの活動は春先、水田耕作の準備前の三月、および田植えを終えた六月、七月にほぼ限定されている。そのオケアマの活動も恣意的であり非活動のオケアマとの境界ははっきりしない。つまり二三世帯を除く七三世帯については漁撈活動はまちまちであり、組合員外の農業世帯との差さえ見いだせない場合すらある。この点は浦の漁村社会と大きな相違を示している。フンドウアマ、一本釣のかなり漁業に比重をおいた世帯においても四月～五月の田植え期と十月～十一月の刈り入れ期には漁撈活動が著しく低下する。

次にこれらの漁業従事者がそれぞれのムラの人口構成のなかでどのような漁業人口構成をとっているのかみていこう。浦では図6の漁業従事者数がほぼ実際の漁撈活動をしているものとし一八四名をとり、宇津ではフンド

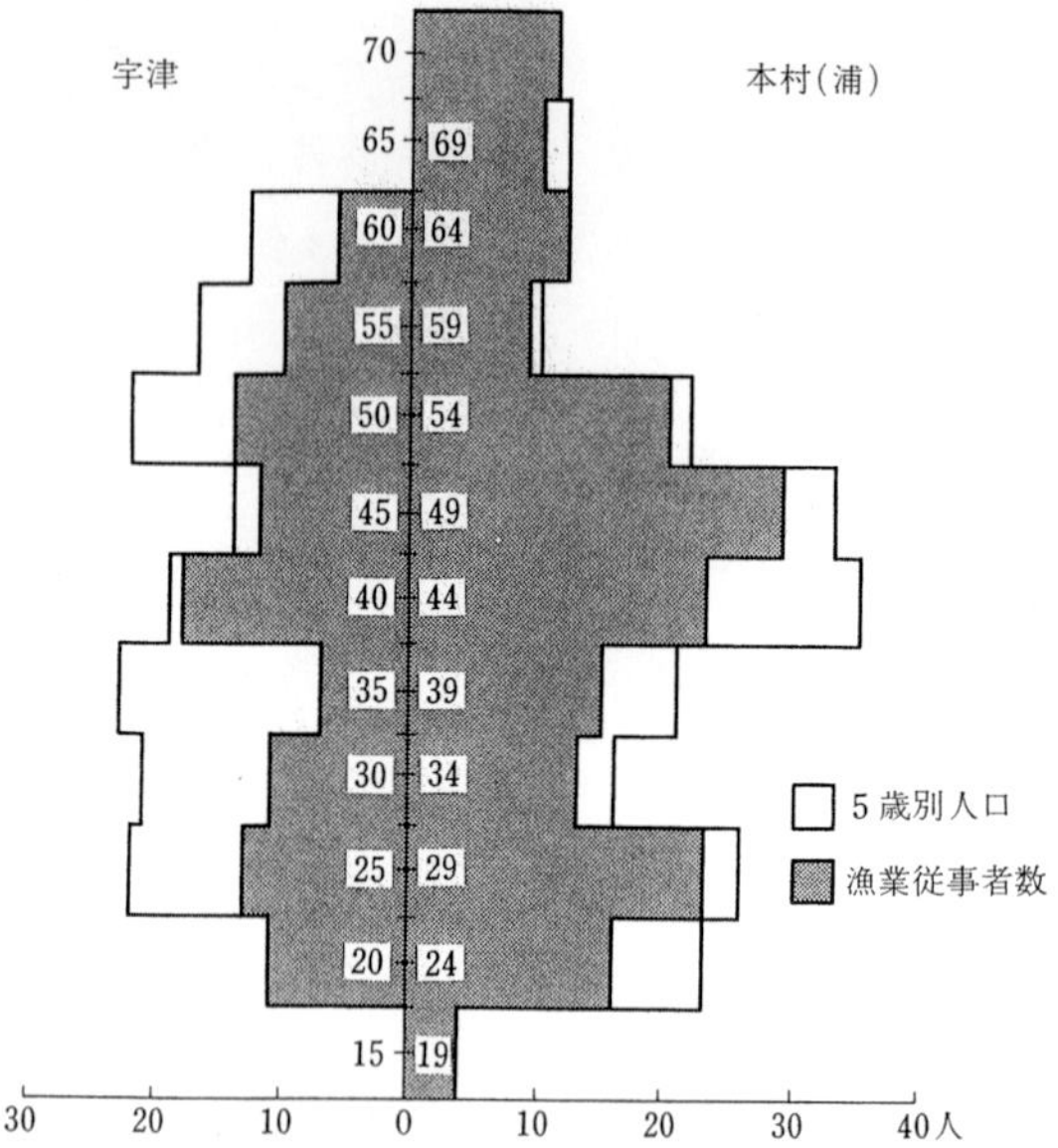

図7　本村(浦)・宇津における15歳以上(男)の人口構成と漁業従事者(1978年)

表5　漁船所有状況(1978年)

屯数別(t)	隻数 本村	隻数 宇津
0~0.99(無動力)	14	8
0~0.99(船外機含む)	8	38
1~1.99	10	9
2~2.99	23	20
3~4.99	36	23
5~9.99	17	0
10~19.99	11	1
計	119	99

表6　漁業の経営形態(1978年)

経営形態		本村 隻数	本村 人数	宇津 隻数	宇津 人数
乗組員1人(一本釣)		48	48	6	6
乗組員2人(網・一本釣・海士)	家族	37	74	13	26
	非家族	7	14	0	0
乗組員3~4人(網漁師と海士)	家族	8	25	4	12
	非家族	7	23	0	0

ウアマ・一本釣・オケアマ（活動・非活動を含めて）の三者を実数とみなし九六名をとった。これを十五歳以上の年齢別に構成したのが図7である。これによれば浦においては各年齢層とも漁業従事者数と浦全体の人口構成がよく一致している。特に二十歳から三十五歳までの若い漁師が各年齢層のなかで高い比率を示すことは、この浦の漁業が極めて活発なものであることを物語っている。全体として就業可能な十五歳以上の年齢人口に対して漁師の数は七九パーセント（二三五人中一八五人）を示している。宇津においては浦と対照的に十五歳以上の年齢総数の中の五八パーセントが漁業人口であり、二十歳から三十五歳の青年層の各年齢に占める割合が相対的に低い。これは宇津が専業化の度合いを強めながらも半農半漁の段階に留まっていることを示している。

　浦と宇津の漁業形態の相違は漁船の所有状況にも現れている。表5は浦と宇津の漁船所有状況を示したものであるが、二つのムラとも船隻数は戦後質量とも増加の一途をたどっている。しかし詳細にみるならば両者では漁業形態の相違に基づき異なった増加をしている。浦では漁業世帯数一二二世帯に対し漁船の数はそれを下まわる。また一軒の漁家で二隻所有する世帯が八世帯もある。そして屯数別にみた一トン未満の無動力、船外機の船は在の農業世帯である準組合員所有のものも相当あるので、漁家でありながら船を所有しない世帯はさらに増える。このような漁家はほとんど一本釣を稼業とし、親族関係にある家の船に乗り組んでいる。一トン未満の無動力、船外機の船はフンドウアマによる潜水漁、老人による隠居漁、在のオカズトリに利用されている。一〜五トンまでの船は一本釣・延縄に使われることが多く、このクラスのものが最も隻数は多い。五〜一〇トンまでの船は多く網漁師が所有するもので近年とみに増えている。

　宇津では総船隻数では九九隻と逆に漁協の正組合員世帯数九六を上回っている。この九六世帯が先にみたように全て漁撈活動をするわけではないから、浦のように他人の船に乗って稼業する必要はなく、全て経営体としては家族だけが乗り組む船である。採貝・一本釣を中心にした操業形態のため、大きな船は必要ではなく五トン以上の船はただ一隻である。反対に一トン未満の船外機が三八隻と最も多いのはここが潜水漁中心の根付け漁業であるからである。

経営形態からみても両者の性格の相違及びそれぞれの漁業の特徴が明らかである。表6は浦と宇津の経営形態を見たものであるが、宇津では年間の操業日数が一〇〇日を越えるフンドウアマ、一本釣の二三世帯をとりあげた。浦では一人だけで操業する一本釣漁師が四八人つまり四八世帯と最も多く、ついで家族でつまり父親と息子の乗り組む船が三七隻三七世帯と多い。乗組員二人あるいは三～四人の場合でも家族と非家族の組み合わせで乗る船が一四隻もあり、大型の網漁への進出も計られている。一方宇津では全て家族による経営であり、非家族を含む例がない。これは潜水漁が潜る人と船上で分銅を操る人との間の呼吸が大切であり、家族内で組む必要があるのもその理由の一半である。事実、宇津のフンドウアマでは一組の夫婦、一組の兄弟を除いて全て父親と息子のペアで潜水している。もちろん宇津の二三世帯以外の小漁は全て一人で乗るか家族で乗るかであって非家族を含むことはないし、また三～四人以上で乗る網の船（三人の場合でも二人潜水一人トモシである潜水漁もある）は少ないという点は宇津の大きな特徴である。

4　各種漁業の出漁パターン

見島の漁業が浦と宇津の性格を異にする二つの漁村を中心に多様な漁業形態を展開させていることを今まで見てきた。しかしこの多様性は各種漁業の組み合わせを一年間どのようなサイクルで展開させているのかを見ることによっていくつかのパターンに分類することが可能である。この出漁パターンは浦・宇津の全て漁師の漁撈活動を調査して作成したものではなく、調査時点で漁業組合長を引退したばかりの福永英太郎氏に典型的と思われる各種の漁師を数十人ピックアップしてもらい、それを分類したものである。図8の1～7までが浦の漁師であ

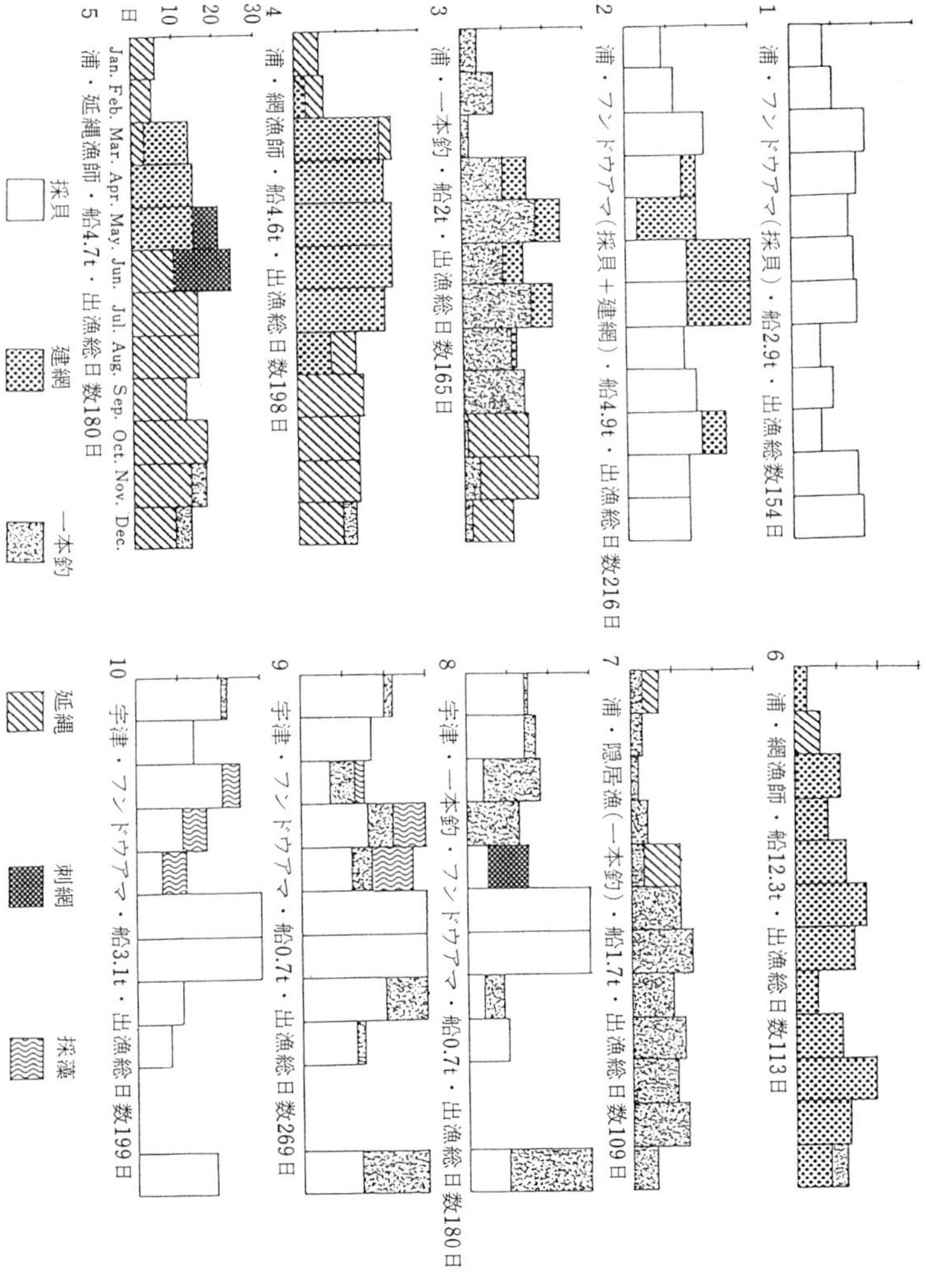

図８　各種漁業の出漁パターン

横軸，縦軸は全て５と同じ

り、8～10までが宇津の漁師である。もちろんすべての漁師がこのパターンのどこかに入るというものではなく、出漁パターンはそれぞれかなりの変異をもっている。7および2は浦のフンドウアマである。フンドウアマには年間を通じて採貝のみのものと季節によっては建網を組み合わせる海士がいる。しかしこの海士の用いる建網は磯建網の一種で対象としているのはサザエであり、別名サザエ網ともいわれる。見島の海は五月頃から濁りを増し、それ以前の透明度の高い海から変化する。そしてワカメ・カジメ・アラメ・ホンダワラをはじめとした海藻類の成長が進み、その海藻を食べるアワビなどが隠れてしまい潜水によるアワビ・サザエの発見が困難になるといわれる。そうした海況の変化からこの時期は海士にとっては他の漁業に切り換えられる余裕があればそれにこしたことはない。そこで図8の2のようにサザエ網を第一種共同漁業権内の地先へ仕掛ける漁師も出現してきた。したがって海士の網は、3～6の海士でない漁師の建網とは異なっていて、広い意味ではやはり採貝ということになる。浦の海士はさまざまな漁業形態の中で、年間を通して最も月別の出漁日数が平均的で安定している。これはウエット・スーツの出現が年間操業を可能にさせたことと冬の時化た海でも磯根の中に比較的穏やかな海を見いだすことができるからである。

図8の6は浦の網漁師であり、沖建網を使って雑魚（それでも中心的な対象はブリ、タイ類などの高級魚である）を狙うものである。純粋な網漁師の典型といえるもので現在この種のタイプは一五統あり五～二〇トンの見島の中では大型の船で操業している。網漁師の出漁は天候に左右されることが多く、出漁日数は年変動も大きく、かつ月別の変動も大きい。特に冬のわずかな時化けた海でも操業を見合わせることが多く不安定な漁場である。漁場も沖合が多く、そのため海況の状態によって出漁できない日も多いので網漁・一本釣・海士の三種の漁業では出漁日数が最も少なくなる傾向がある。

網漁と海士の間にいわゆる当地でいう一本釣漁師がいるがその操業はバラエテイに富み、図8の3のように一本釣と延縄に比重をかけるもの、建網と延縄がほとんどで一本釣はわずかなもの、さらに5のように四種の漁業を適宜組み合わせるものなど個人差がはなはだしい。一般的には一本釣は冬の海での操業は少なく五月から八月までが最も活動的である。出漁日数は個人差が激しく、個々の漁師の技量、漁場についての知識量の差が漁獲高に大きく関与する可塑性に富む漁業であるといえる。

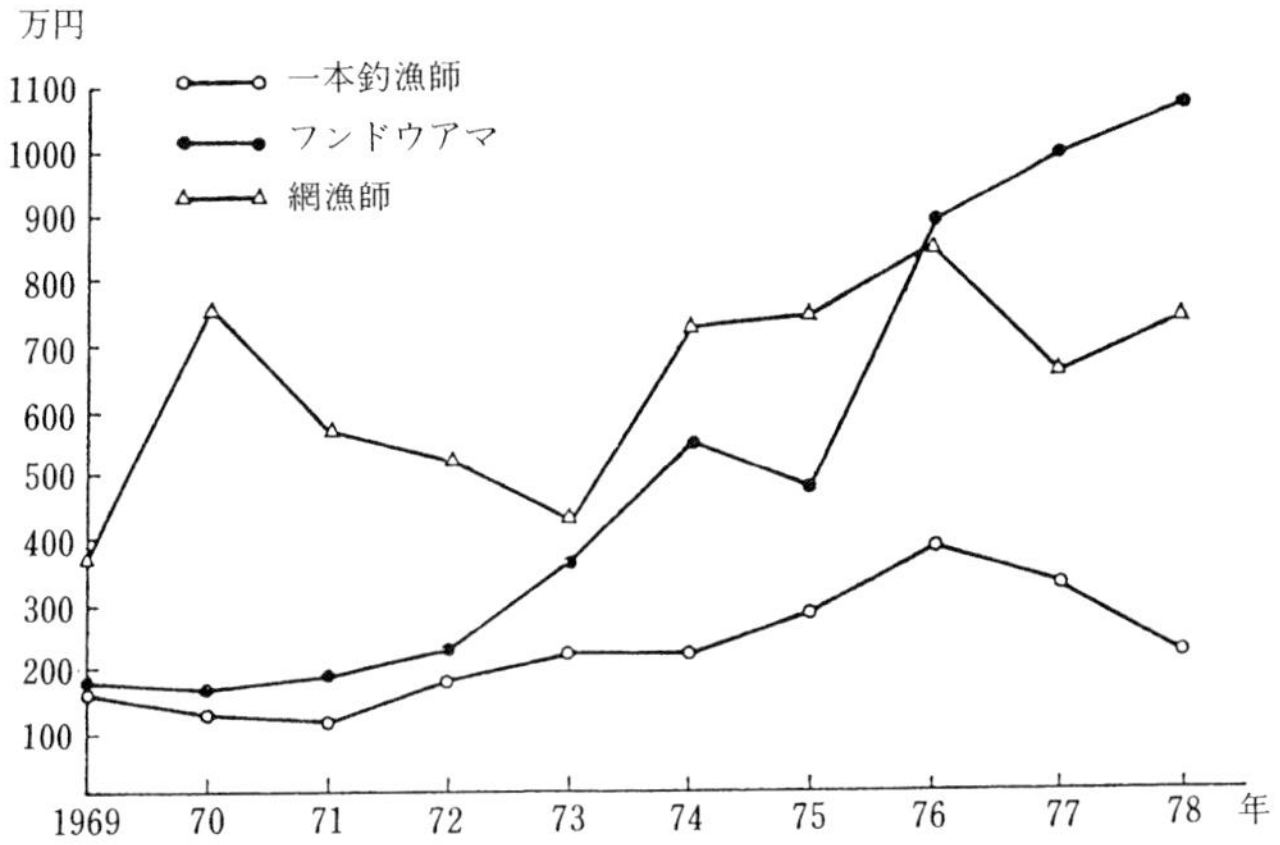

図9　一本釣・網漁・海士の年間漁獲金高の変遷

ただし，一本釣は１人の操業であるのに対して網漁は２人操業，海士はフンドウアマで３人操業である．

図8の7は年寄りとか留守番といわれる一線から引退した老人の隠居漁であるが、節季漁（冬の漁のこと）はよほど日和のいい日でないと出漁しないが六月から十一月まではかなり出漁し、漁獲高においても侮り難い漁獲を挙げる。小さな船で沿岸で行うことが多くほとんど一本釣ないしは延縄である。

図8の7～10は宇津における潜水漁であるが、特徴的なのは月別の変動が最も激しく十月・十一月の農繁期の出漁は皆無であることである。逆に六月・七月の二ヵ月間はアワビ・サザエの潜水漁にとって不利な条件にもかかわらず田植え後の農閑期であり、連日出漁している点も特徴的である。

漁業の概観の最後として各種漁業の経済的側面をみていこう。図9は一九六九年（昭和四十四）から一九七八年（昭和五十三）までの典型的な網漁師、一本釣漁師、海士の年間の漁獲金高の変遷を表している。この金額は漁師が実際海でとったものから漁協がとる口銭（手数料）、箱代、永代、運搬料を引いたもので一箱（トロ箱）につき次の式によって算定される。

E＝B－（C＋D），B＝（1－0.035）A

C＝0.1×B

A＝漁師の収入

E＝漁師の実際受け取る額、C＝運賃及び運搬手数料

D＝水切り賃、箱代、氷代（水切り賃一五円、氷代三〇円、箱代は自分もちの箱が多い）

B＝漁協が口銭をとった差引金額

市場価格は漁協が電話によって萩の魚市場と連絡をとりその都度情報が知らされる。漁協が責任をもって卸し魚市場で捌いた後、上の式によって仕切書が作られていく。漁獲金高はこの一〇年間大きな変動を含みながらも著しく上昇していることがわかる。特に一九七二年（昭和四十七）ウェットスーツの導入以後の海士の漁獲は一九七二年には遂に一〇〇〇万円を突破してしまった。元来、見島の根付け漁業は少数のもの（ワカメ・ヒジキ・ナマコ・モズクなど）を除けばタテ海の制はとらなかったといわれている。(17) 現在ではアワビについては体長一〇㌢以下の個体、サザエについてはサザエの蓋（方名でコーバイという）が二・五㌢以下は禁止されている。また、月のうち十日、二十日、三十日の三日は禁漁にしているが実際には遵守されていない。この乱獲によりこのままいけば沿岸の根付漁業資源の枯渇が懸念されるほどである。根付漁業は燃料費が少ないこと、漁船は小さくてすむことから最も有利な漁業といえる。

網漁の場合は年変動が大きく、漁船が大型で燃料費、網の修繕費が嵩むことから実収入はかなりこれより下回る。一本釣は相対的に低迷しており、一本釣漁師が多く網を採用し、網漁師への転換を計っているのが現状であ

る。いずれにしても沿岸における資源の減少は今後見島の重要な課題であり、タイ・ブリの栽培漁業、アワビ・サザエの稚貝放流などすでに行われており、資源の減少に対する対応が今後の島社会の緊急の問題であろう。

三　一本釣漁師の世界

一本釣漁師が漁を展開する海は単なる広漠たる海ではなく山アテによって海上における位置もその下に広がる海底地形も認知され、かつそこに回遊してくる魚や瀬付きの魚貝藻の分類・生態も明確に識別されている民俗的空間である。この山アテによる環境知覚の意味については最近いくつかの研究がある。(18)この民俗的空間における漁師の知識はその地域で一種の共同主観にまで止揚されており、漁師の独特の自然観が表出しているものと思われる。(19)

見島における漁師には網漁師・一本釣漁師・海士と三種あるが、網漁師は一本釣漁師から変化してきたこと、また以前は一本釣漁師は海士もかねていた例が多いことから漁場など海の生態については共有された認識体系をもっている。ただ海士専業の場合は島の磯根だけを利用するため認知される空間は狭く、採取する魚貝藻も限定されているため、他の漁師とは若干異なった海底のメンタル・マップを作り出している。

ここでは一本釣漁師新徳寿幸氏の漁業日誌から民俗語彙を抽出し認知されている漁場などの民俗的空間を再構成してみたい。そしてその民俗的空間における漁撈活動を植物生態学の群落調査に有効な方法であるブラウン・ブランケの調査法(20)を応用し生態学的分析を行ってみたい。この民俗的空間の復原と漁撈活動の分析には上述の日誌の他、一本釣漁師福永英太郎氏の一九五二年及び一九五三年の二年間の漁業日誌、また網漁師村田広作氏の一九六八年（昭和四十三）、一九六九年、一九七三年、一九七四年の浜帳も利用している。また調査者の聞き込みも必要に応じて利用している。このようにして一本釣漁師の民俗的空間をできる限り漁師の内面的世界に即して再構築してみたい。

1　民俗的空間としての漁場

一本釣漁師新徳寿幸氏は一九二五年（大正十四）生まれで三十二歳までは一本釣とともにハダカモグリと当地でいわれる海士もしていた。昔は七～八月頃は海士をしなかったら船をもたない舸子は食っていけなかったという。当時は七月十四日をツノアケと称し九月二十八日の八幡さんのお祭の頃までがハダカモグリには一番いい時であった。アワビ・サザエを対象に水中メガネをかけ、一七～一八尋まで潜った。多いときは一日でアワビ一貫（三・七五キロ）、サザエ一〇貫（三七・五キロ）ぐらい採ったという。ウェット・スーツの出現（一九七二年）以前に海士をやめて一本釣専業になっているが、海士の使う島の周囲の漁場は一本釣の餌取り（エビ曳き）など現在でも役立っている。ここではまず海士を中心にした漁師が、島の周囲つまり第一種漁業権内での漁場をどのように認識しているかみていこう。

図10は根付漁業が展開される島の周辺の漁場である。これは漁師に描いてもらったいくつかのメンタル・マップをもとに作成したもので、岩礁、砂地の大きさ、形状については概念的であり、実際とは異なっている。図でもわかるように島の周辺はほとんど岩礁でありところどころに砂地がある。第一種漁業権は西側ではクジロウからヨボシの四つの岩の北側まで沿岸から一キロの範囲である。西側はヨボシの北側から島の最北端を東側に回り島の南側のヒランバの瀬まで沿岸から二キロまでである。さらに南側はクジロウからヒランバまで沖合一・五キロがその範囲になる。この漁業権内に棲息する魚貝藻の民俗的知識については後述するが、いずれにせよこの漁場にアワビ・サザエ・トビウオ（方名アゴで、これは季節的に回遊し砂地に押し寄せてくる）・ワカメ・モズク・エビ類・ウ

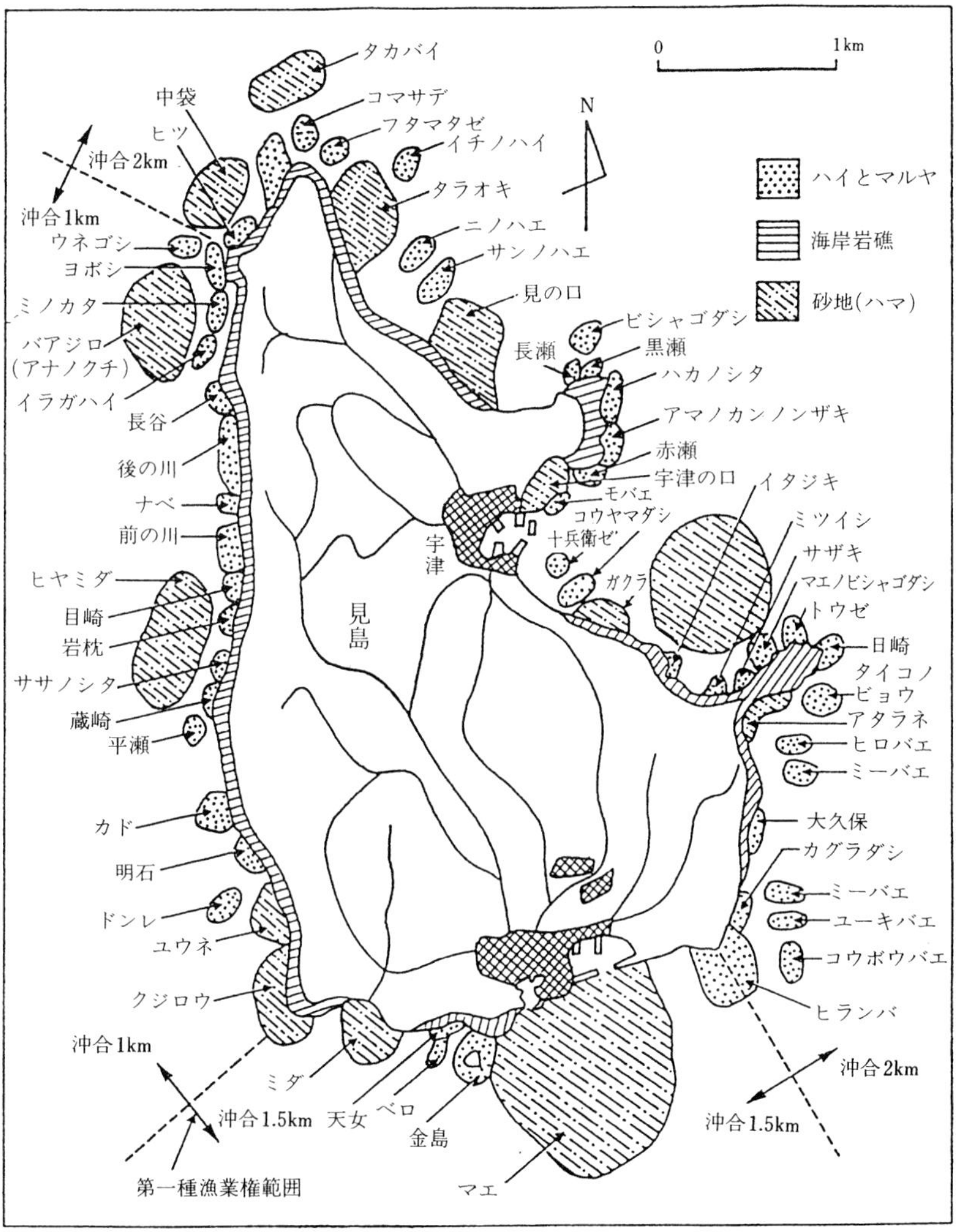

図10　根付漁業における漁場

ニ類などが豊富に棲息する。漁師たちは通常この三つの漁業権範囲を前（南岸）、西の下、東の下と呼びならわしている。第一種漁業権の沖合への距離が異なるのはそれぞれ海底の岩礁の発達の程度に応じている。東の下が最も海底岩礁が発達し、特に島の最北端と東南の角は総称としてタテシ、ヒランバと呼ばれ海士にとって重要な漁場である。南岸の前に広がる砂地はもと岩礁であり、ここも重要な漁場であったが本村港を第四種漁港にして整備するため沖合をどんどん浚渫した結果である。西の下はごく近い沿岸は岩礁が発達しているが、沖合へは急激に海底が落ちていき、海士にとっては東の下よりは条件が悪い。こうした島のごく近い海上で漁場を見つけだす方法はいわゆる山アテによるものではなく五十嵐忠孝がツブアテと称している方法によっている[21]。これは目標物を重ね合わせる二方アテ、一方アテなどではなく、その辺一帯の形状とそれから受ける距離感覚により自己の位置を知る。このように認知されている漁場にそれぞれ固有の名称がつけられていて島の周辺だけで六二ヵ所に及ぶ。しかも一つの名称は一地点を指すのではなく相当な広がりをもっていて、極端な場合はこの瀬の中の特定の岩に固有名称が与えられている場合すらある。一般的に海士たちはそれぞれの瀬を大きくハエ（ハイ）とマルヤに分類していて、海底で岩礁が山のように切り立った岩をハイといい、丸い大きな石で瀬が構成されているものをマルヤという。したがって例えばヒランバの中にもいくつものハエとマルヤがあり、それぞれ名称を与えている。ヒランバにキレバエ・サンノハエ・ニノハエ・イチノハエ・ナカトセ・フカバエ・タカバエなどがある。同じハエの中にも岩礁が岩山のようになっているが、それが拳大の石で構成されていれば特にジャンコバエ（あるいはブッブッイワともいう）といい、ヒヤミダの角のジャンコバエなどの言い方をする。マルヤとハエを較べると通常はハエの方がアワビにとっては棲息するのによいというが、これは近年海士の活動が通年になってしまったからであろう。マルヤの方がアワビを発見しやすくアワビが相対的に減少しており、そのようにいわれるのであろう。

フンドウアマの技術は戦前に入ったものであるが、これによって一七～一八尋まで潜水できるようになり一挙に漁場が拡大した。この頃始めて潜った深いところにあるマルヤに太鼓の鋲のようにアワビが周囲にいて驚嘆したという話が伝承されているが、それから大きなマルヤのいくつかにはタイコノビョウという名称が与えられている。

クジロウ・見田ゴーラ・ヒヤミダ・バアジロ・中袋・タラオキ・見の口・マエなどの砂地が特に意識されているのは二つの理由が考えられる。トビウオ（方名アゴ）は五月にはいると夕方沖からさかんに砂地を目がけて入ってくる。ここは格好なトビウオのアジロであった。またアゴ網を引く場であったのと同時に一本釣漁師にとっては餌にするエビ曳きをするところでもあり、これは現在でも頻繁に行っている。岩礁や砂地以外のところは通称ドベといっている泥であるが、沿岸ではあまり利用価値がないところである。ドベはアマダイの漁場であるがそれについては後述する。

このような島の周囲の漁場で海士はどのような活動をするのか若干触れておこう。一九七二年八月十一日、フンドウアマの名人といわれる本村浦の溝部良太郎氏の船に乗り操業を詳しく観察した。彼は長男・次男と三人で船に乗り、次男が船上で分銅を操作するトモシ（艫押しのこと）をつとめ、彼と長男が潜水する。朝九時二十分に本村港を出て、午後三時五十分に帰港し、その間昼休みの四十分と数回の三～五分の小休止（船上にあがって休む）以外は海中でモグリをしていた。二人の一回の平均潜水時間は一分二十秒で、次の潜水までの船縁につかまっての休みの平均時間が一分三十六秒である。この日はウネゴシ、ヨボシ、ミナカタ、イラガハイと場所を変え、西の下で操業した。総潜水回数は父親一〇二回、長男一一三回であり、捕獲したサザエ・アワビは父親がサザエ二九九個、アワビ二六個、長男がサザエ三一五個、アワビ二二個で計サザエ六一四個、アワビ四八個であって、重量は正確には計量できなかったが総計で約四〇㌔の漁獲であった。そして見島漁協・宇津漁協の年間水揚高から逆に見島で年間捕獲されるサザエ・アワビの個体数を試算してみると約一〇〇万個となる。見島の根付け漁業はタテ海など共同体的規制があまり行われておらず、根付漁業による人間と魚貝藻の生態学的バランスは早晩危機を迎えることになり、早急に対策をたてる必要があると思われる。

前出の図4は一本釣漁師と網漁師によってよく利用される見島沿岸の漁場の図である。これは見島漁協所蔵の見島近海の海底図と新徳寿幸氏のメンタル・マップから合成したもので瀬の大きさは概念的であり正確ではない。瀬の範囲は本村港から最も離れたチシャアジロまで三〇キロであり、全ての瀬は半径三〇キロの円内におさまってしまう。三～五トンの船で、エンジンの性能によって若干の相違はあるが平均して一〇ノットの速度でいけば、チシャアジロまで約一時間三十分往復三時間の行程である。海深からいえば水深一一〇メートル以内が見島の漁師が日帰り操業をする海域になる。この中に岩礁が山のようになって発達したところがいくつかあり、これが伝統的な山アテによって漁師たちによって伝承されてきた瀬である。これらの瀬はそれぞれ大きさや瀬付魚の種類など固有の性質をもっており、漁師は巧みにこれらを使い分けて漁撈活動を展開しているわけである。

瀬の多くが見島の北方に散在しており、山アテは海上から手前に見島、後方に地の山

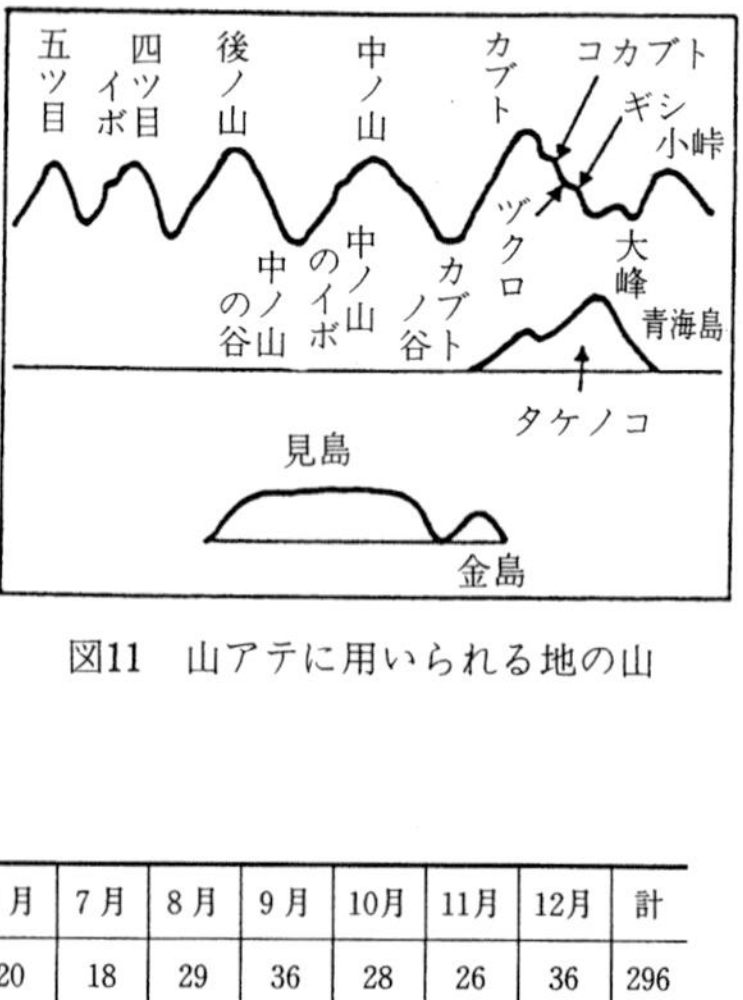

図11　山アテに用いられる地の山

表7　瀬の利用頻度の季節的変動

	1月	2月	3月	4月	5月	6月	7月	8月	9月	10月	11月	12月	計
利用した瀬の延べ回数	26	15	22	21	19	20	18	29	36	28	26	36	296
出漁日数	14	10	12	16	14	20	17	24	23	20	20	20	210
1日の平均利用瀬数	1.9	1.5	1.8	1.3	1.4	1	1.1	1.2	1.6	1.4	1.3	1.8	1.4

注　1日の平均利用瀬数は上段の数字を中段の数字で除したもの.

（本土の山）を使う。見島の北方海上から見島・地の山をみた風景を図11に示しておいたが、漁師たちが命名している山の名称は地元で言っている名称とは全く異なる。いずれにせよ海上から例えば見島の東端と五ッ目が重なる方向、カブトと見島の西端が指呼の間をもつ方向などの二方向で海上の瀬を決定する。見島の南方域での瀬の発見は萩市の西方にある青海島の高山（標高三二〇メートル、見島の漁師はタケノコと呼ぶ）と地の山の喰い合わせを使っている。各々の瀬についての山アテの詳細はここでは省略するが、漁場内での小移動を含め山アテを駆使するテクニックについては驚嘆すべきものがある。

このようにして山アリの範囲内に認知されている瀬は二一ヵ所あり、一本釣漁師・網漁師の間で共有され同一の名称が与えられている。一般的にいって網漁師は見島の北方約三〇キロのところにある三つの大きな瀬オオタボダシ・チシャアジロ・ハチリガセ、また近いところにあるコブダシ・オバタガセ・アサリなどの比較的大きな瀬を利用する傾向がある。それに反して一本釣漁師も年間の瀬の利用回数からみると同様の傾向があるが、季節によってまた一日の利用回数の点でははるかに複雑で多様な利用形態を示す。新徳氏の一年間に利用した瀬の回数は図3に示したとおりであるが、日誌から一日の平均利用回数を割り出してみると表7のようになる。若干季節的変動を示し、冬季十二月〜三月まではほぼ一日に二つの瀬を利用し四月〜十一月までは一ヵ所に留まる傾向がある。変動巾は最大利用回数は四ヵ所であり、年間で平均をとると利用した瀬は延べ二九六ヵ所で出漁日数は二一〇日であるから平均は一・四ヵ所となる。一ヵ所ないしは二ヵ所の瀬を平均して利用している。同一の瀬での利用回数はハチリガセ五四回、西の下五三回（イカ釣漁場）、オオタボダシ四五回、アサリ二四回など瀬によって大きく変動する。変動する要因は、これらの瀬がもつ固有の性質つまりどんな魚類がどの季節によく釣れるかに関係しており、次で述べる漁民及び魚類の生態と関連して把握されなければならない。

2　民俗知識としての漁法および魚類生態

前項において見島近海の漁師の認識している瀬の分布を鳥瞰図的に描いたが、これだけではもちろん漁撈活動はできない。それぞれの瀬には固有の魚類が棲息しているし、また季節によって回遊してくる魚類も異なる。それらの魚類の生態に適応してさまざまな一本釣漁法が展開されるのであるが、ここではまず多くの瀬について共通している海底地形の断面からみた固有な呼び方から述べよう。

図12は島から沖合の瀬にかけて海の断面を模式的に示している。漁師はまず島のイソツバタから海を二分し瀬と沖に分割しており、瀬は島の周囲ほぼ第一漁業権内に入る海域を示している。瀬の中の瀬については海士の漁場のところで概略を述べたように、岩礁の形状によりジャンコバエ・マルヤ・ハエと区分している。またツバタまで砂浜になっているようなところはアゴ（トビウオ）のアジロとして知られている。当然沖合の瀬でも海士が利用できるほど浅ければ漁師はそれを認知し名前をつけ利用している。しかし通常の瀬は図4でもわかるように最も高いところでも平均すれば海深三〇～四〇メートルであり、海士が潜るには少し深すぎる。沖合の海底構造は大別すれば砂質地、砂泥質地、泥質地と岩礁に分類される。漁師は砂質地をスナハマあるいはハマといい、泥質地をドベ、中間の砂質地をアラスといっている。

岩礁は瀬といわれており、さらに瀬の種類によって特定な表現を用い細分して

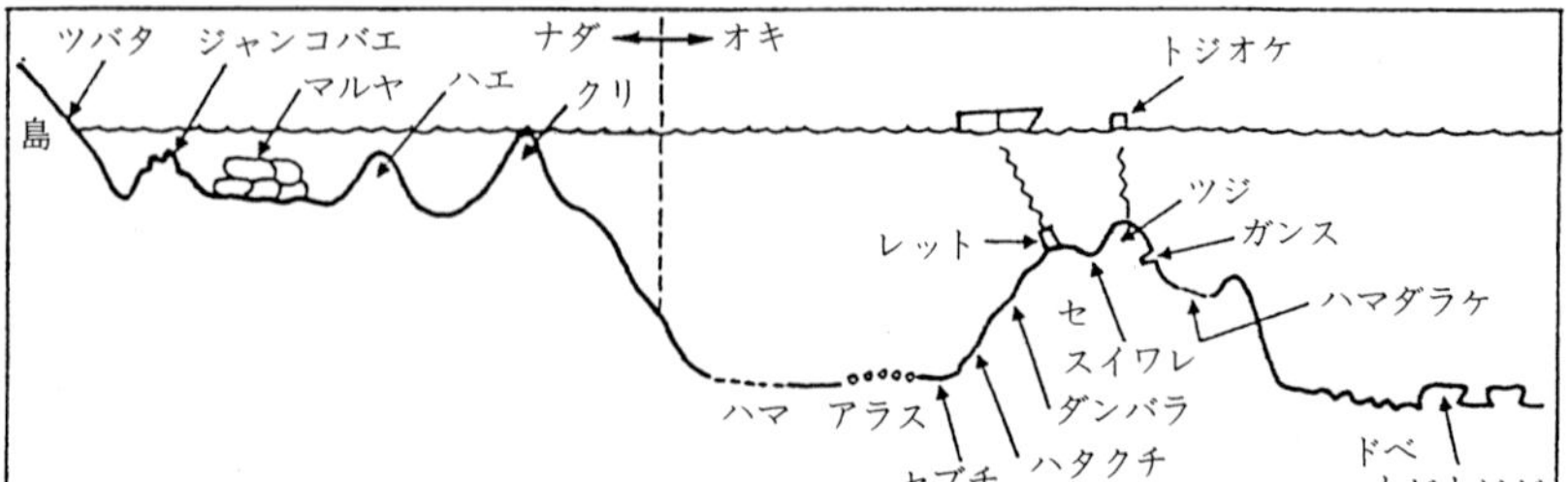

図12　海の海底模式図

いる。瀬の名称は山アテに起源をもつ大金モタレ・オオタボダシ・高山ドリとコウダンゼリのように山アテに使う陸上や島の地名の後にモタレ・ダシ・ドリ（方向を指す）・ゼリ（山のでるところの意）をつける系統および方位、地名、発見者名の後に瀬をつける横瀬、八里ヶ瀬、十兵衛瀬のような系統と二種類ある。瀬の方は主として広い岩礁全体を指すのに対して、前者は海上での一地点を指し、瀬が小さい場合が多いという傾向がある。しかしいずれにしてもこの程度の山アテでは、南北八里、東西半里といわれる八里ケ瀬では漁撈活動に支障をきたすから、瀬の中でもっと細かい山アテが使われる。例えば日記の中に八里ケ瀬の中のこととして「ウザキ出しのツクロまで出ると全然山が見えなくなったので小越にでる」というような表現が頻繁にみられ、まるで海上に道路が走っているかのように山アテを縦横無人に駆使している。こうした瀬の山アテ法と瀬の形状の知識は伝統的に父子相伝の技能であるが、現在では電探などでさらに詳しく知っている。

電探が導入される以前でも進取の気性に富む漁師たちは自分たちでも新たな瀬の発見に努めていた。海上でタカリ（ウミカモメが表層の小魚を追っている。下にはブリやカツオの大群がいる。タカリは瀬で起こりやすい）があれば、船上から綱におもりをつけて降ろし、瀬の形状について探索した。おもりの先に鬢付け油をつけ、それに付いた付着物によって海底がハマかドベかアラスかを知る。また綱の長さから当然海深が知れるわけで、こうしてより詳しいメンタル・マップを作り上げていく。一本釣の操業をする時は陸上の山が見えるうちに目的の場所にトジオケと称する目印（今はブイに旗をたてる）になる錨を付けた桶をおろしておき、それを起点にして四方に漕ぎ釣りをすることもある。こうして蓄積されたおのおのの瀬の形状を概念的に示したのが沖の瀬の断面図（図12参照）なのである。

瀬の最も高いところをツジという。ここはよくトジオケを降ろすところでもある。瀬の斜面をダンバラというが別名イカの瀬ともいい、こういったところがイカ釣りによい。瀬の斜面下方をハタクチ、そして瀬がアラスやドベと接するところをセブチという。ツジからセブチまでは重要な漁場であり、マダイ・チダイ・キダイなどタイの一本釣にとってもここは重要な漁場である。タイ類はワキソ（群のこと）にならなく、散在する傾向があるが、上方にはマダイ、その下方にチダイ、ハタクチにはキダイが棲み分けているという。

八里ヶ瀬のような大きな瀬になると瀬の中にも砂地になったところが何ヵ所もある。こういうところをハマダラケと称している。ブニョウド（ササノハベラ）やエゾスリ（ニシキベラ）などが多く、一本釣や延縄の餌を掠め取って困るなどと漁師が言う。またタコ類が棲む岩穴をガンス、岩礁が裂けて溝状になった場所をスイワレといっている。「西横瀬はおおきなガンスじゃからトウヘイ（トオヘエ）いないよの」などの表現が聞かれるようにタコ類やトウヘイなどは小さなガンスに好んで棲む。スイワレは浅ければウニ類・サザエ・アワビ類が棲息する。

瀬には他にグリとトビトビ瀬といっているものがある。グリというのは瀬の中でも特別に浅いところを指し、風波の強い時はその上の海上で波立つことさえある。したがって大きな船が座礁する危険や底引網などは網の損傷を蒙ることがある。しかし見島沿岸ではほとんどなく、棒受網を専門にやる漁師、イカ釣に島周辺以外に出漁する漁師がよく口にする。見島と萩沖の相島の間の本土沿岸部に多く、トビグリ・端島グリ・ホーチョグリ・肥島グリなどの名称からつけられているが、図4の範囲外になる。見島の一本釣漁師にとってはあまり問題にならないところである。

トビトビ瀬というのはドベやハマの中にある点々とした小さな瀬で船で五分走ったらまた出てくるといったものである。このような瀬は電探ではほとんど識別できず伝統的な山アテを駆使する漁師だけがよく知っているものである。こうした瀬は大きな瀬が不漁の時、チコ（チダイ）・レンコ（キダイ）の一本釣に使われる。またドベに棲息するコビー（アカアマダイ）やハマに棲息するカレイ類、ヒラメ類の一本釣の漁場の目標点としても使われる。以上のような海底構造の認識があり、この認識の上にさらに複雑な潮流の日変動や季節変動の認識を輻湊して立体的な海底構造を認識している。

潮流の問題は後述するとして、次にこうした環境の中に棲息する魚貝藻の認識について一瞥してみよう。魚貝藻は前述した海底構造にしたがい、彼ら漁師がナダに棲息していると考えているもの、沖に棲息し、その中で瀬・ハマ・ドベ・アラスにいる底生瀬付魚群と考えているもの、そして回遊魚と考えているものの大きな三群について分類して述べる。魚名については方言名を先に書き括弧内に和名を示す。本文の性格上学名は省略する。魚類の同定は調査期間中に漁獲された魚類を調査者が同定したが、一部図鑑を何人かの魚類に精しい漁師に見せ検討したものもある。直接観察できなかったものについては上記の方法と『山口県北部地方貝類目録』（一九六三年、萩市郷土博物館）、『日本魚名集覧』一部・二部（一九五八年、渋沢敬三）に依った。使用した図鑑は『原色日本魚類図鑑』『続原色日本魚類図鑑』（一九五五年、蒲原稔治、保育社）、『原色日本貝藻図鑑』（一九五六年、山田・瀬川、保育社）である。同定できなかったものについては括弧内に未同定としておいた。

ナダの魚貝藻

(a) 海藻

モズク（モズク）・ハバ（ハバノリ）・アラメ（アラメ）・カジメ（カジメ）・シマカジメ（未同定）・ヒジキ（ヒジキ）・イナ（ホンダワラ）・イワノリ（ウップルイノリ）・ウミノススケ（ウシケノリ）・テングサ（マグサなど）・ツノマタ（ツノマタ）・ワカメあるいはメカブ（ワカメ）・ヨメノカタビラ（未同定）

海藻類の採取は極端に減少し、現在では浦の農家による浜遊びでヒジキ・ワカメ・イワノリが採取されたり、宇津のオケアマによりテングサ・ワカメ・ヒジキ・イワノリなどの商品価値のあるものがアワビ・サザエ漁の合間にとられる程度である。農間肥取り漁の中心であったホンダワラ・アラメ・カジメの採取はもうほとんど行われない。

(b) 貝類その他

マダカあるいはオンガイ（クロアワビ）・メイラ（メカイアワビ）・センネンガイ（トコブシ）・ハンガイ（クロアワビとメカイアワビの中間を言うが生物学的には疑問）・グヘイ（ヨメガカサ）・ヒイルグベエ（ベッコウザラ）・メクラニナ（イシダタミ）・クロニナ（クマノコガイ）・アカニナ（ヒメクボガイ）・メクラサザエ（スガイ）・サザエ（サザエ）・オジガセ（ヒザラガイ類）・バアガイ（未同定）・セ（カメノテ類）・ターラゴ（ナマコ類の総称）・コボラ（バフンウニ）・クロウニ（ムラサキウニ）・アカウニ（未同定）・ボタンウニ（未同定）

この中で漁業資源として重要なものはアワビ類・サザエ類・コボラ・クロウニ・ナマコ類であり、その他は「浜遊び」あるいは「磯なぐさみ」と称される農家の人々の採取活動の対象になるものである。これはオカズトリとも言っているが中でもコボラ取り・グベ採り・ニナ採りはよく行われる。ジーコンボの海岸は遠浅になっていて、三月から四月にかけては節句潮といって干満が激しくよく引くのでウニ鈎といわれる道具を使って盛んにオカズトリがなされる。

フンドウアマが採取するのは、正月前に「歳暮魚」として値のあがるナマコ類、五月から六月にかけてコボラを集中的に取るのを除けばアワビ類・サザエがほとんどである。アワビ類のうちオンガイ（クロアワビ）は少なくメイラ（メカイアワビ）の方が多い。それはオンガイが夏期になると深所に移動（夏にカゴムと表現している）するからでメカイアワビは年中同じ場所に留まるからだという。アワビ類については体長一〇㌢以上の個体、サザエについては蓋（方名でコーバイという）が二・五㌢以上のものの採取が許可されている。魚類を含め、多くの生物の民俗分類の構造についてはここでは省略するが、それぞれの種の特徴や生態についての多くの知識を漁師がもっているのは当然であろう。

魚類

(a) 瀬の魚

オキメバル（ウスメメバル）・アカボテコ（ユメカサゴ）・ミノ（ミノカサゴ）・オコゼボテコ（オニオコゼ）・アブラミ（アブラボオズ）・モタマ（ドチザメ）・ハゼ（ヒメ）・セイワシあるいはジュウゴロウ（ムギイワシ）・ヒノマル（キンメダイ）・キンギョ（カノコウオ）・シャチホコ（マツカサウオ）・アラ（クエ）・タカバあるいはアオガナ（マハタ）・チビキ（チビキ）・セダイ（コショウダイ）・タイ（マダイ）・チコダイ（チダイ）・ハラクツ（アイゴ）・アコウ（アコウ）・アカメ（クルマダイ）・クロボッカ（メバル）・アカボッカ（ハツメ）・チシャ（シマダイ）

(b) ハマの魚

ホウボウ（ホウボウ）・カナガシラ（イゴタカホデリ）・シャイシャイ（ホシセミホウボウ）・サバブク（サバフグ）・トラブク（タラフグ）・キタマクラ（キタマクラ）・スナブク（クサフグ）・スズブク（ハリセンボン）・モツタブク（ヒガンフグ）

(c) ドベの魚

オオグチ（ヒラメ）・ウシノシタ（クロウシノシタ）・アンコウ（アンコウ）・ドロボウ（ヌタウナギ）・アカエイ（アカエイ）・ヨソ（マエソ）・ハモ（マアナゴ）・シロアナゴ（ヒレアナゴ）・ハミ（アミウツボ）・ボーデ（ウミヘビ）・ギンタチ（タチウオ）・ノドグロ（アカムツ）・イトヨリ（イトヨリ）・グチ（イシモチ）・チョウセンヂシャ（ツボダイ）・コビーあるいはクズナ（アカマダイ）・バトウ（マトダイ）

(d) アラスの魚

コチ（コチ）・ネコ（ネコザメ）・ホシ（ホシザメ）・スキ（サカタザメ）・マント（カスザメ）・デンキエイ（シビレエイ）・エイタン（ガンギエイ）・トビエイ（トビエイ）・ダイガンジ（アカヤガラ）・フエフキ（サギフエ）・チ

ン（クロダイ）・レンコ（キダイ）・メイタ（メイタガレイ）・ヤナギ（ヤナギムシガレイ）・レンチョ（アカシタビラメ）

(e)瀬の魚
ボテ（カサゴ）・コノシロ（コノシロ）・スクビ（サヨリ）・ダル（テンジクダツ）・カマス（アカカマス）・アブラミ（アブラソコミツ）・スズキ（スズキ）・アコウ（ミノクチ）・ハマイサギ（シマイサギ）・コロダイ（コロダイ）・クロヤ（メジナ）・キッコリ（サカノハ）・キスゴ（キス）・ハリネズミ（イシガキフグ）・トオゴロ（ボラ）・チロ（アイナメ）・カブロハゼ（トビハゼ）・アカイサキ（タルミ）・ババゼ（イシダイ）

(f)回遊魚など
コバンザメ（コバンザメ）・アオブカ（ヨシキリザメ）・カセブカ（シュモクザメ）・ドンボ（ウルメイワシ）・キビナゴ（キビナゴ）・チョウバ（マイワシ）・カタクチ（カタクチイワシ）・アゴ（トビウオ）・サンマ（サンマ）・サバ（サバ）・マナガツオ（マナガツオ）・バカガツオあるいはマダラ（ハガツオ）・シビ（キワダ）・ヤイト（スマ）・ビンナガ（ビンナガ）・ヨコワ（マグロ）・ヤズあるいはメジ（ブリ）・アジ（マアジ）・ヒラアジ（カイワリ）・シイラ（シイラ）・メーボ（カワハギ）・イシメーボー（ウマヅラハギ）・ヒラソ（ヒラソオダ）・メバチ（メバチ）・シイラデンボウ（ウスバハギ）・アカヒラ（カンパチ）・スルメイカ（スルメイカ）・オニイカ(未同定)

漁師の認知している魚類の全てが漁業対象でないのは当然である。沖建網のように雑魚を狙う漁法では多種類の魚類が漁獲されるが、一本釣漁法では特定の魚類だけを狙うので釣り上げられる魚の種類は極めて少ない。事実一年間の日誌に登場し商品価値のある魚は、メジ（ブリの八〇〇匁～一貫のもの）・ヤズ（ブリの四〇〇匁～八〇〇匁）・コヒラソ（ヒラソオダの小さなもの）・ヨコワ（マグロ）・サバ（サバ）・タイ（マダイ）・アカバナ（未同定）・イサキ（イサキ）・チコ（チダイ）・レンコ（キダイ）・イロ（ホオボオ類・カサゴ類などの総称）・クズナ（アカアマダイ）・アラ（クエ）・アジ類・シイラ（シイラ）・シビ（キワダ）・サワラ（サワラ）・チシャ（シマダイ）・イカ（スルメイカ）の一八種類だけである。以下主として一本釣漁法について述べるが、魚名については方名だけを記すことにする。

一本釣の主要な対象魚は季節に回遊してくるものが多く、また海の状況によって漁師は戦略的にも漁法をかえる。一本釣漁師は狙った魚によって漁法にいくつかの名称をもっているが、日誌に出現する代表的な例を挙げるとブリ漕ぎ・コマナ釣（アマダイ漁）・タイ釣・シイラ漕ぎ・シビ漕ぎ・イカ釣・サバ釣・イサキ釣・ヒラソ釣などの名称がみられる。

漁師の季節的な漁業行動については次の項で詳しく述べるが、まず一本釣の一般的な漁法について概観しておこう。図13にみる如く一本釣の道具は基本的には全て同一である。木枠からサルカン（方名ヨリトリ）までを道糸、サルカンから枝糸までを幹糸と呼び、サルカンの上の道糸に漁法によっては錘（方名ビショマあるいはヨマ）をつけることもある。そしていちばん先端に分銅をつける。分銅の重さも漁法によって調節する。見島における最も重要な漁業、ブリ漕ぎの場合は分銅六〇～九〇匁（鉛三〇匁を二、三個）、枝糸と枝糸の間は三～四尋、船からサルカンまで二〇尋、餌まで三〇尋、釣り針は一八号で一月すぎの漁ならばタコ型疑似餌をとりつける。釣り針の数はさまざまなものを用意し、新徳氏の場合は枝糸の長さ一・五尺、二尺、二・五尺、三尺、三・五尺、四尺といろいろもち、それぞれ釣針を二〇ピキあるいは一〇ピキつける。ピキとは釣針の数の単位であり、五〇ピキで一カセという。通常沖で一本釣する場合は二カセ、灘でする場合は一カセ半用意する。魚類によって一カセの単位は異なりヒラソの場合は一〇〇

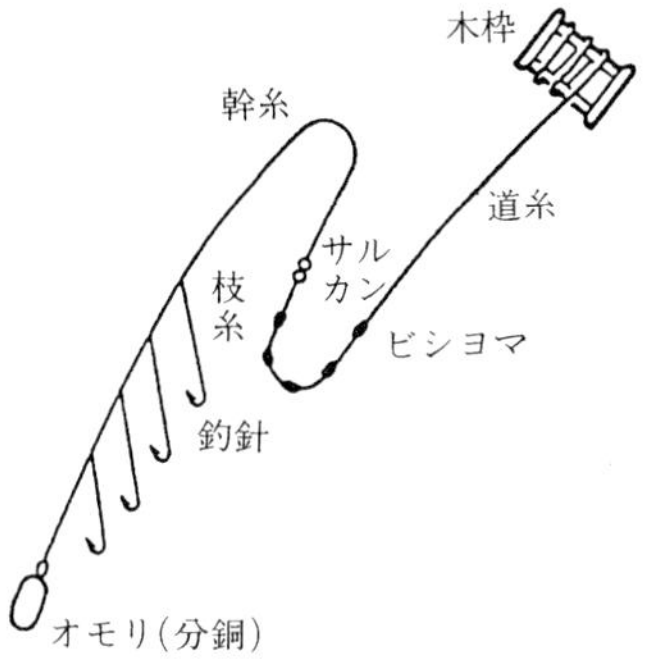

図13　一本釣の道具の模式図

ピキを一カセにする。タイ類のタイ・チコ・レンコは主に瀬に、アマダイはドベに棲息するので漁場は異なるが漁具の使用はよく似ている。ブリ道具と最も異なるのは釣針の数が三～四ピキと少ない点である。こういう道具をシャクリ道具とも言うが、これは木枠を船上からシャクリながら釣ることに由来しているのであろう。シャクリ道具はさらに細かく言えばブリ道具・ヒラソ道具・イカ道具・タイ道具・コマナ道具などと区別する。

漁法及び季節によって餌も異なる。鮮餌を使うか擬餌を使うか状況により使い分ける。当地のブリ漕ぎでは秋から冬にかけてはサンマ・イカの鮮餌を、春から夏では擬餌を用いる。擬餌にはイカ型・タコ型・シラス型の三種がある。タイ類・アマダイでは鮮餌を使い、見島沿岸の砂地にエビ曳きをしてアカエビをとり、これを使う。イカ釣りはドンブリという擬餌をもっぱら使い、紡錘形の鉛に白布を巻きつけたものに二段になった釣針を幹糸に二〇～三〇個装着する。このような仕様の道具を一人ならば四～六本左右両舷に分けて操業する。

一本釣の漁法は大きく分けて二つの方法がとられる。一つは漕ぎ釣といい、船を走らせながら釣り道具を流す方法と他の一つは一定の場所に留まって釣るネタ釣りの方法である。ネタ釣の場合は潮流で流されるのでエンジンを止めずに潮帆（シーアンカー）と帆（スパンカー）を使い波を船体の横に受けないようにする。それでも少しずつ移動するのでよい漁場なら前述したトジオケにより位置の目印をする。日誌に「型があったのでトジをやったが型ばかりで釣れず」などとある。型とは魚の引きをいう。海中に魚群が塊っていることをワキソというが、この場所から離れないために山アテを使いトジを行う。イカ釣・タイ釣・コマナ釣はネタ釣でする場合が多い。漕ぎ釣はヒラソ・サバ・シビ・シイラ・ブリなどの回遊魚に対して使われる。

漕ぎ釣の場合は擬餌を用いるのが普通でこれを浮き道具と呼ぶこともある。漕ぎ釣の場合、分銅や船の速度により釣針の位置が異なる。海の上層に釣針がある漕ぎ方をピイピイ（あるいは浮きピイ）、中・下層に来る漕ぎ方を底ピイという。魚群が上層にいると判断すればピイピイを、底にいると判断すれば底ピイをする。日誌にも

「タカリがいて浮きピイでヤズを三〇尾つる」などの表現は多い。タカリとはウミカモメが群れて表層のイワシなどをとっていることをいう。このタカリの下にはブリやヨコワのワキソが必ずあるという。以上のように一本釣漁師が認識している魚類と漁法について概略を述べたが、このような背景の中で、では漁師は如何なる具体的な戦略をもって漁撈活動を展開しているのであろうか。

3　一本釣漁師の行動

(1)　漁撈活動時間・気象・風

新徳寿幸氏の漁業日誌を漁撈活動の生態学的データとみなすと、それを定量的な要素と定性的な要素に分解することができる。それぞれの要素が漁撈活動にどのように作用しているかを吟味し、そしてそれらの重要な要素間の関係を生態学的にとらえなおすことがこの項の目的である。日誌から抽出した要素を列記し説明してみる。

①　漁撈活動時間　　出港時間と帰港時間が分単位で記載されているので、海上での作業時間を抽出できる。また各月平均何時何分に出港し、何時何分に帰港しているのかを算出でき、年間の詳しい漁撈活動パターンを知ることができる。

②　出漁日と不出漁日　　日誌から公的行事（漁協での会合、祭など）、私事（親戚などの祝儀・不祝儀）、病気で漁にでられなかったのか気象条件によって出漁できなかったのか判別できる。そのことからそれらの年間あるいは月別の割合を量的に把握できる。

③　天候　　気象条件は出漁に際して重要な要因である。日誌には晴・曇・雨後曇（その逆）・雨（雪を含む）の記載がある。また風向きと風速については八方位と風速の強弱が四段階に区分できるように記載されているので漁撈活動との関連をみることができる。

④　潮　潮については統一された記載はなく散発的に記述がみられる程度である。また見島の干満は下関の気象台の潮汐表（一九七二年）を使い経度差から計算によって算出した。見島では経度差から三〇分早く干満がくると仮定し、満潮・干潮を割り出した。潮汐は正弦曲線を描くが基準点（D. L. BELOW M. S. L.）一四〇・二一センチからの高さの最高点が必ずしも満月・新月にくるとはいえず二、三日遅れるのが普通である。そこで大潮・小潮の期間の決め方を満月（朔月）・下弦（上弦）の前一日、後三日としておく。これを用いて潮と漁の関係をみてみた。しかし実際には見島近海の海底構造と対馬暖流の複雑な潮流により、瀬の位置によって干満に数時間の開きが生ずることを漁師は経験によって知っている。潮については単純にはいかないが漁師自身の潮についての見方は別個に扱うことにする。

⑤　漁業行動　一日に出漁した瀬が順番に記述されている。各瀬で釣った魚種と個体数（イカなどではトロ箱数）が記されている。魚種によってトロ箱にはいる個体数は異なるがトロ箱数は必ず書かれているので漁獲高はトロ箱数を用いた。漁協を通じて取り引きされた価格は必ずしも書かれていないのでデータとしては使えなかった。以上五項目について抽出してみたがまず①②③の点についてみていく。

月別漁撈活動時間の変化については二つの量を算定することができる。図14の(1)は各月の総労働時間を各月の日数で割った月別平均労働時間の年変動を表している。月別平均労働時間の変化は予想したとおり二月・三月の平均三時間の最低から漸次上昇していき九月の八・四時間をピークにまた減少していく。このことは当然月別出漁が二月、三月が最も少なく一〇日間、一二日間であるのに対して八月、九月、十月が二四日間、二三日間、二〇日間であることと強い相関をもつ。換言すれば二月・三月の冬の海が不安定で時化た海が多く漁撈活動に不利であり、八月・九月・十月の海が最も安定していることを示している。平均労働時間の最低と最高では二・八倍もの差がある。二月・三月の海は一本釣漁師にとっては過酷な海である。また十一月・十二月の初冬の海は以外に出漁日が多く安定している。この時期は寒ブリ漁の重要な時期である。

出漁した漁師は海上にどの程度留まるものであろうか。図14の(3)はそのことを示しているが月別平均労働時間とははっきり異なる変化を示す。つまりいったん出漁すれば冬の海であろうと夏の海であろうと相当な時間海上で漁撈活動をする。年平均では九・五時間は海上で作業している。この出漁日平均労働時間は四月・五月と九月・十月の二つのピークをもち、この期間は平均約十一時間も海上にいる。二月、三月においてさえいったん海にでれば八・六時間、七・七時間は海上で操業するのであり、決して少なくない。四月と五月の海は出漁日平均労働時間は大きいが月別平均労働時間が九月・十月に較べ少ない。これは春の海が荒れる日と穏やかな日の差が激しいことを示しており、漁師もよくこのことは話題にする。六月から八月の三ヵ月は比較的海が安定しており、漁業にとって有利に思われるけれども最良とはいえない。夏の潮はよく「二重潮・三重潮」になり、上層と下層で潮の方向が異なる。つまり一本釣にとっては狙った地点に餌が降りてくれなければ釣果は挙げにくいので、この潮の起こる夏は一本釣にとってはよくない。これに対して節季（冬のこと）の潮は上下が揃うのでむしろ釣りやすいとい

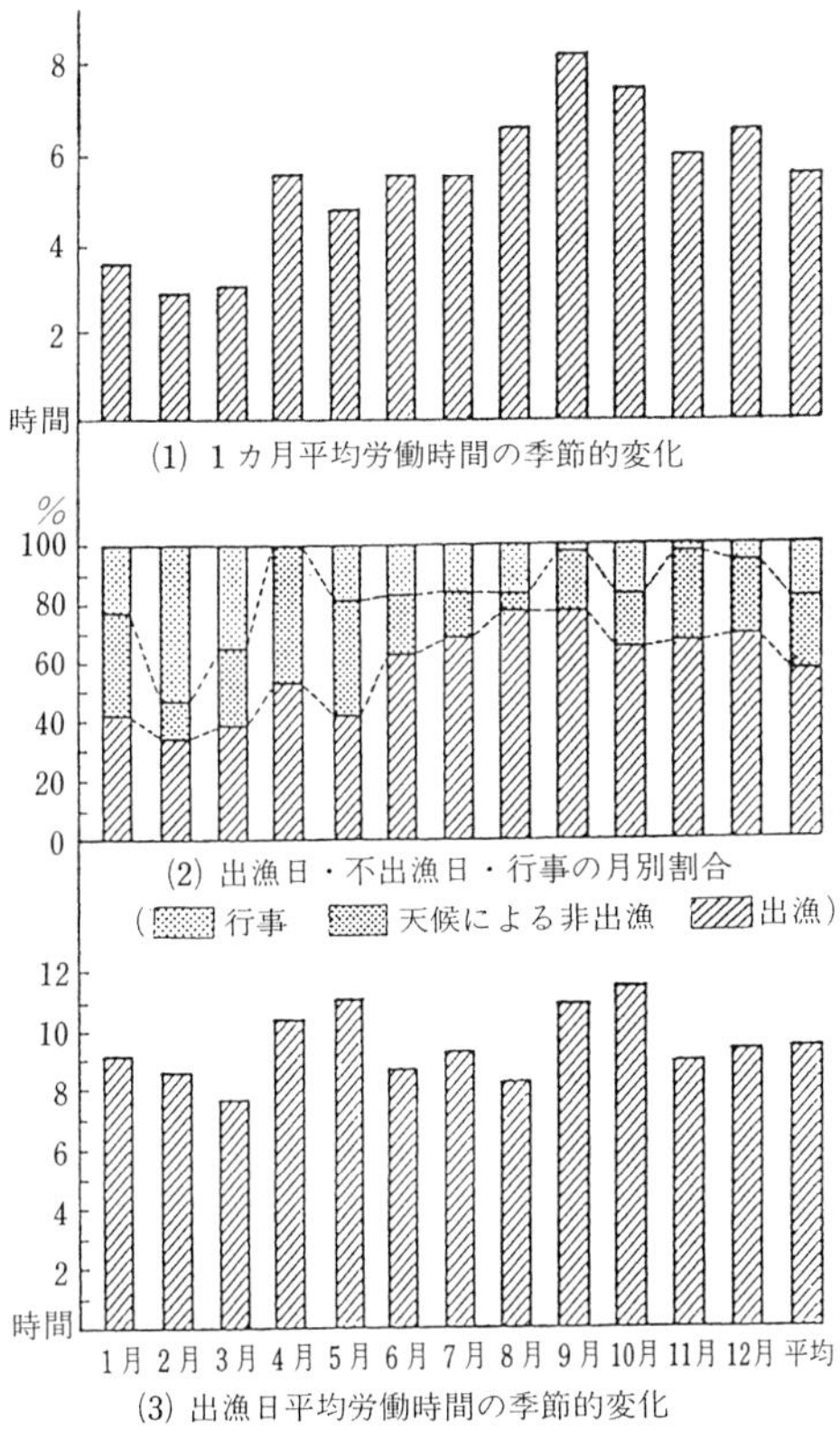

図14　漁撈時間の季節的変化に関する３つの量

う。また夏の海の濁りも魚類が浅所から深所へ移動すると漁師は考えており一本釣には負の効果を与える。梅雨以後の晴天の日を「テリアガリ」と称し海の濁りが増し忌み嫌われる。漁撈活動も六月上旬にはレンコ・アマダイ漁から釣りやすいイカ漁に切り替わる。イカ漁はレンコ・アマダイと異なり瀬のダンバラに群集し、かつ漁り火を焚きイカの走光性を利用し集魚する漁であることは、他の一本釣と基本的に異なった点である。イカ漁も夏の海に適応した漁であるといえる。夜間の漁であることが漁撈時間を相対的に減少させている。

図14の(2)は日誌から出漁した日と不出漁の日を分け、さらに出漁できなかった日を公的・私的行事によるものか、悪天候によるものか原因別に分類して、三者の割合を月別にみたものである。これをみると一月から三月までに公的・私的行事が集中していることがわかる。行事に参加した日の天候は晴天・雨天いずれの場合もあるが、一般的に漁協・県漁連の会合など予定のあらかじめたつものは冬に集中させるよう配慮している。これは冬の悪天候を見越した上での措置であり、一月から三月の場合悪天候による不出漁日が数字の上で意外と少ないことはそのことによっている。それ以外の月は病気を除けばできる限り漁にでて不出漁日を最小限に抑える努力をしている。したがって悪天候・行事による不出漁日は必要最小限のものばかりである。

四月・五月の海上気象がかなり不安定な状態であることは前述したとおりである。八月が悪天候による不出漁日が最も少ない月である。また四月・九月・十一月・十二月は公的・私的行事の少ない月であることがわかる。出漁日の天候が晴れないしは曇の日が多いことは言うまでもないことであり晴天と出漁の間には強い相関がある。出漁・不出漁を決める要因を韜晦な漁師はあまりいいたがらないが、事実曇後雨あるいは雨後曇の場合、風向き・風速の関係、大潮・小潮あるいは干満の潮汐時間など複雑な諸要因が複合的に絡み、単独の要因と出漁日との相関はいずれも明確ではない。このような場合の出漁・不出漁の判断は一種の勘によっていると考えざるを得ない。ただ日誌には曇や小雨の時、朝一人の漁師が出漁したという情報が入ると連鎖して出漁する記述がしばしばみられる。漁を切り上げるときも無線で相互に情報を交換していて連動することがある。他の漁師とは競合関係にあると同時に協力関係にあり単純に気象条件だけで出漁・不出漁を決めているのではない。

見島の風に関する俚諺に「アナジ・ネギタの夫婦喧嘩」というのがある。この意味はアナジ（北西の風）やネギタ（北風）では島の南は凪いでいて、北の海も凪いでいるように錯覚するが実は北の漁場は大荒れであることをいう。一見平穏に見える夫婦が内部では激しい葛藤をしていることの比喩である。この喩えのとおり、見島では日本海沿岸の漁師が一般にどこでもそうであるようにネギタ・アナジを最も嫌う。「ネギタはフリモンが多い」、「セキ（冬）のネギタは波が高い」などの表現はこのことを端的に言っている。フリモンとは雨や雪のことを指す。風の民俗語彙については図15に示すように一〇種採集されるが、北西・北・北東及び南・南南西・南西・西南西・西と方位に偏りがあるのは年間を通してこの方面から吹く風が圧倒的に多いことに起因している。

一般的に見島では「風が入れた」といえば風が強くなることを意味し、「風がやおる」といえば弱くなることをいう。北寄りの風は「風が入り」、南寄り・西寄りの風は「風がやおる」ことが多い。また「風が低い」、「風が高い」とは海面に対して風が平行であるか角度をなすかの違いであるが、平行であれば波はあまりたたず潮流に対して速さを速める効果がある。角度をなせば波が立ち、潮流に対してむしろ負の効果がある。見島では南から西の風は低いことが多く、そのため満潮の時潮流は西から東へ流れるので潮流が速くなる。北よりの風は高い場合が多く波浪が激しい。このこともネギタ・アナジが漁にとって歓迎されない理由の一つであろう。

日誌には風向きについて伝統的な語彙は使わずN・NE・E・ES・S・SW・W・NWの八方位が記されている。風速については凪ぎ・風程弱し・風程強し・強風の四段階が記され、天候は晴・曇・雨後曇（その逆）・雨（雪を含む）の四種類が記されている。これらを基にして出漁がどのような気象条件によって規制されているのかをみてみる。上記のデータを基に作成したのが表8であり、これによれば年間の総出漁日数は二一〇日であり、気象

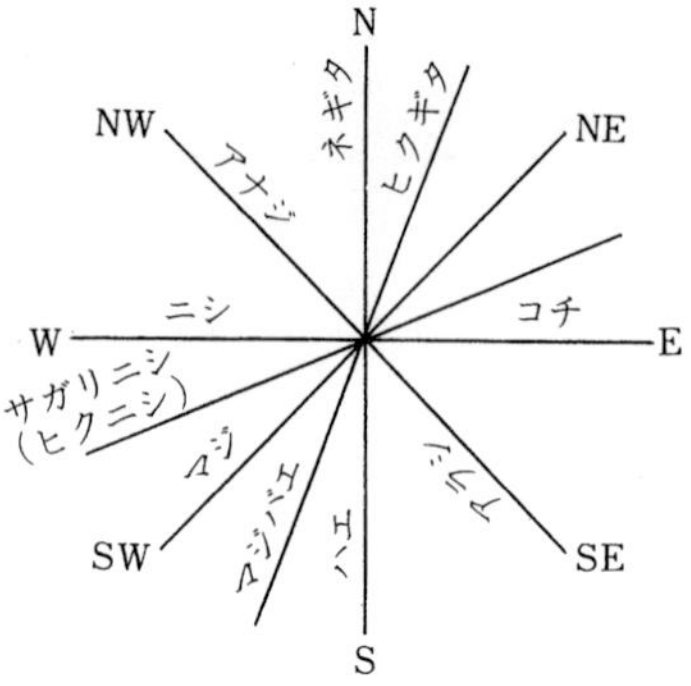

図15　風の民俗語彙

表8　気象条件による出漁日数と出漁率

天候＼風速	凪	弱風	かなりの風	強風	計
晴	96 2 98%	17 1 94%	33 7 83%	0 11 0%	146 21 87%
曇	10 0 100%	3 0 100%	5 1 83%	0 5 0%	18 6 75%
雨　後　曇 (その逆を含む)	12 0 100%	3 0 100%	18 5 78%	3 19 14%	36 24 60%
雨 (雪を含む)	3 4 43%	0 1 0%	6 16 27%	1 17 6%	10 38 21%
計	121 6 95%	23 2 92%	62 29 68%	4 52 7%	210 89 70%

注　上段は出漁日数．中段は不出漁日数，公的私的行事および病気によるものは除く．下段は出漁率＝出漁日数/各カテゴリーの総日数．

条件によって出漁できなかった日が八九日間である。それ以外は公的・私的行事あるいは病気による不出漁日である。凪と天気という漁師自身の判断による定性的な指標を用いれば一六の範疇ができるが、その中での出漁日数と不出漁日数を出し、そのカテゴリーに属する総日数で出漁日数を除したものを出漁率とする。この出漁率の分布から漁師自身の判断基準をある程度客観的に表現できる。これによれば晴れていて凪いだ海の出漁日の多いのは予想通りであるが、それ以外のところでは空模様より風の条件の方が不出漁の制限要因になっていることがわかる。つまり逆にいえば強風下での出漁はほとんどありえないが雨中での出漁はしばしばあるともいえる。日誌によれば他の漁師が出漁すれば雨中でも出漁することが多い。晴天の場合は港を出て一方向にまず走るが、そ

表9　天候による不出漁日の月別風向分布

月＼風向	NW（アナジ）	N（ネギタ）	NE（ヒクギタ）	E（コチ）	SE（アラシ）	S（ハエ）	SW（マジ）	W（ニシ）	天候による不出漁日数	出漁日数
1月	1	3	1	0	0	1	1	1	8	14
2月	2	1	1	0	0	0	0	0	4	10
3月	2	2	1	0	0	3	1	0	9	12
4月	2	4	0	0	1	2	3	0	12	16
5月	4	2	2	0	0	1	2	1	12	14
6月	0	0	2	0	0	2	2	0	6+1(1日未記載)	20
7月	0	2	2	0	0	3	2	0	9	17
8月	0	0	0	0	0	0	2	0	2	24
9月	1	2	2	1	0	0	0	0	6	23
10月	0	1	0	0	0	3	0	0	4	20
11月	2	1	0	0	0	2	0	4	9	20
12月	4	2	1	0	0	0	0	0	7	20
計	18	20	12	1	1	17	13	6	89	210
年間の風向総数	56	45	72	8	2	46	66	45		
忌避率	32%	44%	17%	——	——	37%	20%	13%		

注　忌避率＝特定の風による不出漁日数/年間その風向の総日数.

の時の山アテは島を利用し、沖合に出て瀬を決めるときはもう一方向を地の山を用いて決める。けれどもこうした雨中での漁は島影だけで二方向を決める山アテをしなければならないので島影も霞むほど遠い瀬にはいかない。

「漁は風次第」という言葉もよく聞かれるが、分銅による潜水はトモシとアマの呼吸が重要であるから小さな船を定位置に固定しつつ分銅を上げ下げするトモシにとって強い風や速い潮流は最も危険である。したがってアナジやネギタの北よりの風では南海岸で、ハエやマジの南よりの風では東や北の海岸で操業する。天気より風の状態が漁に強く作用することは先に述べたとおりであるが、漁師が出漁しない日にはいったいどんな風が吹くのであろうか。日誌の中から気象条件によって出漁しなかった八九日間の風の状態を示したのが表9である。日誌に病気あるいは息子の結婚式などで未記載の日を除いた三四〇日間の風向きを八方位でみてみると、漁師の最も嫌う冬を中心としたアナジが五六日間、ネギタが四五日間吹いている。また三月から七月までマジ・ハエがそれぞれ四六日間、六六日間吹いている。不出漁日の風の方位の月別分布からアナジ・ネギタは十一月から翌年五月まで多く分布し、ハエ・マジは三月から七月に最も多く吹く。年間のある方位の風の総日数で不出漁の日数を除したものを風の忌避率とすればネギタは四四パーセントと高く、漁師が日頃述べている言動と一致する。ハエやマジも比較的忌避率が高いが、これは風の方向によるものではなく風速によるものである。いずれにせよ十一月から五月までのアナジ・ネギタと三月から七月までの強いマジ・ハエが漁に深甚な影響を与えているのは疑いない。したがって四月・五月に不出漁日が多いのもこの二系統の風が輻輳することによる結果かも知れない。

(2)　一本釣の基本的ストラテジー

日誌を一月一日より丹念に追っていくと釣果である魚類が前述したように一八種類出現する。しかしこの一八種類の魚類はランダムに出現するのではなく、ある期間は一定の組み合わせを示しながら出現する。一日の日誌の中の出現回数の多い上位二種の魚類をとり一年間の漁獲対象の変化を見ることができる。

また出港時間と帰港時間が分単位で記されているので、同種の漁撈活動をしている期間を月別に区別し、平均の出港時間と帰港時間を求めた。この二つの指標により図16を作成したが、これは新得寿幸氏の一年間の漁撈活動の基本的ストラテジーとみなすことができる。同時にこの図は縦軸の各月の長さは各月の出漁日数に比例させているので、横軸の月別平均労働時間との積つまり面積がその月の活動量を表現していることになる。この図は一九七二年度のものであるが、一九七一年、一九七三年と前後二年についても基本的に同一のパターンを示すことから漁撈活動は図に示されたような活動をサイクリックに展開しているものと思われる。日誌は一月一日から始まっているが、十月二十四日から三月三十一日までブリ・ヒラソオダ漁（漁師はブリ漕ぎという）が連続する。したがって同一漁のサイクリックな展開によって説明していこう。

ブリ漕ぎの主な対象魚はブリ・ヒラソ・タイ・イサキ・アカバナであるが中心はブリとヒラソである。ブリは発達段階によってショウジンゴ（あるいはモジャコ）↓ワカナ↓ヤズ↓メジ↓ブリと名前を変える。この温帯性の回遊魚は晩秋から初夏まで一〇〇㍍位の深さの外洋に棲み、晩秋には北から南に向かう。産卵期は三月から五月であるが、海藻の上に産卵することから見島ではモジャコという。ワカナは体長二〇から三〇㌢のものを指す。

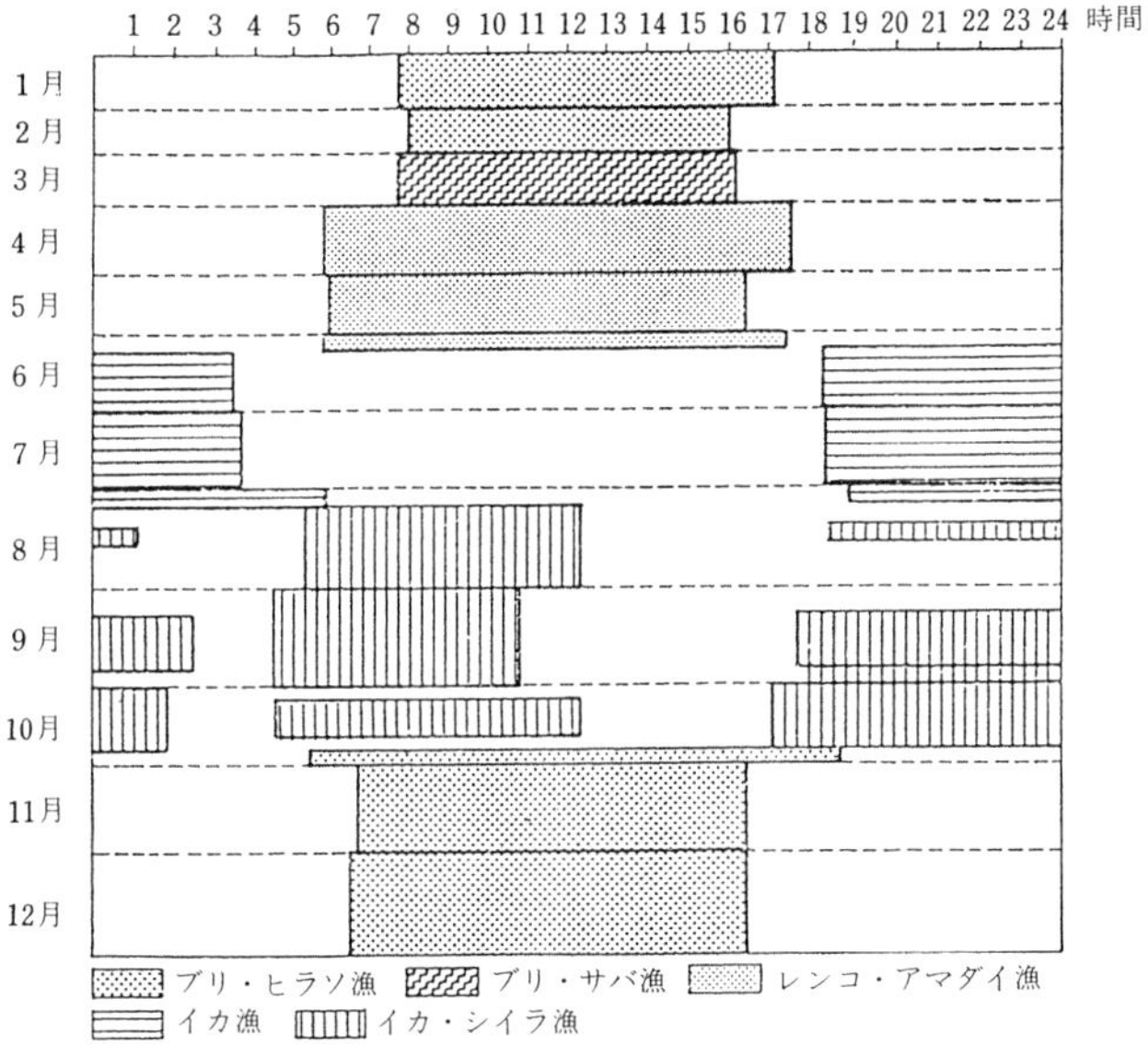

図16　漁撈活動のストラテジー

活動時間は月別平均出港時間と帰港時間の差，また縦軸は各月出漁日数に比例させている．

しかし一本釣の対象になるのはヤズ以上であり、ヤズは二〇〇～三〇〇匁（七五〇～一一二五㌘）、メジは八〇〇匁～一貫（三～三・七五㌔）、ブリは一貫以上のものをいう。十月末から始まるブリ漕ぎも十二月まではサンマの生き餌を使い、一月をすぎれば擬餌を使って、いずれも引き縄漁で通称ピイピイ釣りをする。十一月および十二月はブリ・メジの大きなものが中心であるが、一月以降はヤズ中心になり小型のものを狙う。このブリ漕ぎは八里ヶ瀬のようなかなり沖合の大きな瀬を中心に展開され、瀬の中でタカリ（カモメッキともいう）のある下のワキソを狙って行われる。イルカやハイオ（カジキマグロ）の通過はワキソが散るので漁にとっては悪い前兆である。

同じ回遊魚のヒラソもブリの釣れる期間とほとんど一致しているが、釣果があがるのは十一月から十二月である。ブリ漕ぎに出漁しても一月にはイサキがかなり釣れるようになる。タイ類のうちマダイ（見島でタイといえばこの種を指す）はブリ漕ぎの期間に時々釣れる程度であるが、一本釣でのマダイは大きなものがとれるので少なくても相当な収入になっている。他のタイ類（チコダイ・レンコ）とは釣れる時期が異なっている。

三月に入るとブリ漕ぎも少し様相がかわり、釣り道具としてブリ道具の他にサバ道具を用意する。サバは擬餌（ケズリという）を使って釣る。サバを釣るのは三月の一ヵ月間だけで、この時期はヤズ・サバを除いて他の魚類が全くといっていいほど釣れない。漁撈活動の最も停滞する期間であるといえる。出港・帰港時間も八時前後に出発し午後四時には帰るという状態が二月・三月は続く。

四月に入るとブリ漕ぎをやめ、六月六日までチコ・レンコ・アマダイの三種の魚類を中心にしたタイ釣・コマナ釣が始まる。この期間に他に釣れる魚類にイロと呼ばれるものがあるが、これは数種の魚の総称でホオボオ・ボテなど赤い色の雑魚を指す。その他稀にタイ・ブリが釣れる。このタイ釣・コマナ釣は鮮餌を使うため餌取りのためエビ曳きを見島の沿岸で行う。これはエビ曳き用の網を使うが時々これにイワシやアゴ・カレイ類が入ることもある。この時期の一本釣はワキソを作らない魚類を対象にした漁法であることも大きな特徴である。六月六日にタイ釣・コマナ釣を切り上げてから三日間イカ道具の準備をする。イカ漁が始まるとこの年は八月十一日までもっぱらイカ漁だけを行い他の漁はいっさい行わなかった。夜間の集魚灯を使っての漁である。この時期がイカ漁に適するのはイカが大量にダンバラに押し寄せるからで、大量の漁獲が予想され、安定した現金収入を得ることができる。しかしイカ漁以外の漁の不振も見逃せない理由の一つである。前述したように六月・七月・八月上旬の海は潮が二重潮になりやすいこと、海の濁りが最も激しく魚類が深所へ移動するらしいことから一本釣にとっては条件が必ずしもよいとはいえない。イカ漁は同じ一本釣でも道具が他のものと基本的に異なっていてイカ以外のものが釣れることはない。また夜間の集魚灯を使っての漁であり、かつ使用する瀬が異なっていて他の漁へ変換することが不可能である。八月上旬にシイラ・シビ・サワラが回遊してくる時期になるとイカ漁も次第に漁獲が少なくなる。八月十二日から九月八日まではシイラ漕ぎが中心でわずかにイカ漁が行われる。

シイラ漕ぎの漁場は他の漁のように自然の瀬を利用したものではなくシイラ漬といわれる人工的な漁場で行われる。シイラは海上近くを群遊し、特に陰を好む性質をもっているので漁師たちはモウソウダケを束ねて浮かべ、ここで漁をする。この人工的な漁場をツケというが、ツケを作ることのできる範囲は漁協によって決まっており、見島では西ノ沖、東の沖に専用の漁場がある。このツケは以前網漁師のアゴ漁の漁場と一部重複し紛争のもとになっていたがアゴ漁の衰退とともに現在では競合的な関係は解消している。ただやはり網漁師の船やバクトロ船（仙崎・浜田のトロール船をバクトロという）がツケを固定している網を切るのでツケを失うことがしばしばある。この網を切られたツケを流れヅケというが、一本釣のシイラ漕ぎではしばしば流れヅケを発見し、そこでシイラ釣りをやっている。シイラ漕ぎの対象魚はシイラをはじめシビ・サワラ・ヨコワなど海表近くを回遊してくるものばかり狙って行う。

シイラ漕ぎ中心の漁も九月十日にイカが第二回目としてダンバラに押し寄せてくると午前中のシイラ漕ぎと夜間のイカ漁と平行して行うようになり、見島の一本釣漁師の最も労働条件の厳しい季節になる。この時期は図16でも明らかなように夕方五時から六時の間に出発し、翌日の夜二時から三時頃までイカ漁を行う。帰港後は漁協へ出荷すると直ちに仮眠し明け方五時には食事を済ませ再びシイラ漕ぎにでて昼頃まで漁を行う。帰港し直ちに食事・睡眠と休む暇もないほどの重労働である。この期間が十月下旬まで続きやがてもとのブリ漕ぎに回帰していく。以上が年間の漁撈の基本的ストラテジーである。

一本釣漁師はこのような漁撈活動を通じて自然現象についての計り知れない知識を蓄積している。その知識は単なる民俗知識というより魚類についての経験則といえるものにまで止揚されている。見島の一本釣漁師が最も重視するブリ漕の経験則を日誌の中から拾いだしてみると次のようなものがある。

①ブリは回遊魚であり、水温・音響などにたいしては非常に敏感な魚であり、一部タイやイサキなどと共通した点がある。
②冬期間水温の低いときは普通海底を回遊しており、春水温の上昇につれて浮上してくる。
③イワシ群を追っている場合は水温が高くなっていても海底でつれることが多い。
④小イカを追っている場合は水面近くでつれることが多い。
⑤曇の日や雨の日には浮上してくることが多い。
⑥一日中餌を追うことはなく、普通一定の時間に食うようである。
⑦浮上しているときやトビウオ・サンマなどを追っている時やイワシやイカを追っている時はあまり釣れない。

四　潮汐現象と漁

新徳氏の漁日誌では潮汐現象と漁の関係はデータがないので分析できなかった。しかし一般的に漁と潮汐の関係は深いといわれている。この潮について別の網漁師の長年にわたる観察データをもとに、若干補っておきたい。ほぼ日に二回起こる干満の潮汐現象が漁撈活動に重要な意味をもっているといわれる。また新月・上弦・満月・下弦に循環する月の運行は大潮・小潮を引き起こし、この潮の変化も漁撈に重要な影響を与えているという。

見島の網漁師・一本釣漁師・フンドウアマいずれも「潮をみて漁をする」といい潮に関する関心は高い。彼らの潮の関する言いならわしは随分多い。たとえば「九日・十日のミチは明け暮れ」といえば旧暦九日・十日の満潮は明け方と夕方にやってくるという意味である。

毎日生じる潮汐現象を漁師の認識から簡略に述べると次のようになる。ミチ（満潮へ向かう潮）は西から東へ流れ、ヒシオ（干潮に向かう潮）は逆に東から西へ流れる。そして満潮は右廻りに廻りながら引き潮に移行する。満潮の潮の流れが最も速い東から東南の方向に流れを変えた時、この潮を「ミチのカサバリ（あるいはカサオカバリ）」という。そして潮の動きの止まる時がくるがこの状態を潮の「ヤオリ」という。そして引き潮へ移行するときはまず西南へ潮が動き、これを「ヒシオのカサバリ（あるいはカサオカバリ）」という。やがて真西に流れるヒシオになり潮流が最も速くなる。潮は右廻りに廻り、北西方向にヤオリながら沖へ向かい、この状態を「ヒシオのヒタテバリ（あるいはヒタテオキバリ）」になる。再び潮はヤオリがきて次の満潮へ向かう。北東の方へ向かう潮を「ミチのヒタテバリ（ヒタテオキバリ）」といっている。漁をする瀬では常にこの潮を見ていなければならず、トジオケを時々降ろしビシヨマ（錘）の傾く方向と傾斜角度で方向と潮流の速さを知る。同じ日の潮でも瀬によって潮流は異なり、例えばアサリは常に潮がヤオリがちであるのに、ハチリガセはいつも速いという。特定の瀬の何日の潮のミチ・ヒシオ・カサバリ・オキバリをいつも計算にいれて漁をする。

この毎日の潮汐が一五日間周期で起こる大潮—小潮により、また季節の潮流により速さが異なる。大潮では潮が速く、小潮では遅く、中潮はその中間である。一五日間周期の潮の変化がさらに季節的に変化し一年で最も大きな大潮（干満の差が激しい）がくるのは四月・五月の節句潮と呼ばれる頃と七月・八月の夏潮の頃である。そして夏潮では上下の揃わない二重潮・三重潮が起こりやすい。風によっても潮は速さが変わり、ヒシオでは北寄りの風でより速くなり、ミチでは南寄りの風でより速くなる。時化の時はシケジオといい潮が計算どおりには動かない。このように潮は極めて複雑な動きをするものである。

一本釣は潮の動く時がよく、網漁は潮のヤオリがいいと漁師たちはいう。さらに一本釣ではミチの方が、ゴン

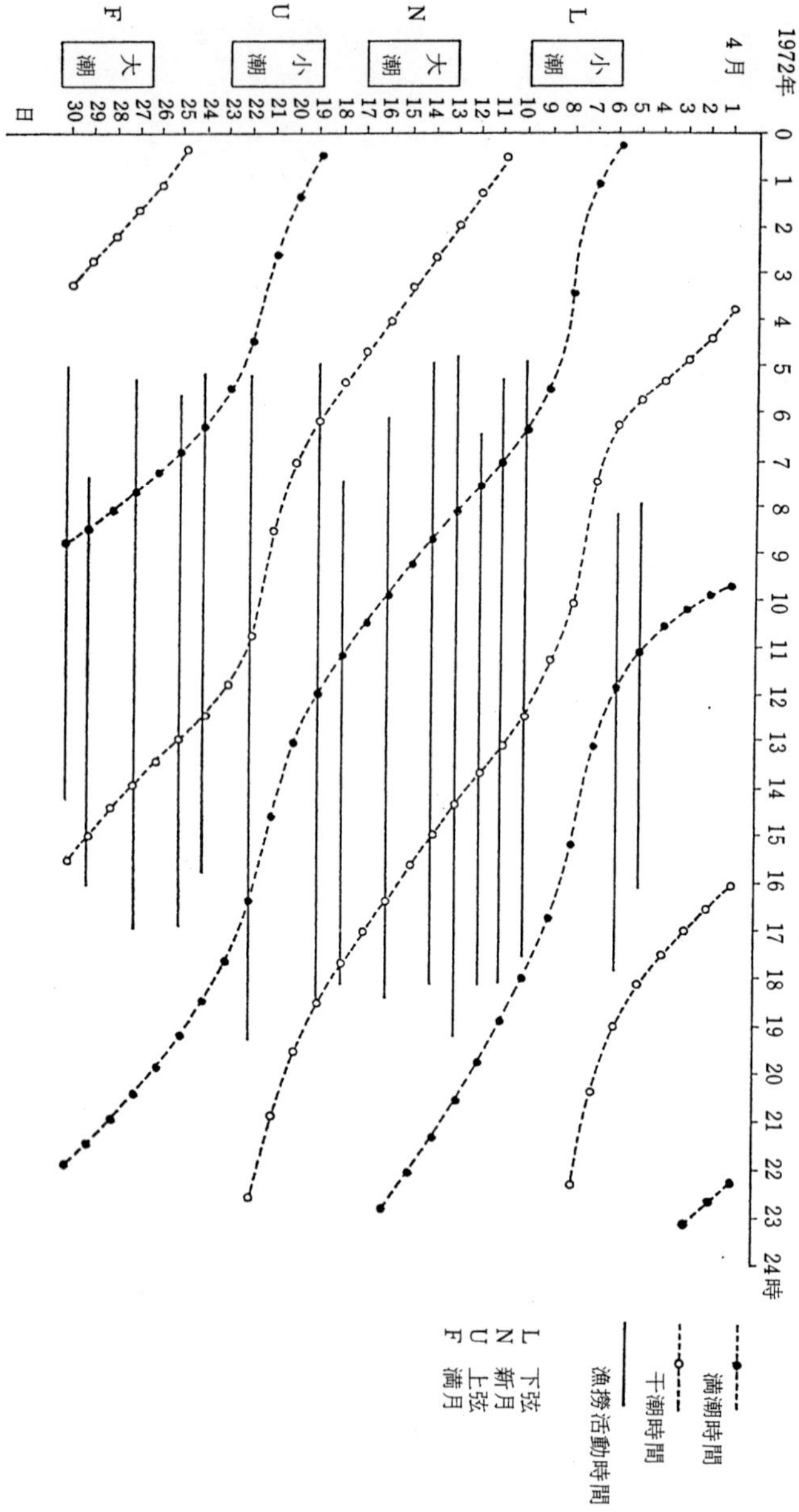

図17　潮汐現象と漁撈活動時間

ゴンサガリといわれる真西に流れるヒシオをよりよいともいう。またブリ漕ぎでは潮のヤオリ、潮のキバナ（動き始め）をよく狙う。一般に漁は大潮の方が小潮よりよいという。いずれにせよ潮の動きは複雑で全体像を聞き書きでは把えきれない。日誌にも潮に関しての記載がかなりあるが、潮と漁の関係を明確にするものではない。

そこで毎日の出漁と干満との関係をみるため前に述べたとおり見島における満干潮の時間を下関気象台の潮汐表から割り出し日誌の活動時間帯と重ね合わせてみた。一年間のものはあまりに膨大であるため任意に四月の一ヵ月間のものを示す。図17が潮汐現象と活動時間を同時に表したものである。これをみると一本釣だからといって満潮を狙って出漁しているとはいえない。また四月における大潮・中潮・小潮の時（これらの期間の決め方は前述した）に出漁した日の平均出漁時間は、大潮一〇時間四八分、中潮一一時間三九分、小潮一一時間四四分となり漁師が述べていることと逆の結果になっている。通年でみた場合も大差なく潮汐・大潮小潮による漁活動には有意な差があるとは思われない。

では潮は漁師がいうほど実際には重要視していないのであろうか。このことに対して大きな示唆を与えられたのが、網漁師村田広作氏の浜帳であった。彼は三年間（一九七九〜八一年）の浜帳から作成した見島の瀬における瀬のデータをもっている。彼は多くの瀬における潮のヤオリがやってくる時間帯を正確に浜帳に記録し、それに基づいた潮のヤオリの一覧表を作り、船の機関室に吊り下げこのデータに基づいて毎日網をかける場所を決定するという。図18に示したものは見島の東西南北の方向にある四地点を選び出したもので元のデータのごく一部である。しかしこれによっても歴然としているように同じ日の潮でも瀬によって二時間以上の差がある。網漁師は潮のヤオリを狙って夕方出漁し網を張り、翌朝引き上げに行く。したがって網漁師が注意しているのは夜間の潮であり、一本釣とは逆になる。しかしいずれにせよ、潮は細心の注意が払われており、使う瀬はこの潮の動きが大きく関与している。これは推測であるが、一本釣漁の場合も、瀬による潮汐時間の差が同じ瀬群の中での瀬

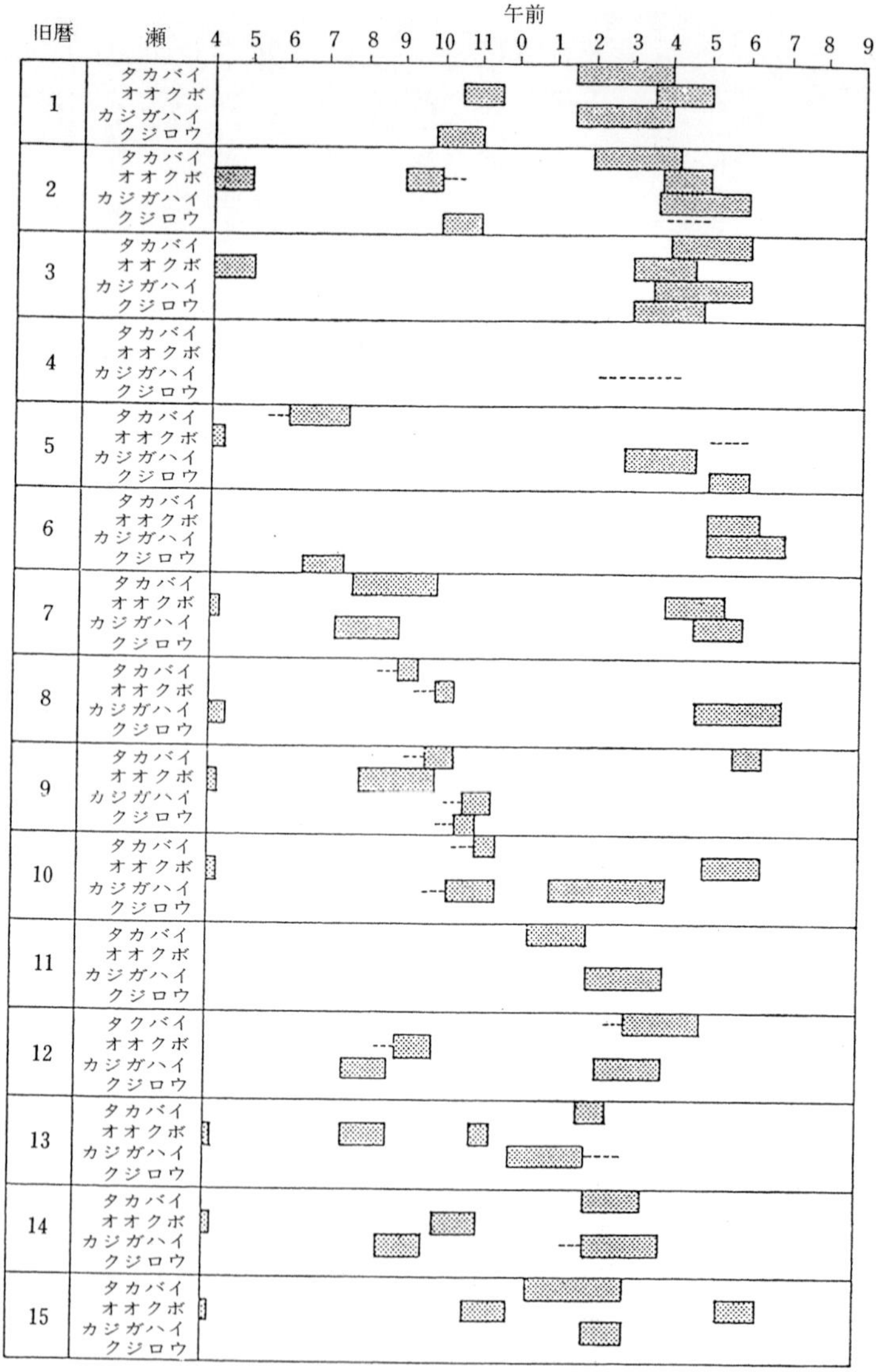

潮のヤオリ　---- 弱い潮のヤオリ

図18　瀬による潮の「ヤオリ」

の使い分けを惹起する要因になっているのではなかろうか。この点はさらに詳しい分析が必要であろう。

五　漁撈活動の生態学

一本釣漁師新徳寿幸氏の漁撈活動は今まで見てきたように動機こそ高い現金収入を得るための行動であるが、年間二一〇日間に及ぶ海上での行動は人間と魚群との直接的な関係である。それは捕食者—被捕食者の関係としてむしろ生態学的に理解されうるものではなかろうか。漁撈活動以外に現金収入を考えず、陸上での行事や会合も最小限に抑制して漁撈に腐心する一本釣漁師の行動は、それゆえに自然への依存度を高めている。だとすれば漁場という空間とサイクリックな漁業暦にみられる時間の中で人間と魚群の関係は、生態学的に捕食者—被捕食者の関係としてトータルに表現されなければならない。つまり人間と数十種に及ぶ魚類との種間関係を量的に表すことによって具体的に一種の食物連鎖を表現しなければならない。

漁撈は狩猟・採集活動と併立するものであり、一本釣漁師の道具の基本的形態は過去と現在それほど変化はない。道具の革新による漁獲の効率を挙げることを技術革新というならば一本釣漁師の場合はそれほどの技術革新はなかったといえる。ではなぜ技術革新の著しい電探やローランをもつ網漁師に一本釣漁師が対抗できるのであろうか。それはいうならば技術にかわる技能で技術の差を補っているからといえる。魚群を量・質ともに一網打尽にする大型の網漁の発達がやがて行き詰まり、栽培漁業を真剣に考えなければならない時代になってきた。魚群の生態や自然の仕組みを無視した結果ともいえる。技能とは道具を変えずして対象の背後に潜む構造や生態についての深い民俗的知識を集積し効率を上げることだといえる。その意味では一本釣における人間と魚群の関係は魚の側からいえば「食う—食われる関係」をもつ動物生態学といえるが、人間の側からいえばそれは技能の生態学ともいえる。技能は動物における本能に代替できるものではないか。

このような観点から日誌を見直してみると、使用する漁場の回数とその季節的変化及び捕獲される魚種とその漁獲量の季節的変化の間にはある法則的な生態学的関係が成立しているに違いない。そのため多変量解析の一手段である植物社会の分析手段を援用して季節・魚類・漁場・人間の関係をとらえてみたい。

ブラウン・ブランケの植生調査法は一見相互に無関係にみえる植物の種間関係から群落を抽出して植物社会の分析の出発点を与える調査法である。クオードラート調査により多くの地点の植物の種類数と量（群度・被度）を調べ、任意に横軸に調査地点、縦軸に種を並べ、縦と横に表操作をして似た傾向をもつものを集めていく。このことによっていくつかの植物の種間及び調査地にあるまとまりが存在することがわかる。この一定のまとまりを群落という。そしてこの群落を成立させている内的・外的な生態学的諸要因を見いだしていくことから植物社会学の基礎が与えられる。

表10はこのブラウン・ブランケの調査法を日誌に適用して作成したものである。日誌より抽出される要素としては漁に出た日と瀬、漁獲量と魚種の四種類である。これを月別に出た瀬の種類と回数及び月別にとれた魚種と漁獲量にまとめる。まとめるのは毎日の記録をもとに素表を作っても一本釣の基本的ストラテジーで明らかなように特定の漁法が一定期間続くから当然同じまとまりにはいると予想されるからである。なお月別の魚種についてはその月の漁獲量の上位三種（トロ箱数）をとった。さらに四種類の関係であるから季節（月別）と瀬の種類と回数の三者の間におけるブラウン・ブランケ法と季節と魚種と漁獲量（植生調査の場合の常在度に相当）におけるブラウン・ブランケ法の二葉の表を作った。表の上段は前者を、下段は後者を示している。表操作は縦横任意に動かし類似度の高いものを集めるわけであるが、実際には表操作は上下だけを動かすことによって四群のまとまりを二葉の表がいずれももつことになった。もっとも十月から十二月と一月から三月は同じものとしてまとめる

表10　季節・漁場・魚類と一本釣の関係

漁　場	1月	2月	3月	4月	5月	6月	7月	8月	9月	10月	11月	12月	合計
ハチリガセ	10	5	4	4	1	1				4	9	16	54
オオタボダシ	7	8	9	8	1						4	8	45
アサリ	3		4					1	6		8	2	24
オバタガセ	3		1								3	8	15
コブダシ	2	1	1									1	5
ユウネ			1	1	1	3							6
ナベダシ			1	1	3								5
チシャアジロ				4	6	1							11
ミ　ダ				3	2	1							6
コウダンゼ					3	1							4
ヒヤミダ							8	2	2	10			22
マ　エ					1	4	1		2	1			9
ヨボシダシ	1	1			1		1	8				1	13
金　島						6	3						9
サアナミゼ							2		1				9
ヨコゼ							1		4				5
ケタオキ							2						2
東ノ沖						2							2
カジガハイ						1					2		3
大久保			1			1							2
西ノ沖						1		18	21	13			53
合　計	18	17	21	36	26	166	290	254	342	194	82	23	296

魚　の　種	1月	2月	3月	4月	5月	6月	7月	8月	9月	10月	11月	12月	合計
ブ　リ	10	12	7								8	8	45
ヒラソウダ	6									18	71	15	110
マダイ	2	2									3		7
イサキ		3											3
サ　バ			14										14
キダイ				25	15	2							42
チダイ				6									6
ホオボオ				5	3								8
アカアマダイ					8	5							13
スルメイカ						159	290	164	232	155			1,000
シイラ								80	106	21			207
マグロ								10					10
サワラ									4				4
合　計	18	17	21	36	26	166	290	254	342	194	82	23	1,469

ことも可能であるが、これは前に述べた漁撈活動のサイクリックな展開を便宜的に一月から始めていることに整合させた。

このようにしてできあがった表10の上段をみてみると一本釣漁師が季節によって瀬をどのように使い分けているか鮮明に浮かび上がってくる。つまり特定の季節に特定な瀬群が対応し、漁業暦を一月から出発させれば四群A・B・C・D（ある群の最初から出発させれば三群）に分類できる。このことは同一の群に入る瀬同志を一本釣漁師は生態学的に類似度の高いものだと認知している結果に他ならない。A群、D群ではハチリガセ・オオタボダシ・アサリ・オバタガセ・コブダシの五つの瀬が使われ、中心はハチリガセとオオタボダシである。アサリとオバタガセは十月から十二月の間によく使われることがわかる。四月から六月のB群ではユーネ・ナベダシ・チシャアジロ・ミダ・コウダンゼの五つの瀬が使われる。ただしコーネ・ミダは図9でもわかるように見島のごく近い沿岸でいずれも瀬ではなく砂地である。ここに九回出漁しているが、これはこの期間の餌であるエビをとるためのエビ曳き漁で餌とりの行動である。したがって出漁した本来の漁場はナベダシ・チシャアジロ・コウダンゼとA群のハチリガセ・オオタボダシである。C群は六月から十月に使用され、瀬の数は前二者より多く一一ヵ所である。この分散した瀬の使用は図3でもわかるように比較的見島近辺の瀬ばかりである。そしてこのC群には八月から十月まで集中して使われる西ノ沖という漁場があり、他のC群の瀬と異なった使われ方をしている。これは人工的なシイラ漬で西ノ沖に固定されているものである。そして九月から十二月までのA群と同じ性質をもつD群へ戻っていく。

ではなぜ四群の瀬が循環するのであろうか。それは見島をとりまく海の環境の中で四群の瀬に季節的に強いつながりをもつ魚類群が存在し、それが同様に循環しているからではないだろうか。そこで魚類と季節の表を作ってみると表10の下段になり、あたかも上段の表を投影したような見事な対応をもつ四群a・b・c・dが分類できる。a群は和名でいえばブリ・ヒラソオダ・マダイ・イサキ・サバの五種で構成され、その中心はブリである。このブリは見島でメジ（八〇〇匁～一貫）・ブリ（一貫以上）と呼ぶもので比較的大型のものである。このa群の漁はブリ漕ぎと名付けられているが、ブリを追う行動に随伴して他の魚が釣れる。五種の魚は生態がよく似ていて類似した行動をとると思われる。つまりa群は瀬におけるA群と強く結びついた漁である。

b群は和名でいえばキダイ・チダイ・ホウボウ・アカアマダイの四種で構成される。これもa群同様B群に強く結びついている。a群のうちキダイ・チダイ・ホウボウはB群以外の瀬ハチリガセ・オオタボダシでもよく釣れるがこれはこれらの魚が岩礁性の深い瀬を好むからであろう。それに反してアカアマダイは比較的平坦なドベを含む瀬ナベダシ・コウダンゼでよく釣れる。

六月から十月のc群は二つの亜群で構成され、イカ漁とシイラ漁がそれに対応している。イカはトロ箱量の変化から二回の到来がはっきりわかる。イカ漁は多くの瀬を使うのに対してシイラ漁は西ノ沖のシイラ漬けだけを使うのは前にも述べた。シイラ漁には随伴種として和名マグロ・サワラがいる。十月から十二月のd群はa群とよく似ているがサバがなく、また同じブリ漕ぎといっても実際は和名ヒラソオダの方が圧倒的に多い。この時期のブリは小型で見島ではヤズと呼んでいるものである。以上見てきたようにA—a、B—b、C—c、D—dの対応は見事に一致し、全く同一といっていいほどのサイクリックな展開を見せる。このことは見島の海つまり魚類を中心とした自然のサイクリックな循環に一本釣漁師がうまく適応していることを示している。そしてこの適応を可能にしているのは測り知れないほどの魚類の生態や環境の認識についての膨大な民俗的知識の蓄積があってのことである。たった一人の一本釣漁師の長年にわたる日誌の分析であるが、むしろこのような資料の方が一本釣漁を生態学的に把えるためには有利ではないかと思う。個々の漁師の漁撈活動の積分がその地域の漁業暦を構成するが、当地のように多様な出漁パターンをとるところではかえってここの漁の具体的な相は曖昧になってしまう。

漁撈活動は狩猟・採集活動と併立するものであり、特に一本釣はこの感が強い。地域によって海の生態は異なるので単純ではないが、少なくともこうした量的にとらえられた漁撈の研究は、例えば縄文時代の貝塚における魚類組成の問題や漁期の解明には資するところ大ではないかと思われる。(22)

注

（1）藪内芳彦『漁村の生態』一九五八年、古今書院、八四頁。
（2）江波澄雄「対馬暖流域の浮魚資源」（日本水産学会編『対馬暖流』所収）一九七四年、恒星社厚生閣、六九〜八八頁。
（3）斎藤忠他編『見島総合学術予備調査報告』一九六〇年、山口県教育委員会・萩市教育委員会、七〜一四頁。
（4）新山忠『乾島略志』一八五八年。
（5）瀬川清子「見島聞書」『日間賀島・見島民俗誌』一九七五年、未来社。
（6）宮本常一「見島の漁村」（『宮本常一著作集』一七巻）一九七四年、未来社
（7）山口県教育委員会『見島総合学術調査報告』一九六四年、二六三頁。
（8）山口県教育委員会、注（7）前掲書、二七九頁。
（9）山口県教育委員会、注（7）前掲書、二六一頁。
（10）藪内芳彦、注（1）前掲書、八三〜八九頁。
（11）掛谷誠「小離島住民の生活の比較研究」（『民族学研究』三七巻一号）一九七二年。
（12）宮本常一、注（6）前掲論文、二二六〜二三三頁。
（13）桜田勝徳「漁民の社会と生活」『桜田勝徳著作集』一九七〇年、名著出版、二四頁。
（14）桜田勝徳、注（13）前掲論文、二〇二〜二一〇頁。
（15）江波澄雄、注（1）前掲書。
（16）市川光雄「宮古群島大神島における漁撈活動」（加藤泰安他編『探検・地理・民族誌』所収）一九七八年、中央公論社。原子令三「嵯峨島漁民の生態人類学的研究」（『人類学雑誌』八〇巻二号）一九七二年。Ryutaro Ohtsuka「Ecology of the Nasake Fishermen」（『人類学雑誌』七八巻二号）一九七〇年。

（17）宮本常一、注（6）前掲書、二〇七〜二二一頁。
（18）五十嵐忠孝「トカラ列島漁民の〝ヤマアテ〟」（人類学講座一二巻『生態』所収）一九七七年、雄山閣出版。
（19）斎藤毅「沿岸地域の知覚環境の二元性に関する地理学的研究」（『人類科学』三七集）一九八四年。
（20）鈴木兵二・伊藤秀三・豊原源太郎『植生調査法Ⅱ』一九八五年、共立出版。
（21）五十嵐忠孝、注（18）前掲論文。
（22）赤澤威『採集狩猟民の考古学』一九八三年、海鳴社。渡辺誠『縄文時代の漁業』一九七三年、雄山閣出版。

第二節　漁民とその民俗的空間

一　海の民俗的空間

労働の場と生活の場が連続している漁民にとって、その自然環境は単なる景観ではなく、漁民の行動を制約したり触発したりする民俗的空間である。[1] 漁撈活動は、漁具・漁法に制約を受けるとともに、海洋構造などの海の自然にも大きな規制を受ける。この自然の制約に対して漁民は固有な自然認識を発達させ、伝統的知識を保有することによって自然と闘ってきた。

漁業の近代化は確かに漁民の活動域を飛躍的に拡大した。[2] しかし近代的装備をした巾着船の乗組員にとっては、漁港と沖合の漁場と家庭のみが意味ある生活空間であり、海上からの陸の風景など単なる景色にすぎない。[3] 近代化することによって民俗的空間は、分解し破壊され、ある固有な「まとまり」を消失してきている。

ここでは比較的最近まで伝統的な漁法（カナギ漁と一本釣）に頼って漁業を展開してきた漁村の固有な民俗的空

間を抽出することにある。そして漁民にとって最も基本的な空間は漁場であるという前提に立って、漁場の構造を無機的環境（海底構造・潮流などの民俗的知識）と魚貝藻の生態（漁民の魚類分類・生態的知識）の結合という視点から把握することに努めた。

調査対象地は島根県八束郡美保関町軽尾である。調査は一九七四年（昭和四十九）三月から十月通算四回延べ三〇日間行い、聞き書きと観察を主体とする方法をとった。魚貝藻は原則として方言を用い、同定できたものについては最初にでてきた時に括弧内に和名を併記した。魚種同定は、軽尾の木村秀夫氏の網で捕獲されたものを貰い標本を作成し調査者が同定した。(4) 一部、渋沢敬三『日本魚名集覧』Ⅰ・Ⅱ（一九五八年、角川書店）など文献によっている。また漁民の使う特殊な用語・俚諺は必要に応じて括弧内で説明した。

二　軽尾の概況

島根半島は豊かな神話の舞台であり、八束水臣津野命による雄渾な国引の詞章は、この地が早くから漁民の根拠地であったことを思わせる。『古事記』の大国主神の国譲りの章にも「鵜に化りて、海の底に入り、底の赤土を咋ひ出でて、天の八十平甍を作りて、海布の柄を鎌りて」(5) とあり、河口を掌る神が、海に潜ってワカメを刈る光景を描き出している。『出雲風土記』にも海人の活躍が記されているが、(6) 現在では島根半島には海女・海士の分布はない。(7)

島根半島で現在行われている海藻採取は、カナギ漁によるものがほとんどで、潜水漁からカナギ漁へ、いつ頃変化したのか不明である。カナギ漁とは船上から箱メガネで海底をのぞき、ワカメ・アワビ・サザエなどを長い柄の先に鎌などのついた道具で採取する漁法である。島根半島一帯ではカナギという言葉が普通である。風土記に記載されている魚貝藻類は、現在でも島根半島の主要な海産物であるものが多く、昔も今も変わらない海の姿が想像できる。

軽尾（後出図19）は、この半島の尖端部北岸にあって、美保関町に所属している。美保関町は一九五五年（昭和三十）、近隣の四ヵ町村が合併してでき、一九六五年（昭和四十）には人口の自然増率が七パーセント減になったため、準過疎地域に指定された。町役場は片江にあり、漁業組合は五つに分散していて、軽尾は美保関漁業協同組合に属している。漁獲物は、口銭五分で、この漁協に水揚げされ、漁協はそれを鳥取県境港市の魚市で捌いている。ただしカナギ漁による漁獲物（ワカメ・アワビ・サザエなど）は漁民が直接、美保関の旅館、売店に卸している。軽尾がカナギ漁と一本釣漁法を基本的な生業形態としていたのは、このような格好な市場が比較的近くにあったからであろう。[8]

一九七〇年（昭和四十）町道軽尾線改良工事により、軽尾と美保関間の自動車交通が可能になったが、それ以前は徒歩で才浦を経由し山越えをして出るか、船で半島を廻るかのいずれかであった。漁獲物の運搬は航路が通常とられ、帰路に日用品を仕入れることが多い。北岸の隣漁村である才浦・雲津・七類とはとくに血縁関係が強く、冠婚葬祭などで船による往来が現在も続いている。

海岸線はいわゆる「ゴロタ」といわれる岩礁地帯で、わずかに軽尾港が小さな入り江になっていて砂浜がある。日本海の特徴として、高潮線と低潮線の差が少なく潮間帯は顕著な発達をみせず、沿岸生物相の貧困があげられる。[9] しかし、対馬暖流が沿岸を流れ、大和堆という浅海で比較的近距離に天然魚礁があり、その天然魚礁の底魚資源と海岸線の海藻類は、小規模漁業にとっては格好な漁場である。このように軽尾は周囲を二〇〇メートルの山に囲繞され、北側だけが外海に開いている戸数一〇戸人口四六人の小さな磯辺の漁村である。

三　村落構造

軽尾に人の住み始めた歴史は相当古く、木村繁美氏所蔵の「木村家事暦」によれば、最初、隣の漁村雲津の「分」として万治二年（一六五九）に始まり、貞享三年（一六八六）には、軽尾には少なくとも五軒の家があった[10]。そのうち、一軒は斐伊川洪水のため田畑を失った農民が移住してきたもので、その後の事情を次のように記してある。

神門郡佐津目村[11]より此の軽尾エ引越参ル又右エ門伜三人娘一人有、弥兵衛ハ灘相続、おくにハ関谷、忠右エ門ハ前、安右エ門ハ小谷、当地ニテ出生之孫兵衛ハ又右エ門跡本家相続仕者也

とあり、屋号は現在もそのまま伝わっている。事暦の記録から当時新たに開拓し検地を受けた耕作地面積と、一九六二年（昭和三十七）（一本釣とカナギ漁を主に行っていた）の軽尾各家の所有耕作地面積を比較してみると、前者が一戸平均〇・二ヘクタール、後者が一戸平均〇・三五ヘクタールとなる。このことから当時すでに漁業を主生業としていたことが推測される。

現在、軽尾は一〇戸からなっていて、各家の構成、漁船、網の所有状況などを表11に示した。屋号「納屋」は五代前、七類から移住してきた

表11　軽尾の家の構成

	世帯主名	年令	屋号	家族数	漁船の所有	生業形態
1	木村登	46	奥屋	5	大1，小2	タイ網
2	木村実	43	小灘屋	5	大1，小1	タイ網
3	福間政光	52	小谷	3	大1，小2	カナギ漁＋セ網＋遊漁船
4	大谷栄	45	納屋	3	小1	巾着船乗組員
5	木村秀夫	35	前	8	大3，小2	カナギ漁＋カサ網＋遊漁船
6	木村繁美	43	上	5	大1，小1	カナギ漁＋カサ網＋遊漁船
7	手島菊一	39	関谷	4	大2，小1	カナギ漁＋カサ網＋遊漁船
8	木村忠夫	34	灘屋	7	大2，小2	カナギ漁＋サザエ網＋カサ網＋遊漁船
9	木村岩男	55	下手	4	小1	カナギ漁＋セ網
10	木村ヨシ江	76	灘	2	ナシ	農耕

注　船の大は小型動力船 2～4 t，小は船外機 0.5 t.

ものである。「奥屋」と「下手」は「前」の分家という伝承があり、「小灘屋」は「灘屋」の分家で、「灘屋」は「灘」の分家であることが確かめられた。最近、「前」が「小前」という分家を出したが、数年して離村してしまい現在廃屋になっている。

軽尾の成立から約三〇〇年間、戸数が一〇戸を越えないのは、避地漁村が半農半漁の生業形態しかとりえず、可耕地面積が戸数を規定し、自ら分家制限を行った結果であろう。(12) しかし漁村によくみられる年齢階梯制は認められず、隠居・相続の時期、方法も各家の好みによっているように思われる。末子相続も四代遡っても一例あるのみで、軽尾には制度らしい制度もなく、経済的階層差もなく各家均一である。したがって、区長も祭の頭屋も順番制で各家が平等になっている。これは、生業形態が四年前まで「カナギ漁＋一本釣」を基本とした各家単位のものであり、地曳網などの共同漁業の経験がなく、ムラの起源に端を発する強い同族意識などにその原因があると考えられる。最近の四代四〇組（各代の世帯主の婚姻のみ）の婚姻中、一七組が軽尾一〇戸内での婚姻で決まっており、一〇組は互いに兄弟姉妹の交換、あるいは一世代ずれた嫁の交換を行い、すべてが強い血縁関係にある。とくに前・灘屋・下手・関谷・納屋・奥屋の六軒における嫁のやりとりははげしい。

四　漁場と魚貝藻

現在の軽尾漁民の生業形態は表1にみるように、きわめて多様であるが、四年前まではすべての家が「カナギ漁＋一本釣」を基本的な生業形態としていた。この変化は一本釣から網漁業への転換によって起こったのであるが、そのことについては第三章第二節六で述べるとして、ここでは、「カナギ漁＋一本釣漁法」に焦点を合わせて伝統的な民俗的空間を復原してみたい。

軽尾漁民の使う漁場は、社会的条件と自然的条件によって制約を受けている。社会的条件とは漁業権など法的規制を指し、自然的条件とは魚貝藻の棲息状態を指している。以下、二つに分けて述べてみる。

1　法的規制と伝統的規制

根付漁業（カナギ漁の対象となるワカメ・アワビ・サザエの採取）と網漁業に対しては、それぞれ第一種、第二種の漁業権が適用されている。軽尾の場合、第二種の漁業権の適用を受ける網はセ網（沿岸で使用する雑魚刺網）とカサ網（ブリ・ハマチ固定式三枚刺網）である。[13] 漁業権の補償されている範囲は図19に示した。根付漁業はカナギ漁の他に潜水漁法・サザエ網・ノボシ輪があるが、それらは例外的なものである。潜水漁法は灘屋が一軒だけ行うが伝統的なものでなく、最近習得したもので、ウエット・スーツを着て潜水しアワビ・サザエを採取する。タイ網は県許可漁業であり、一本釣漁業は漁業権の適用を受けない。法的規制はこれ以外にアワビ・サザエの産卵期を保護するため、禁漁期間を設けているが、軽尾漁民は厳格にはこれを守っていない。

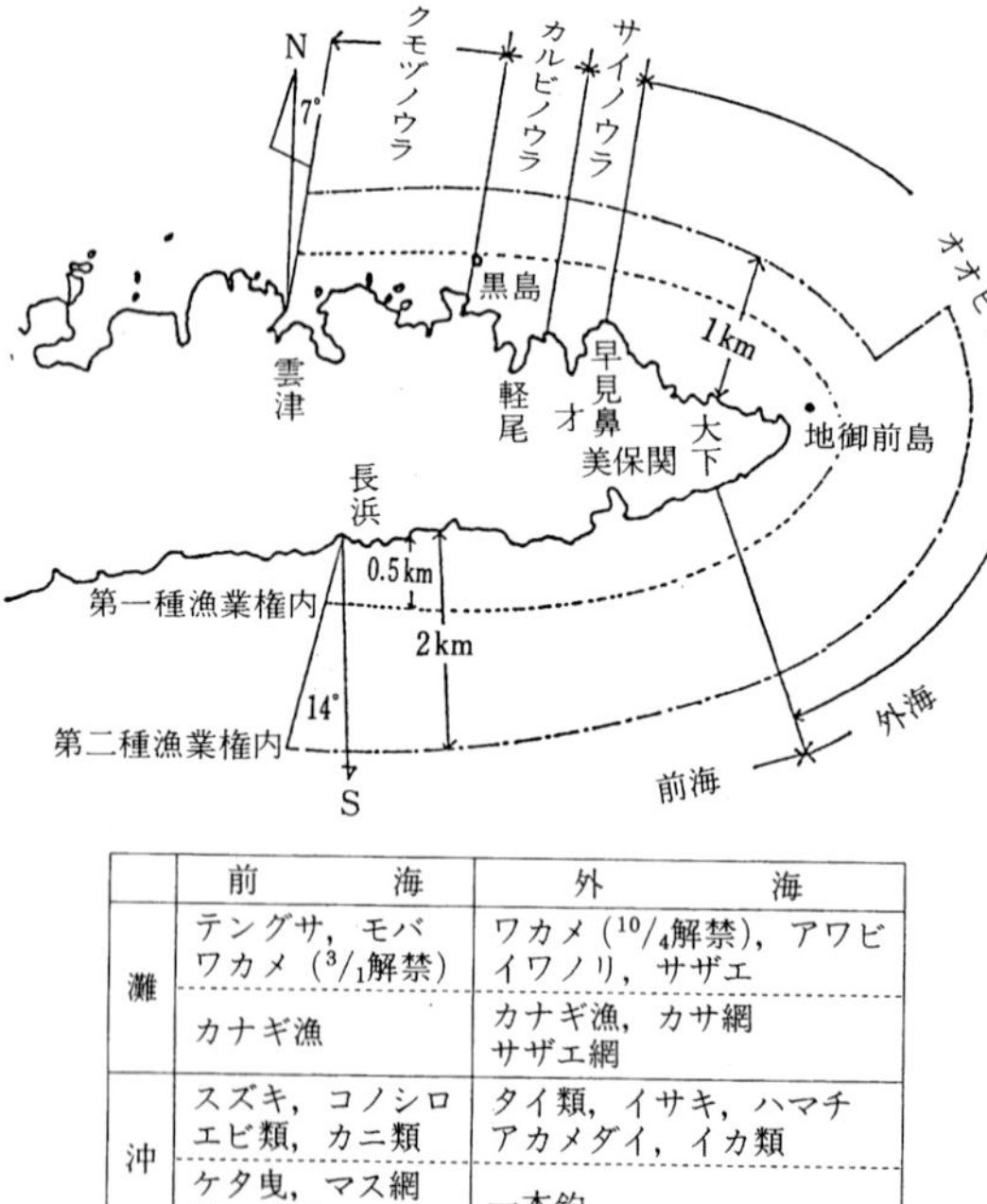

	前　海	外　海
灘	テングサ，モバ ワカメ（$^{3}/_{1}$解禁）	ワカメ（$^{10}/_{4}$解禁），アワビ イワノリ，サザエ
	カナギ漁	カナギ漁，カサ網 サザエ網
沖	スズキ，コノシロ エビ類，カニ類	タイ類，イサキ，ハマチ アカメダイ，イカ類
	ケタ曳，マス網 四つ手網	一本釣

図19　漁場の名称（平面）と漁法

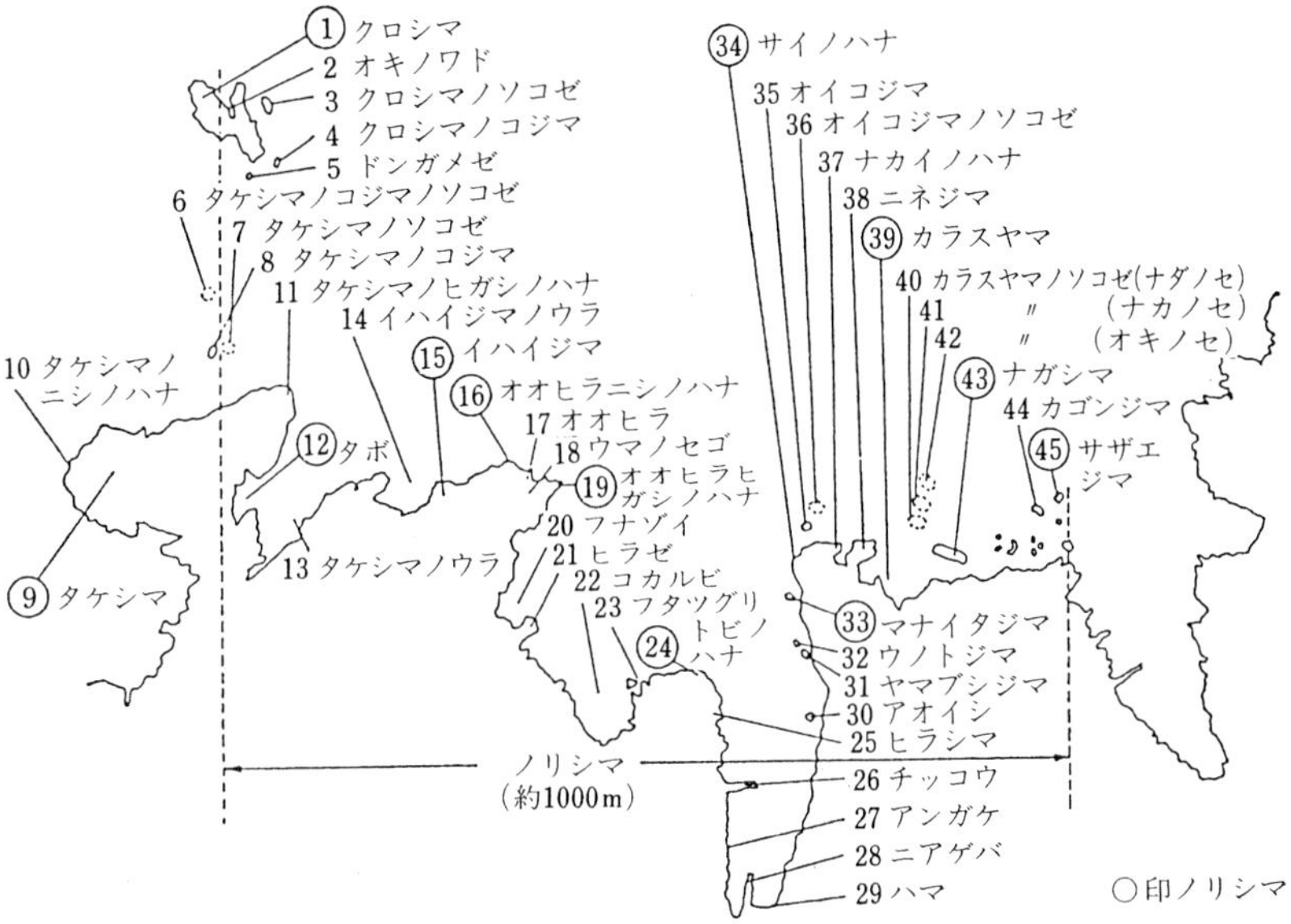

図20　軽尾の浦（ノリシマ）の海岸線地名

法的規制以外に漁民の間で取り決めた伝統的規制があり、主として根付漁業がその対象である。その内容には漁獲対象の縄張りとスダテ（解禁日をさす）の二種類があり、軽尾を中心にその概要を述べてみる。ワカメ・アワビ・サザエ・テングサ・モズクに関しては黒島の中央と竹島の小島（図19・図20）を結ぶ線以東、南岸は長浜までが領分である。ワカメはこの領分内で二種のスダテが設けられており、大下―長浜間は前海と称し、その部分の解禁は三月一日以後、それ以外の外海は四月十日が口明け日となっている。

テングサのスダテは七月一日以後だが、現在ではモバ（ホンダワラ類）・アラメと同様ほとんど採取されず[14]、モズクが自家消費分だけとられている。

イワノリ（アマノリ属）は各浦々で境界線が伝統的に定まっていて、それをノリシマといっている。軽尾のノリシマは図20に示した範囲であるが、採取方法は各浦の慣行にしたがっており、軽尾では一月はじめノリシマの入札を行うことで決定される。入札されるシマは決まっており、図20の○印がそれで全部で一二ヵ所ある。それ以外の場所での採取は自由だが、あまり収穫は期待されない。一九七四年度のイワノリ入札は六軒が応募し約一二万円の収益があった。この収益を築港の修理、公民館の維持費として公益事業に使用している。

2　漁場と魚貝藻

カナギ漁と一本釣は、網漁業に較べ積極的な漁法であるから、漁場の無機的環境と魚貝藻の生態学的知識を高度に要求される。それゆえ、漁場の分類も漁民特有なものがあり、それに対応した漁具・漁法を発達させている。

漁場を漁民の分類にしたがって平面および立面に模式的に示してみると図19および図21になる。まず前者から説明してみると、漁場は平面的に、前海と外海、灘と沖という二つの指標によって四つの海域に区分される。前海と外海の境界は大下であるが、この境界線は海藻類の生育速度の相異（ワカメ解禁日の相異に反映している）をもとにしており、一般的にいって、前海は内湾的性格が強く、外海は外洋的である。灘と沖の境界線は明確ではないが、灘とはカナギ漁の展開される場所でワカメ・アワビ・サザエなどが繁殖する磯のことである。そして漁民はそれぞれの海域に棲息する魚貝藻の相異を明確に認識している。

海の生態学的条件により、四つに区分された漁場での代表的な漁獲対象と漁法を要約してみると図19の右表になる。漁民はこの四つの漁場を季節的に、また凪と荒天により使い分け、海を多様に利用してきた。しかし近年、前海は沿岸の工業立地、中海干拓事業で汚染され、漁業は大きな打撃を受け、その性格を変えつつある。軽尾でも前海へ出漁することは稀になり、外海の灘におけるカナギ漁と沖での網漁業に漁場が縮小してしまった。

外海はさらにオオビラと各浦に分かれ、前者は近寄り難い岩礁地帯をさし、海底にはワカメ・アラメ・カジメが多い。反対に後者は小さな入り江を含みモバ・モズク（モバ上に着生する）などが多い。オオビラはアラメ・ワカメが多量に繁殖するため、それを食べるアワビ・サザエが多数棲息し、カナギ漁にとって最も主要な漁場となっている。

さて次に、海の断面における漁民の分類を示してみる。図21にみるように漁民は特異な海底構造を識別し、そこに棲息する魚貝藻との関係を把握している。以下、順に説明してみよう。

荒磯は高潮線以上で波の飛沫を受ける飛沫帯をさしている。日本海は潮間帯が狭く、(15)飛沫帯から潮間帯上部は有用な海産物が少ない。この中で、イワノリは別格として、オイコ（クロフジツボ）・アセ（カメノテ）・クロツマミ（ムラサキインコ）は比較的よく採取される。これらは売り物にはならないが、たいへん美味であり、カナギ漁などの帰り老人が採ってくる。最もよく利用される場所はオイコジマ・クロシマ・オオヒラ（図20参照）である。これらの場所は外海に面し波が高く危険な場所が多い。そのため、荒磯での採集は熟練の漁師が船外機船で上陸し仕事をするのが普通である。それに反して、女・子供は内湾の磯で「浜遊び」といって、モーロ（バフンウミ）・べべ（ユキノカサ科の仲間）・ニナ（ニシキウズ科の仲間）を春先採集する光景がよくみられる。

根とは海岸線岩礁が海底で連続している場所をさすものである。根にはワカメ・アワビ・サザエが最も多く、カナギ漁の主要な漁場はこの根である。オオビラ・沖御前島（図22参照）・黒島・竹島の根がカナギ漁の舞台としてよく利用される。

底瀬はその根が一端切れて砂地になり、根と少し離れている海底の岩礁をさし、かつ箱メガネを使えばその岩礁を見ることのできる深さにある瀬のことをいう。したがって、この場所は灘特有の名称で、離れ瀬ともいわれる。底瀬は大きなものになると瀬の頭が海面から二尋程の深さになり、(16)こういう場所ではワカメ・サザエ・アワビがよく生育して好漁場になる。カラスヤマの底瀬、黒島の底瀬（図20参照）がその例である。しかし一般に底瀬は深さ一五メートル前後のものが多くカナギ漁にとっては技術的に困難な場所である。また生育するワカメもイロメ

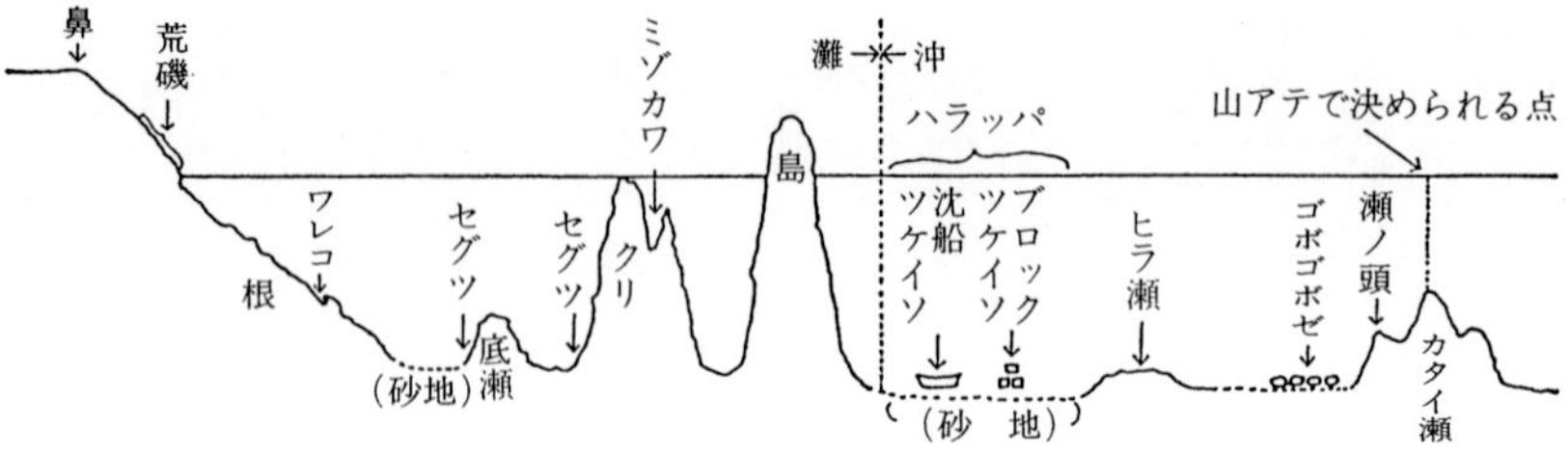

図21　漁場の名称(海底構造の分類)

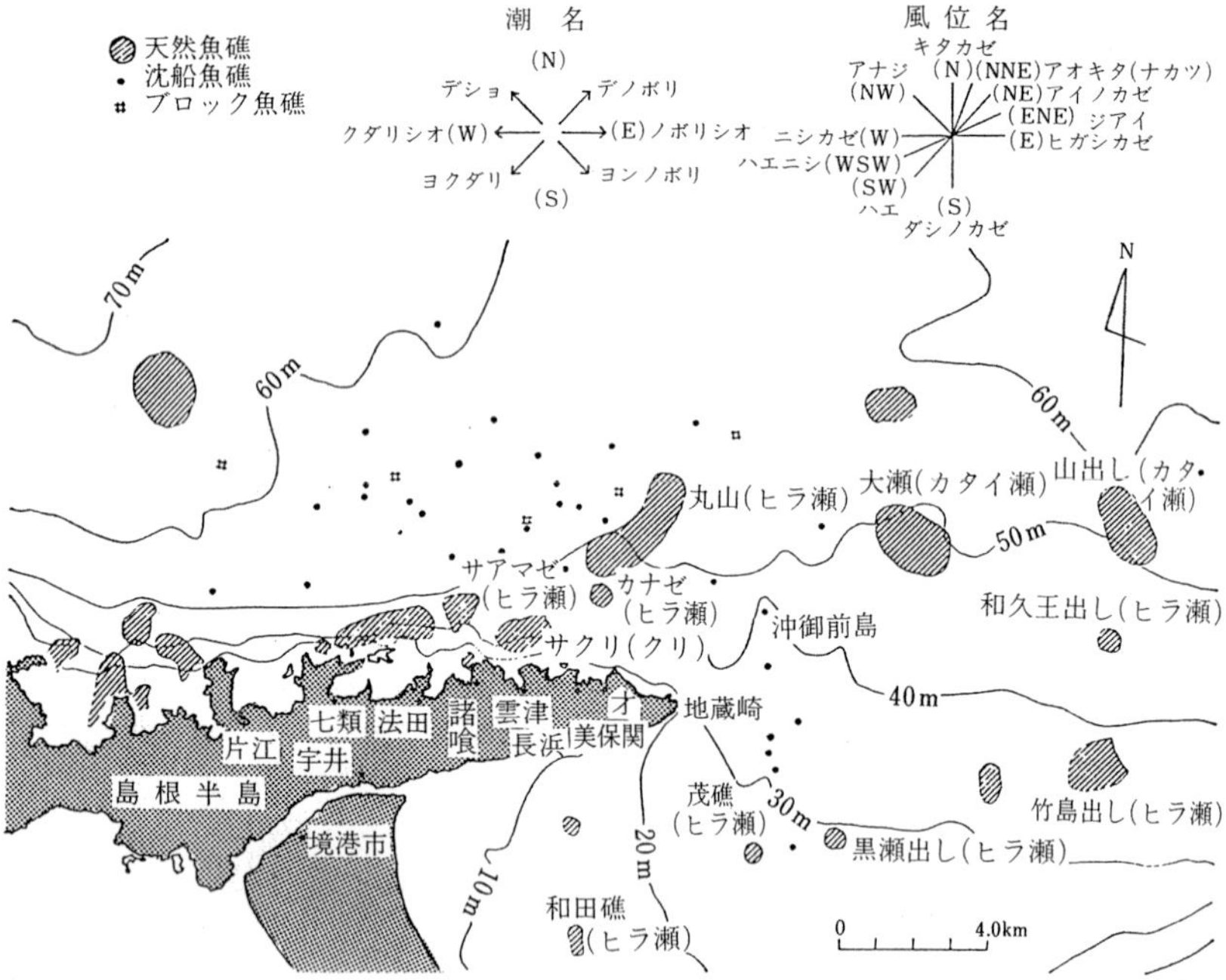

図22　魚礁の分布図

美保関町沖合人工魚礁山立図(美保関町連合水産研究会)と聞込みから作成.

が悪いとされ、(17)漁民に好まれない。底瀬には、クロボッカ（メバル）・アカボッカ（ハツメ）・ノボス（スズメダイ）・モズ（アイナメ）・ナダデンボウ（カワハギ）・ハラクツ（アイゴ）・チヌ（クロダイ）などがよくつき、根と共通する魚種が多い。底瀬はすべて第二種漁業権内に入るので、セ網・カサ網はこの場所へ張られることが多い。

クリは瀬の頭が海面すれすれになっている特殊な岩礁のことである。この場所はその特徴のため荒天時では波頭が白く立つが、凪ではわからないといった性質がある。したがってここは、漁民にとっては、この上なく危険な場所であり、その位置は正確に記憶されていて、沖御前島近くのギーラグ、早見の鼻と黒島の小島を結ぶ線上にあるサクリの二ヵ所が恐れられている。クリのワカメは凪いだ時、採取されることがあるが、カナギ漁にとってクリは最も価値の低いものである。ただクリは、夏の夜の凪いだ時、デンキウオ（シビレエイ）が多数その岩礁に集まる特徴があり、夜突きに漁民は盛んに出かけたものだという。

シマは軽尾においては、地続きのイワノリが豊富に生えるノリシマの意味と、海岸から分離したいわゆる島の両方の意味を含んでいる。竹島・イハイジマ・ニネジマ（図20参照）がその前者の例である。しかし通常シマといえば前者のようなノリシマの意味である。以上述べた荒磯・底瀬・クリ・シマは沖御前島を除けばすべて灘に存在しているものである。

外界の沖の海底はほとんど砂地と泥からなり、その広大な海域を漁民はハラッパと呼ぶ。そしてそのハラッパのところどころに一本釣の主要漁場である天然魚礁があり、漁民はそれを通常、瀬といっている。瀬はさらにカタイ瀬とヒラ瀬に分類される。カタイ瀬は大きな瀬というほどの意味で、瀬の頭が盛り上がっているものをさす。反対にヒラ瀬は瀬の頭が低く、全体の規模が小さなものである。ヒラ瀬は概して前海と灘に多く、スズキ・コノシロなどがよくつく瀬である。カタイ瀬は巨大なものになれば直径数十キロに及ぶものもあるが、(18)軽尾漁民が伝統的に使ってきた瀬は、それよりずっと小さい。カタイ瀬は海底の岩山であり、その瀬の頭は普通数個から多いときは数十個ある。瀬の頭が多いほど、また瀬の頭が高ければ高いほど、その瀬に魚群がよくつくといわれ、海面から二〇～三〇メートルまで盛り上がっている「西山出し」[19]「加賀[20]の潜戸出し」「横瀬」（後出図24参照）は、マダイ・レンコダイ（キダイ）・チコダイ（チダイ）など底魚類とハマチが豊富である。

カタイ瀬のまわりに若干離れて、直径数メートルのダイバンジャク（大板石の意）のごろごろした場所がよくあり、これを漁民はゴボゴボ瀬といっている。魚群探知機で捜しても、ヒラ瀬と同様にほとんど発見できず、伝統的な漁法にたずさわる漁民だけが知っている瀬である。この瀬には、アオガナ（アオハタ）・レンコダイ・コビー（アカアマダイ）・イダコ（イイダコ）・マダコがよくつき、カタイ瀬で釣れないときは、場所をここへ移動させて釣ったものだという。

ハラッパは回遊する魚群の通り道であるから、一本釣にとっては蓋然性の低い漁場であり、軽尾漁民にはあまり注目されない。ただダンゴイカ（ホタルイカ）・コイカ（コウイカ）・テナシ（ヤリイカ）・シロイカ（マイカ）・シマメ（スルメイカ）などイカ類とアゴ（トビウオ類）を追うカツオ類はこのハラッパで流し釣りが行われた。

セグツとは瀬の種類を問わず瀬の周縁部をさす言葉である。この場所が識別されているのは、とくにカレイ・ヒラメの仲間[21]、タコ類が好んでこの場所に棲息しているからである。他に漁場ではないが、各瀬や根の中にある大きな谷をミゾカワ、小さな裂け目・窪みをワレコといって漁民は注意している。これは、ワレコ・ミゾカワの多い瀬で投錨するとき、鉄製の錨ではよく引っかかってとれないことがあり、このような場所では、丸い河原石を、単に紐で結んだ簡単な錨（後出図23の8）を使わなければならないので注意されているのであろう。

以上述べてきた天然魚礁に対して、戦後ツケイソと呼ばれる人工魚礁（図22）が計画的に作られ、その数は実に夥しい[22]。人工魚礁には沈船魚礁とブロック魚礁の二型があり、いずれも漁業協同組合が中心になってハラッパに計画的に作ったものである。ブロック魚礁は新しい時、テナシイカがよくつく特性があり、古くなって藻類が付着するとタイ類・アジがつく。沈船魚礁は廃船になった船に石を積み込み沈めたもので、一〇年間ぐらい魚礁として使用できる。この魚礁は新しい時は魚類が寄らず数年経て始めて役に立つ。主にオキノデンボウ（ウマズラハギ）・タイ類がよくつくといわれている。

今まで述べてきたように、漁民は漁場と棲息漁貝藻の関係を明確に認識している。漁撈活動はこの認識をふまえた上に成立しているのである。次にこのことを漁場と漁法の関係を通じて把握してみたい。

五　漁場と漁法

網漁業は一本釣漁法に比較して漁獲量が多く収入は安定しているが積極的な漁撈活動とはいえない。このことを漁師は「カサ網はアンコウのソラマツ」と表現している。アンコウは背鰭の最前方の棘が糸状に変形していて、これを動かして小魚を誘い大きな口で食べる習性がある。漁師は、網漁業の消極性をこの習性に比喩して表現したのである。それに反して、カナギ漁と一本釣は前述したように漁場を積極的に活用している漁法である。当地における漁撈活動の典型として、この二漁法について述べてみたい。一本釣漁法は現在すでに行われていないが、夏季、カサ網休漁期に釣遊漁船を出して一本釣の経験を生かしている。カナギ漁と一本釣に使われる船は異なっている。カナギ漁の船は船外機を取り付けた〇・五トン前後の和船形式のものである。一本釣は約二トンの小型動力船を用いていた。

1　カナギ漁

カナギ漁は箱メガネ（図23の3）で海底を見ながらウオヤス（図23の12）・メノハガマ（図23の9）・サザエヤス

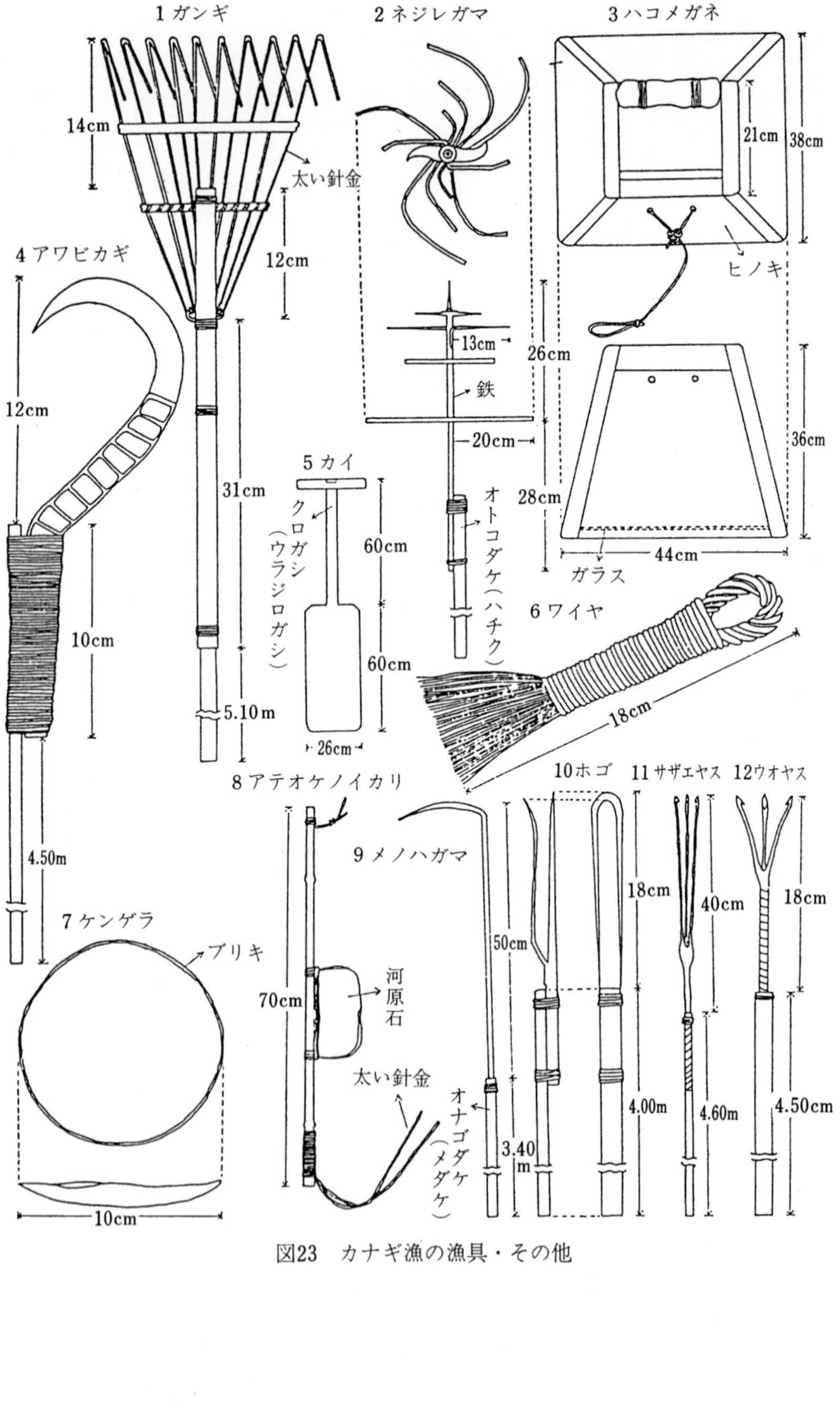

図23　カナギ漁の漁具・その他

(図23の11)・アワビカギ(図23の4)などを使い、魚貝藻を採取する漁法である。[23]この漁は十二月から六月におよび、ワカメがその中心をなしている。ただ現在は、前海にはワカメ刈りには行かず、二月下旬～四月九日までは、養殖ワカメの栽培漁業へ転換している。

十二月、カナギ漁はまずナマコ突きから始まる。冬期では外海の沖は時化が多く、漁撈活動ができない。したがって、冬期の漁撈活動は灘で行われるカナギ漁が中心になる。ナマコ突きは、寒中の凪の日、主として湾内で行われる。突刺具はウオヤスを用いた。ナマコ突きが十二月に盛んなのは、このナマコが正月用のナマコとして非常に高値をよび、よい収入源となるからである。

一月から四月九日までは、外海の灘で主にアワビ・サザエを採取する。アワビ・サザエの採取期間がこのように限定されるのは、一般に四月十日(外海ワカメ解禁)からワカメ刈りが忙しくなることと、サザエの禁漁期が五月一日～三十一日に決められていることにその原因があるとされている。しかし、このような理由よりも、漁民による次の説明の方が妥当であるように思える。それは、五月以後アワビ・サザエは深所に移動すること、そして殻に藻類が付着繁茂し輪郭がはっきりしないことにより、箱メガネで船上から発見することが困難であるという説明である。

カナギ漁では、採取できる水深の限界が七尋位であり、この長さ以上の柄をつけた漁具はない。各漁具の柄の長さは水深に応じて変化し、出漁には各漁具、長さの異なるものを三本持っていくのが普通である。そして、漁場において、箱メガネを艫に浮かべ額を箱メガネの手拭に当て、船尾と箱メガネを紐で結び、その紐を左手の腕に通して波の動きに合わせて調節しながら、両手で漁具を扱い海底の魚貝藻を採取する。[24]

サザエヤスはサザエの殻に突き刺すだけで採取でき比較的簡単である。平坦な場所にいるサザエさえ発見できれば幾つでもとれる。それに反して、アワビの採取は技術的にもずっと難しく、漁具も二種類に分化している。

アワビにはメスガイ（メカイアワビ）・オトコガイ（クロアワビ）の二種が棲息していて、前者は平坦な場所よりワレコ・ミゾカワに隠れていることが多いと漁師は教えてくれた。(25) 水平方向に付着しているアワビに対しては漁具はアワビカギ、鉛直方向に付着しているものに対してはホゴ（図23の10）を用いて採取する。いずれもアワビをとって生け簀で生かしておき、まとめて売るため殺さないように採取しなければならない。アワビカギの場合は、殻頂から近い方の貫通孔第二番目を狙い、決して貫通孔の反対側をひっかけてはならない。もしそれをすれば、その傷でアワビが死んでしまうからである。狙いを定めたら、アワビの付着するところより少し離れた場所へアワビカギを降ろし、孟宗割竹を利用した柄の反動を使って、ひっかけて採る。この技術は相当な熟練を必要とし、一人前にアワビカギが扱えるようになるには四、五年かかるといわれる。アワビが鉛直方向に付着していたり、ワレコに入っている場合は、アワビカギが使用できないのでホゴを使って挟みとって採取する。

四月十日以後は外海のワカメ解禁であり、テングサのスダテ（七月一日）までの期間は、もっぱら外海のワカメ刈りが行われる。当地ではワカメは、ワカメ→メノハ→メカブのつくメノハ→ババタ一と発育段階に応じて名称が異なっている。ワカメは若いほど商品として優れていて、メカブ（成実葉）ができる頃から値が落ちる。ババタ一といわれる頃になると、夏の褐藻類アラメ・カジメが成長してワカメと混在し刈りにくくなることもあって、ワカメ刈りの出漁回数は大幅に減少する。その頃になれば、漁業はテングサ採り（現在はサザエ網）や一本釣（現在ではカサ網）へ重点が移行していく。

ワカメ刈りは、夫婦・親子など原則として二人で行う。刈り方は、海の深さによってことなり、三つの方法がある。第一は、水深が二尋以下の場合である。この場合は、約三尋の柄の長さのメノハガマと箱メガネを各自が持ち、それぞれに別個に採取する。そのうちの一人は必ず船の艫に陣取る。図23の5の櫂を紐で船に結び、海中に放り投げておき、岩礁にぶつからないようにときどき漂流している船の位置をその櫂で正しくする。とくに二尋以下の水深では、岩礁に近いため危険でありこの仕事は重要である。櫂を固定点なしで扱わなければならず、これは屈強な男の仕事である。

第二は、水深が三尋から五尋の場合であり、このときは二人で共同してワカメを刈る。屈強な漁師が約六尋の長さのメノハガマを持ち、海底のワカメを次々に刈り取り、時々それらを集めて水深の半分くらいまで持ち上げる。すると他の一人が短いメノハガマでそれらを貰い受け船上に引き上げる。六尋のメノハガマは海中では扱いやすいが、引き上げて空中にでる部分の方が多くなれば非常に厄介で扱いにくい。したがって、この深さでは各自が別々にワカメを刈るより、共同した方がずっと効率がよい。

第三は、水深が五尋以上の場合であり、このときは図23の2のネジレガマを使用する。ネジレガマは鉄製の鎌の部分が相当重く、柄もオトコダケ（ハチク）の太いのを使い、長さも七尋以上あって、強腕の漁師しか扱えないほど、重い漁具である。この漁具は、海底を箱メガネでのぞきワカメの群生しているところをみつけ、そこへ鎌を下ろし、ぐるぐる回転させると鎌の先がワカメを刈り、それが上部の腕に巻きついていき、一回の作業で多量のワカメが採取できるものである。この漁具は、ワカメだけが一面に生育しているところであれば、きわめて効果的な収穫をあげることができる。けれどもアワビやアメフラシの仲間に食われているワカメも刈ってしまい、ワカメの質を選別できない欠点もある。このメノハガマは最近流行したものだが、さまざまな理由からすでに廃れ始めている。

カナギ漁は他にウオヤスでボッカ（メバル類）・ハラクツ（アイゴ）・グレ（クエ）などをワカメ刈りの合間についたり、湾内でモバ上に着生するモズクをガンギ（図23の1）で掻きとるなどの漁法がある。カナギ漁は灘の魚貝藻の生態に合わせて多様な漁具を使用して展開される高度な漁法である。

カナギ漁以外で灘で行われる最も重要な現金収入の道は、イワノリ採取である。一月から二月がその最盛期で、ノリシマにはカスカメ（ウスケノリ）・イワノリ（アマノリ属）・ハバ（ハバノリ）がこの順番で生える。これらの海藻をとる方法は、表面の滑らかな場所に生育するものについては図23の7のケンゲラ（ブリキをカワラケ状にしたもの）で、また凹凸の激しい岩ではワイヤ（図23の6）で掻きとるのである。

カナギ漁はイワノリ採取も含めて、一軒除いたすべての家が熱心に行う。このため、海岸線は高度に利用されており、漁師は灘の海底には知らぬ石がないというほど知悉している。軽尾の浦（ノリシマと重複）の海岸線の地だけでも、わずか直線距離一キロに四四ヵ所の地名（図20）があり、それら一つ一つの地名はカナギ漁と密接に結びついているのである。

2　一本釣漁法

当地の一本釣は、オオダイ（マダイ）・レンコダイ・チコダイ・マルゴ（ブリ）・イサキ・イカ類が主要な対象魚種であり、イカ類を除き瀬付魚群を対象にしていた。主要漁場は図22と図24に示したカタイ瀬とツケイソである。軽尾の一本釣は、魚群探知機も海図ももたない乗組員二名が小型動力船に乗り、朝早く出港し夕方帰る日帰りの操業形態であった。したがって漁場の発見は伝統的な山アテ法によっており、その漁場は西方では「横瀬」、北方は「加賀の潜戸《クケド》出し」、東方は「山出し」が最長距離である[26]。漁民の活動域は、片道の所用時間が三時間以内の海域に限定される。これより遠方の海域には山アテによる漁礁の発見が困難であるため出漁しない。

カタイ瀬は海底の岩山であり、瀬の頭が高いほど大きな魚群がつくと前に述べた。「西山出し」「大瀬」「横瀬」はそれに該当するカタイ瀬であり、一本釣の格好な漁場であった。そこはかつて「軽尾の米倉」といわれた程の好漁場で、ハマチ・レンコダイ・チコダイはこれらの瀬で最も多く釣られた。アカメ（クルマダイ）は深いところの瀬を好むため「加賀の潜戸出し」「西山出し」の特産であった。

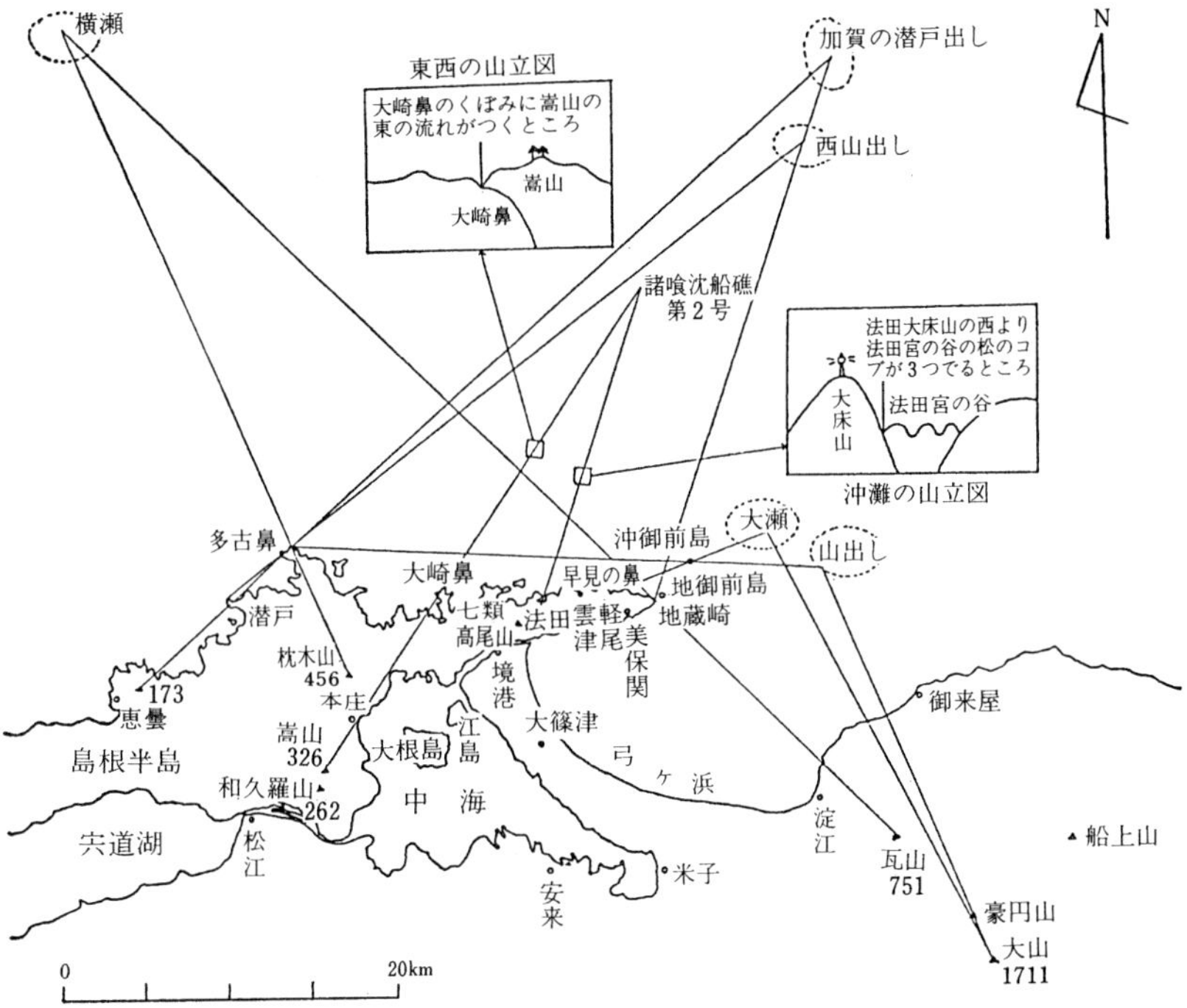

図24　魚礁と山立図

ここで軽尾漁民の唯一の漁場発見手段であった山アテ法について述べてみよう。(27) 漁師は海上から陸地の風景を見て、まず沖灘の方向で前後に重なる特定の二つの山により南北の方向を定め沖にでる。次に沖に出てから東西の方向で同様な操作をして一点を定めるのである。これは別名、山立ともいわれている。沈船漁礁第二号（図24）で具体的に説明すると次のようになる。軽尾港から出た船は、まず北西の方向へ進み法田沖に出る。そこで南北の方向で図24の「沖灘の山立図」に示すような風景になる位置を捜し、その風景が変化しない方向へ舳先をとる。そして沖へ出てから図24の「東西の山立図」に示すような風景を捜せば、その位置の海面下には沈潜魚礁がある。沈船魚礁はわずか数トンの廃船に石を積んで沈めてあるだけであるから、海上への投影

表12　代表的な瀬の山アテ

瀬の名前		前方	後方
カナゼ	沖灘	黒島の小島	竹島の西の鼻
	東西	和久王島	惣津の松の森
サアマゼ（青島）	沖灘	黒島の東方	トビノ鼻
	東西	七瀬の松の木	七類の山
西山出し	沖灘	地蔵崎鼻	安来の山
	東西	多古鼻	恵曇の山
山出し	沖灘	瓦　山	大　山
	東西	多古鼻	沖御前島
横　瀬	沖灘	地蔵崎鼻	瓦　山
	東西	多古鼻	枕木山
加賀潜戸出し	沖灘	船上山のコブ	大山西側の稜線
	東西	沖御前島	早見鼻
竹島出し	沖灘	瓦　山	大　山
	東西	地蔵崎鼻	竹　島

点はまさに一点であって山立図のわずかな風景のズレも許されない。

軽尾漁民がよく利用してきた天然魚礁の山アテ法をまとめてみると表12となる。どの魚礁も沈船に較べ海上へ投影された面積は相当広いけれども、この瀬上であればどこで釣っても同じかといえば決してそうではない。西出しの瀬は、その中に七ヵ所の点が山アテで決められており、それぞれ固有な名がついている。他の瀬も同様に幾つもの山アテがあり、表12の点はそれらの瀬の代表的な点である。そして、これらの点は海面下の瀬の頭の投影点に他ならない。山立図におけるわずかな風景のズレも許されないのは、沈船魚礁と同様である。この山アテによる瀬の頭の発見こそ、底魚一本釣漁法の好不漁の決め手になる重要なものである。瀬付魚群は漁師の経験から瀬の頭を中心に山腹をトラバースするようにゆっくりまわっており、魚群探知機をもたない漁民は、絶えず魚群から離れないようにするため、瀬の頭上に船を固定することが漁獲効果をあげる最も有効な方法である。したがって、操業中は錨を下ろさない場合、たえず山アテをして魚群から離れないようにその都度潮上がり、潮下がりなどしていなければならない。潮流が早いときとか風が強いときは、船の移動が大きいので投錨して操業する。この場合、錨を瀬の頭にうまく下ろすことができるかどうかによってその漁師の値打ちが決まるとされ、とくに潮流と風向が正反対の時、この作業はきわめて難しく、豊かな海の経験者だけができることであったという。日本海は海流構造が複雑で沖合での変化は激しい。潮流（図22）は六方向識別されているが、一般的にいって上がり潮が多く漁獲も安定している。下がり潮とデショは潮に濁りがあり魚が食わないので嫌われている。また八月中は潮の日変化が激しく、漁師はこれを「タノモジョ」と呼んでいて、この期間の一本釣はとくにむずかしかった。

このように山アテによって決まる点は一本釣の死活にかかわる重要な場所であるから、多くの場所は二方向だけでなく三方向以上で決めてあった。老練な漁師は一ヵ所で五方向もの山立図を記憶していることもある。そうすれば、天候不順で遠方の山が見えなくなれば、近い山々で、西方の山が曇れば東方の山で山立し漁を続行することができるのである。

夜釣りに出かけるときは、昼あらかじめ予定の場所へ行き「アテオケ」をした。アテオケは図23の8に示した手製の簡単な錨に紐をつけ、その先に桶をつけたものである。これを瀬の頭に下ろしておけば、その真上に桶が浮かび目標となる。こうして夕方、まだ明るいうちに出発して漁場内の桶を発見し操業した。

以上、山アテ法の概要を記したが、この方法によって漁民はひとつの漁場内での瀬の頭・セグツ・ゴボゴボゼ・ミゾカワの位置を知り、漁場の構造を的確に把握しているのである。そして山アテ法は、底魚一本釣漁法と深く結びついており、単に海上での道路標識のような位置確認の方法にとどまらない。

六　一本釣から網操業へ

これまで述べてきたことにより伝統的な漁法が、漁民の正確な自然認識を基盤に成立しており、自然環境と密接に結びついた漁撈活動であることが理解できた。では現在の軽尾の漁業はどのように変化してきたのであろうか。ここでは漁業の変化と農耕地放棄の現象を簡単に触れてみたい。

現在の軽尾漁民戸数一〇戸を生業形態別に（表1）みてみると、「カナギ漁＋カサ網」を基本として軽尾沿岸で地先漁業を営む家が四軒、美保関へ漁業の拠点をうつし沖合でタイ網（沖合雑魚三枚底刺網）を操業する家が二軒、「カナギ漁＋セ網」と根付漁業に頼る家が二軒、農耕だけを行う家一軒と極めて多様である。四年前まですべての家が「カナギ漁＋一本釣＋畑作」という形態であったのが、さまざまな方向へ分裂していった。

この変化の外因として、第一に、一本釣漁業での資源の極端な減少（巾着船、底引網漁業の操業が直接原因）があげられる。内因としては、カナギ漁、一本釣共に二人乗船を原則としているが、世帯主とその父親の老齢化に伴い、後継者不在（若者の都会への流出）による労働力不足が考えられる。カサ網は夕方五時頃、沿岸から所用時間十五分以内の場に張られ、翌日の夕方四時頃網をあげる。カサ網は労働時間が一本釣よりはるかに少ないため、親子から夫婦の操業へ移行しつつある。これによって労働力不足を解消していると考えられる。またタイ網は、すべて共同出資の漁業であり、親子の操業から数家族の共同漁業へ転換してこれらの問題に対応してきた。地先漁業と沖合漁業への分裂は、軽尾が三トン以下の船しか接岸できないことと、タイ網が三トン以下の船には積載できないことによっている。共同出資（多くは四、五人の美保関漁民と）して三トン以上の船を購入して拠点を美保関へ移しタイ網を稼行するか、三トン以下の船（一本釣の時の同じ船）でカサ網を家族で操業するかという選択を迫られた結果、現在のような状態になった。いずれにしても、網漁業への転換を計ることによって諸般の状況に対応し、専業化の度合いを深めた。一本釣と網漁業の月別水揚高と出漁回数を比較してみると、図25のようになる。灘屋の一九七三年（昭和四十八）の出漁回数が減っているのは、この家がカナギ漁に重点をおき、潜水漁・サザエ網なども行い始めたからである。一般的に出漁回数は増加し、一回出漁時の平均水揚高も上昇し、収入は比較的安定してきたといえる。

漁業に専業化にともなって、耕地は当然縮小し大部分放棄されてしまった。耕地は植生図（図26）にみるよう

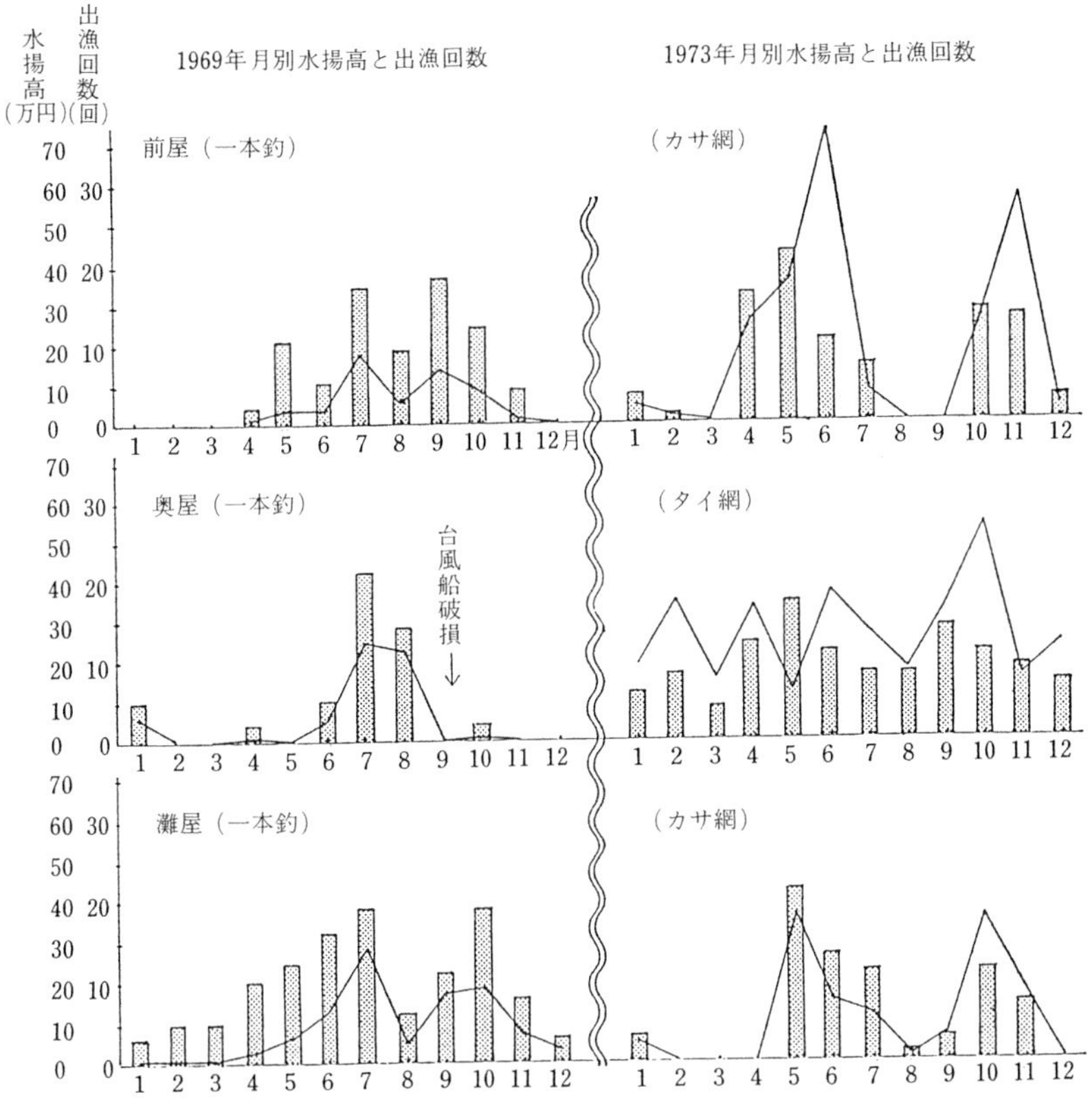

	1969年		1973年	
	総出漁回数	総水揚高	総出漁回数	総水揚高
前屋	76	円 520233	90	円 2291141
奥屋	49	587285	115	3205640
灘屋	117	1007563	70	1264688

―― 水揚高(但しカナギ漁の水揚は除く)

▨ 出漁回数(但しカナギ漁は含まない)

図25　一本釣と網漁業における水揚高の比較

美保関漁業組合の資料より

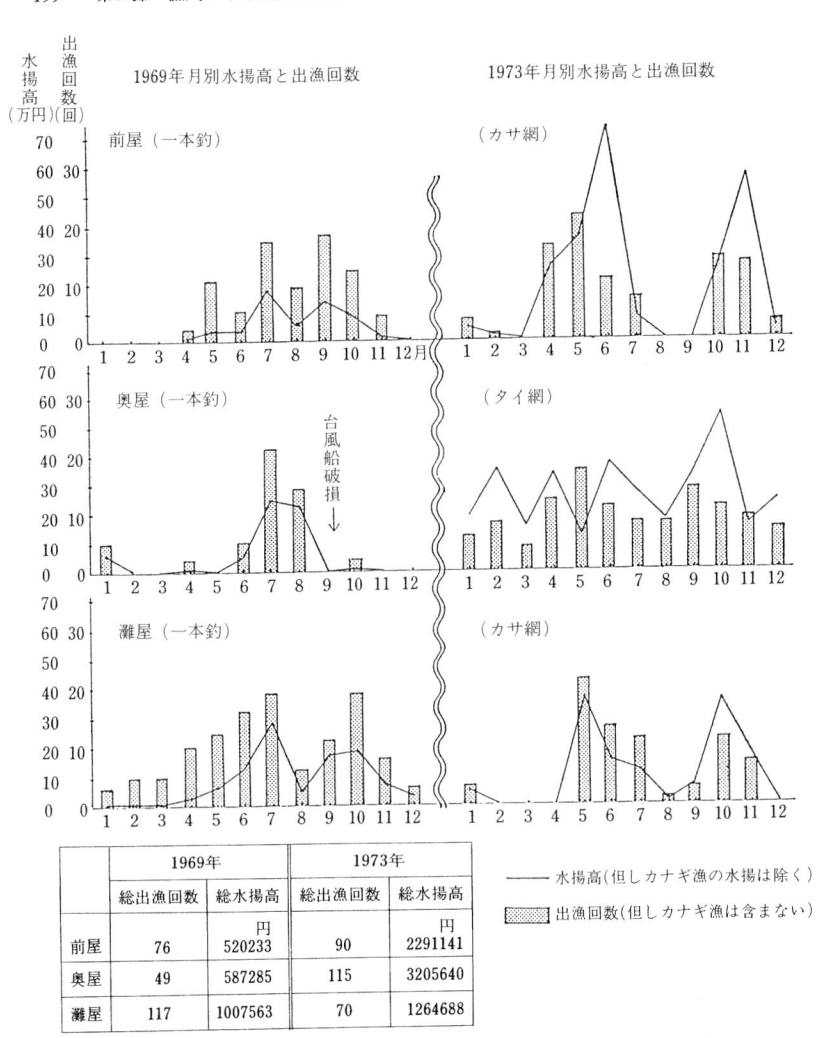

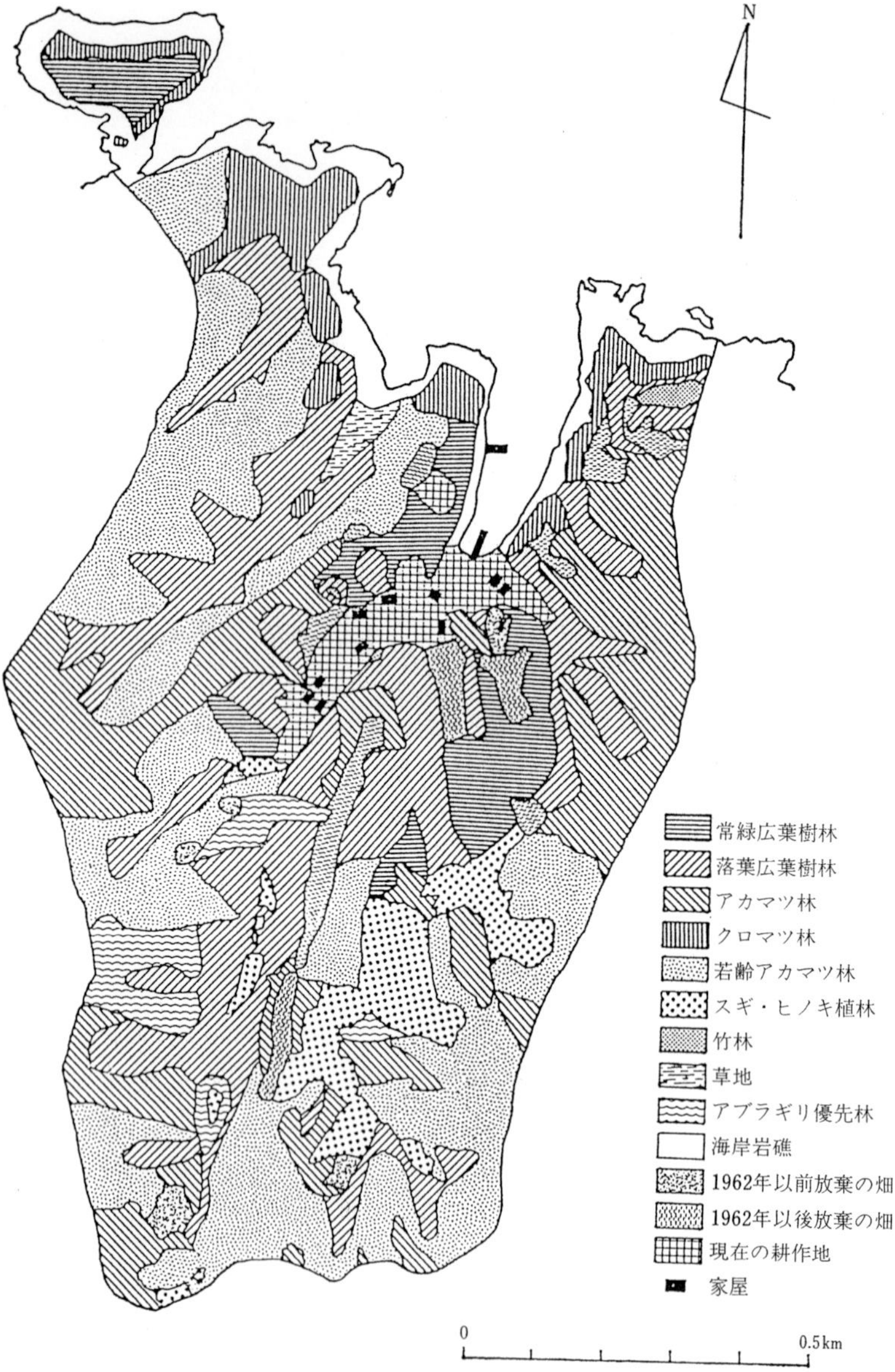
N
常緑広葉樹林
落葉広葉樹林
アカマツ林
クロマツ林
若齢アカマツ林
スギ・ヒノキ植林
竹林
草地
アブラギリ優先林
海岸岩礁
1962年以前放棄の畑
1962年以後放棄の畑
現在の耕作地
家屋
0
0.5km

図26　軽尾植生図

に、もともと非常に少なかった。(28) しかし一九六二年（昭和三十七）以前には記録によれば全部で一〇・二ヘクタールの畑があった。これが一九六二年以後三・五ヘクタールにまで減少し、現在ではわずかに人家のまわりにあるだけである。一九六二年頃はそれでもサツマイモ・ムギ・クワを熱心に作っていたという。その頃の女の漁業への参加は、船に乗らず磯からワカメを採取する磯刈、海産物の加工（イワノリ・ワカメ）、漁獲物の運搬といった補助的なものであった。しかし現在では、女の労働力は積極的に漁業に向けられ、とくに二月から三月の養殖ワカメ（ノベナワ方式）、四月から六月の天然ワカメの採取・水洗・選別・乾燥・製品（板ワカメ）(29) の仕事に果たす役割は大きく、一部網漁業への参加さえみられる。耕地はわずかに老人の手により、人家の周囲で自家消費用の野菜が作られているにすぎない。

耕地に関連して最後に、軽尾の陸上の自然環境を植生図によって要約しておきたい。美保関町の約八割は山林で占められ、自然植生として、海岸風衝地帯のクロマツ林、山の尾根筋のアカマツ林、谷および平地の常緑広葉樹林の三型があげられる。図26に示したのは軽尾一〇戸の家が利用する山野の植生図であるが、そのほとんどは私有林であり、一〇型の異なる植生型に分類できる。先にあげた三型以外はすべて人為の加わった二次的植生である。

常緑広葉樹林は現在、人家と神社を取り囲むように残存しているが、以前は大部分この植生であったと考えられる。主要構成種を階層別に記載してみると、次のようになる。

高 木 層　シイ・ウラジロガシ・カゴノキ・タブノキ
亜高木層　ヤブツバキ・クロキ・シロダモ・ネズミモチ・カクレミノ・モッコク・ワジュロ
低 木 層　アオキ・ヤブツバキ・サカキ・シキミ・ヒサカキ
草 木 層　テイカカズラ・ベニシダ・カナワラビ・イタチシダ・イノデ・ヤブコウジ

つる植物　フユヅタ・ビナンカズラ・ムベ

この常緑広葉樹林は対馬暖流の強い影響下に形成されたスダジイ―ヤブコウジ群集である。クロマツ林は風衝地形にあって土壌的極相を示しており、典型的な海岸植生となっている。落葉広葉樹林は常緑広葉樹林の伐採後の植生であり、アカマツ林と共に薪炭材の供給源でこの両者が最も多くの割合をしめている。

特殊な植生としてアブラギリの優先する植生がある。これは藩政時代、松江の松平藩の政策で実から油を採るため植林していたものの名残である。軽尾ではこれをキノミ畑と称し、実をコロビと呼んでいた。コロビ一升と米一升の交換価値があり、稲作に不適な当地では戦前まで作っていて大きな収入源であった。

漁村の背後にあるこのような自然環境は、かつて燃料・救荒食・漁具の材料として漁村生活と不可分な関係にあったが、現在ではすっかりその関係は薄らいでしまった。軽尾には「シュロ（ワジュロ）千本あれば夫婦一生」という諺があったが、錨の綱、艫鋼はシュロの皮を剝いで作っていたので大変大切にされていた。現在では、カナギ漁の突刺具の柄・櫂・櫓・ノリシズ・ワカメシズなどの製作に野生植物がわずかに利用されているにすぎない。薪炭林としての必要性も減少し、落葉広葉樹林も皆伐され、アカマツが植林されてきており、漁民が山へはいる機会はますます少なくなってきた。

七　伝統の消滅と近代化

軽尾における漁場と漁業の関係をカナギ漁および一本釣を媒介に述べてきた。今回の調査中に採集した魚貝藻類の方言名は、魚種一一八種、甲殻類七種、軟体動物一〇種、貝類二三種、藻類一四種、棘皮動物七種、計一七九種であった。漁民はこれらの魚貝藻を経験的に前海と外海、灘と沖で区分される四つの海域の中に分類し、さらにその海域の中で海底構造の相異に基づき生物の棲息域を明確に把握している。そして海底構造は、カナギ漁における箱メガネと一本釣漁法における山アテ法という手段によって認識される。

カナギ漁は海岸線岩礁を主要な舞台として展開される漁法で、この漁法の漁獲対象の変遷は磯の生物の繁殖リズムに強く依存している。また、その漁獲対象はワカメが中心であるが、多種類の生物に及んでおり、その生物の種類に応じて多様な漁具が発達している。このカナギ漁によって海岸線は夥しい地名がつけられ、そこに棲息する魚貝藻の種類・量質が区別されており、それぞれの種によってランクがつけられている。

また一本釣は、とくにタイ類などの瀬付魚群を対象とする時、山アテと強く結びついている漁法である。そして最も主要な点はこの漁法がカタイ瀬の瀬の頭で展開されることである。この一本釣漁法は、山アテによって魚礁発見が行われるため、その操業範囲が限定され、軽尾を中心に半径四〇$^{キ}_{ロ}$以内で行われる。ゴボゴボ瀬・ヒラ瀬は魚群探知機では滅多にわからない瀬で、伝統的な漁法に携わる漁民だけが知る瀬だが、これらはカタイ瀬が不漁の時よく使われる。このように漁撈活動は無機的環境と魚貝藻の生態の把握を基盤に成立しており、それゆえ、漁民には特有な地形及び魚の民俗分類が発達している。そして海上からの陸の風景も、一つ一つの岩礁もそれぞれ意味をもっており、伝統的な漁撈活動が展開される空間は固有な民俗的空間と表現してよいだろう。この空間は海岸線の地名にみられるように、ある部分はきわめて小さな縮尺で、またある部分はカタイ瀬の分布のように大縮尺で表さなければ表現できない。しかし漁撈活動を通じ、この空間は全体として「まとまり」をもっている。この空間の内の一つ一つの風景の意味は、軽尾漁民に独特なものであり、共有され伝承されてきたものであろう。風景の意味が共有されている故に、漁民間のコミュニケーションにも大きな役割を果たしてきた。次のことはこのことを象徴的に物語っている。すなわち、カナギ漁で二隻の船外機船が行き交いお互いに距離がかなり離れていて声がとどかなくても、手振り身振りを混えた動作で漁獲の状況などの情報交換を行う。また一本釣では漁獲された魚種の組み合わせ・イロメ・量・個体の大きさなどから、どの瀬に行ったか見当がつくといわれる。共に意味の介在した風景が共有されているから可能なことなのである。

こうした伝統的な民俗的空間も、漁業の近代化により、その内容と規模が貧弱化している。カナギ漁における栽培漁業（養殖ワカメ）の導入と一本釣漁法における網漁業への転換は、たしかに現時点では収入の安定をもたらしている。この網漁業への転換は、漁獲対象が底魚類から浮魚類へ変化したことを意味する。漁獲量の経年変化は一般的にいって浮魚類ではその変動が大きく底魚類では小さい。現時点では収入の安定をもたらしているけれども、将来、軽尾のような磯辺の漁村が、この大きな変動に耐えうるものかどうか予測できないことである。西日本海域の小規模漁業は、もともと貧困な沿岸生物相に適応し独自な発達をとげてきたものであり、固有な民俗的空間の内容はそのことを見事に物語っているのである。

注

（1）益田勝実「民俗空間としての風景」（『伝統と現代』二巻三号）一九七〇年。民俗的空間という語彙はこの論文に示唆を受けたものである。

（2）原子令三「嵯峨島漁民の生態人類学的研究」（『人類学雑誌』八〇巻二号）一九七二年。彼はこの論文の中で「生業の近代化による人間と自然の乖離は、小離島においては、生活の多様性の消失として具体的にあらわれている」と結論している。このことは、程度の差こそあれ、全国の漁村にみられる傾向であろう。

（3）伝統的漁法に携わる漁民にとって、この風景は漁場発見の重要な手段である。「山アテ」として後述する。

（4）浦原稔治『原色日本魚類図鑑』『続原色日本魚類図鑑』一九六一年、保育社。山田幸男他『原色日本海藻図鑑』一九五六年、保育社。

（5）倉野憲司校注『古事記』岩波文庫本、六三頁。

（6）吉野裕訳『風土記』東洋文庫、一七五頁。

（7）民俗学研究所編『民俗学辞典』一九五一年、東京堂出版。

（8）武蔵野美術大学生活文化研究会「日本の漁業」（宮本常一・川添登編『日本の海洋民』）一九七四年、未来社、二一六頁。この中で「釣り漁村」の条件が述べられており、市場に近いことが第一の要件とされている。

（9）沖山宗雄「日本海海域の生物学的特性」（日本水産学会編『対馬暖流—海流構造と漁業—』）一九七四年、恒星社厚生閣、五二頁。この中で日本海沿岸生物層の貧困の要因として、潮汐干満差の少ないこと、冬期の低温と海面低下があげられている。沿岸生物相は対馬暖流岩礁型としてとらえられ、「組成が単純、量的にも充実しておらず、生態的棲所にも空白がある」と指摘されている。

（10）文書の解読は岡山市兵団の鎌木英子さんにしていただいた。

（11）現在は出雲市神門町となっている。

（12）山路恵子「北陸一海村の村落組織」（『民族学研究』三七巻四号）一九七三年。この中で氏は分家制限が村落構造の維持に大きな役割を果たしていると述べている。

（13）口径三㍍程の袋状の網の中に貝の身をすりつぶして小さな容器にいれ、これを船上から箱メガネでのぞきながら海底に下ろす。ノボシ（スズメダイ）が入ったのを見計らって引き上げる漁法で、カナギ漁の方法を拡張したものと思われる。屋号下手が一軒行うのみである。

（14）テングサは半島南岸に多いが、この地域は中海干拓事業、工業立地などで漁業に大きな影響を受けた。半島南岸、及び中海の漁業は概して貧弱であったが漁法に特殊なものが多かった。漁獲対象は主に、スズキ・コノシロ・アカガイ・カニ類・エビ類であった。この地域の漁業については島根県教育委員会「出雲中海沿岸地区の民俗」（『中海沿岸地区民俗資料緊急調査報告』一九七一年）に詳しい記載がある。

（15）日本海沿岸の干満の差は約三〇㌢である。

（16）漁民の用いる単位で両手を左右にのばした長さ。一尋は約一・八㍍である。

（17）イロメは色調のことである。漁師によれば、同種のワカメでも深さによって色調が異なり、浅い所のものほど色が濃く、深いほど薄いという。前者を灘のワカメ、後者を沖のワカメと表現し、前者の方が値段も高価である。同種の魚類でもそのように区別する例がある。オキモズ（アイナメ）とナダモズ、オキメバル（メバル）とナダメバルなどはその例である。

（18）島根県水産試験場調査の「出雲東部海域漁礁図」によれば多古鼻沖にあるカンナゼは直径三〇㌔ほどである。

(19) 漁民はカタイ瀬によくつくこれらの魚類をセモノといっている。またブリ・サバ・アカヒラ（カンパチ）などをアオモンと称す。漁民が魚を数えるときは魚種によって異なる。カレイ・ヒラメ・タイ類は「枚」、ブリ・アカヒラ等は「本」、アゴ（トビウオ類）は「羽」、イカ・タコ・アワビは「ハイ」、小魚は一つ二つと数える。

(20) ブリは出世魚と俗にいわれ、当地でも発育段階に応じて次のように名称が変化する。ヒデコ↓サワズ↓マルゴ↓ハマチ↓ハラジロ↓ブリ

(21) 漁民はカレイとヒラメの区別を次のようにしている。腹を下側にして目が右側に来るのがカレイ、反対がヒラメである。

(22) 図22の人工漁礁は一九六七年までのものである。その後毎年二〇ヵ所ぐらいずつ作られている。

(23) 千葉徳爾註解『日本山海名産名物図会』一九七〇年、社会思想社、一一七頁。西村朝日太郎「沖縄における原始漁法」（蒲生正男他編『文化人類学』）一九六七年、角川書店、一九三頁。この二つの文献に箱メガネ出現以前に鯨油、種油を海面に吹きつけると、しばらく海底がよくみえ、その間に漁をする漁法が述べられている。軽尾でもこのような伝承がある。

(24) 隠岐島の漁民は箱メガネと船尾を結ばず、紐を箱の左右に通して、それを口でくわえて調節しながら漁をする。

(25) 確認したのはこの二種であるが、漁民はこの区別以外にヒラガイとツボカイにアワビを分類することがある。ツボカイは甲が厚く身が黒い。ヒラガイは黄色みがかっているというが、和名との関係は確認できなかった。

(26) Shepard Forman; *Cognition and the Catch — The Location of Fishing Spots in a Brazilian Coastal Village* — Ethnology Vol. 6 1967

山アテ法は世界各地の漁民にみられる漁場発見の手段である。そしてこの論文では、山アテ法により発見される漁場をめぐる漁撈活動を生態学的に分析する試みがなされている点で興味深いものがある。

(27) Tadayoshi Igarashi; *Notes on Yama - Ate ("Lining up" Method) of Tokara Fisherman*; A Report on the Research Supported by the Smithonian Institution Small Grants Program in Urgent Anthropology

この中で五十嵐忠孝はトカラ列島における山アテ法を詳細に論述している。彼によればトカラ列島では山アテに二つの異なった方法がある。

1. Two position line's type (Nihon - Ate)

2. One position line type (Ippon - Ate)

3. One land mark type

軽尾ではカナギ漁において三番目の方法が補助的に利用されるのと、一本釣には専ら一番目の方法が採用されていた。二番目の方法は確認できなかった。

(28) 植生図は岡山理科大学生物教室の波田善夫氏と共同調査し、氏に原図を作成していただいた。

(29) 現在は「板ワカメ」として商品にまで各家が加工する。従来は「シボリメ」と称し採取したものを水洗いせず浜におき天日で乾燥させた。

第四章　山の民俗自然誌

第一節　山村社会と植物民俗

一　中国山地の自然とムラ

中国山地のどんな谷に行っても、そこには三〇戸前後の小さなムラが必ずある。このようなムラは、かつて茅葺講や株内を中心にまとまった生活を営んでいた。標高一〇〇〇メートル近くの山々に囲まれた山村の生活は、当然その山村をとりまく自然と密接に関連している。しかし、その自然に対応する方法は、時代と共に推移してきたし、地域によっても微妙に異なる。さらに、ある特定の地域で、自然全体がその地域の生活とどのように関係あるのかを知ることは意外にむつかしいことである。けれどもテマガエ（田植における労力交換）の行われるようなまとまりのある集団と、その自然環境全体との関係を究明することは、山村の社会と文化を理解する上で不可欠なことである。特に自然の最も大きな構成要素であり、彼らの生活上重要な野生植物との関係は重視されるべきである。山村の衣食住の生活のなかに、いろいろな野生植物がいろいろな形でとりこまれている。また彼らは、生活空間である自然環境に積極的に働きかけ、彼ら特有の自然観をもっている。血縁的にも地縁的にもあるまとまりもっている集団が、集団として自然についてどんな知識を保有し伝承し、また変化させてきたのか。そのため調査地の山村がどんな社会構造の世界であるかをまず述べる。そしてそうした社会構造のなかで野生植物と生活との結びつきを媒介にして、この自然知の問題を明らかにしてみたい。そしてその知識の背後にある自然認識についても若干考察してみたい。

　調査地として岡山県真庭郡湯原町粟谷（旧二川村）を選んだ。粟谷は戸数三一戸で、西に耳スエ山（一一〇三メートル）を、北に岩倉山（一〇六五メートル）をひかえる小さな谷間のムラである。自然環境としては、耳スエ山にはブナ林が一部に残り、他は官公造林と二次林である。二次林には、カシワ・クリ・アベマキ・ミズナラ・ナラガシワなどが多い。中国山地にあって最も普通の山村である。調査は一九七一年（昭和四十六）四月から一九七三年八月まで随時行った。

二　粟谷の概略

　粟谷は行政的には岡山県真庭郡湯原町に属し大字粟谷という地区である。この大字の範囲に含まれる集落は向立石・明・小茅・高下・小松・杉成の八集落である（図27参照）。この地域の北部は通称蒜山原《ヒルゼンバラ》（かっては山中《サンチュウ》）と呼ばれる川上村・八束村と接し、西部は耳スエ山・笹ケ山（九七五メートル）の中国山地の脊梁を境に新庄村・美甘村と接している。東部は小童谷村などが水没した人工湖湯原湖に通じ、南部は湯原町大字種に連なっている。粟谷は三方が山と湖に囲まれた標高約五〇〇メートルに位置する山村である。

　行政的な集落単位でみれば八集落が大字に属するが、村人の意識からみれば粟谷という「ジゲウチ」は明・高下・小茅という三つの小字を指す。この三つの小字は地理的にも接近している。以下社会的集団としての「ジゲ

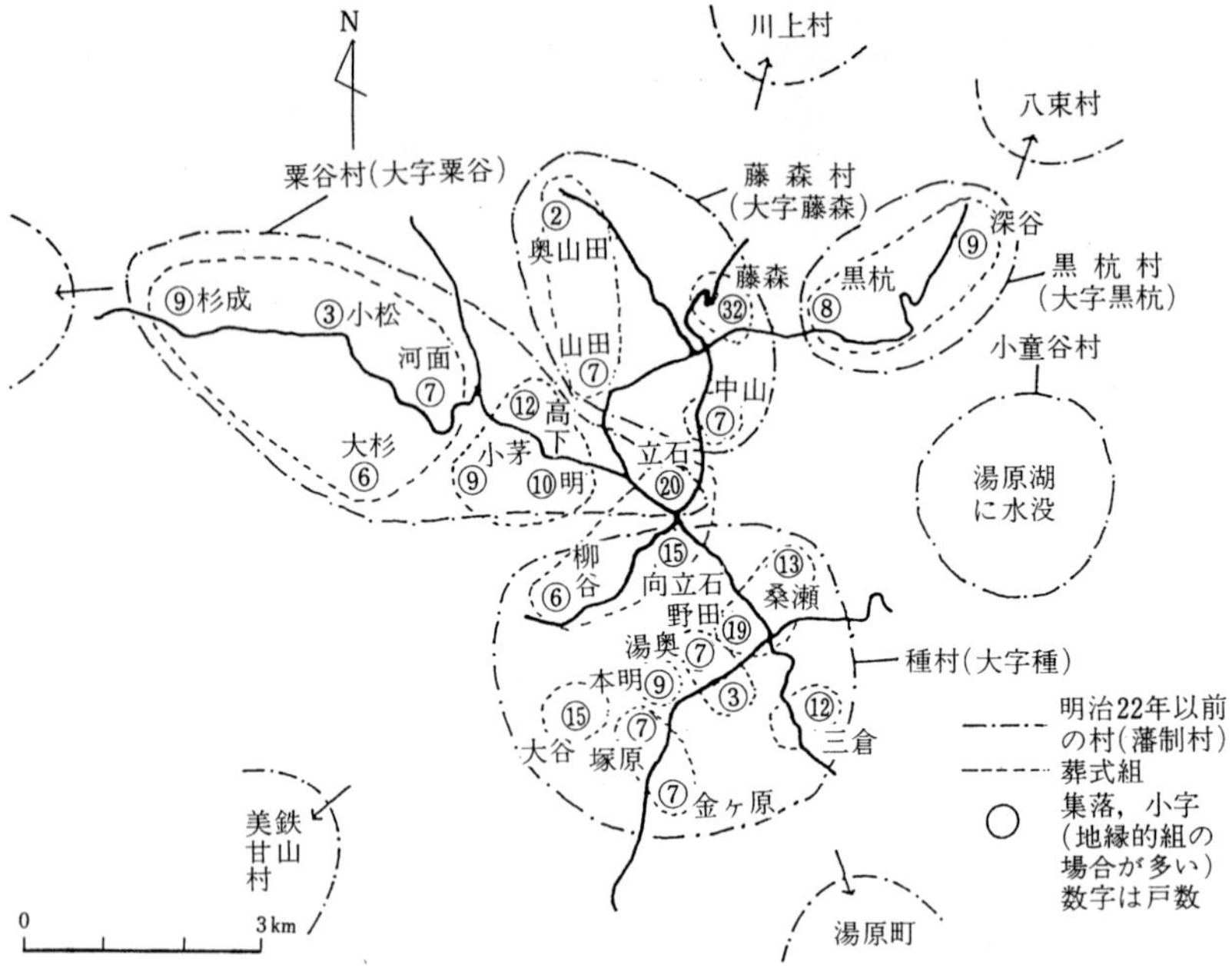

図27　旧二川村，藩制村，葬式組，組の関係

ウチ」をムラと表現する。

この三つの小字は近世の藩制村栗谷村の中核をなしていたもので現在の大字栗谷においてもその地位は同じである。この三つの小字をムラの人はそれぞれ明組、高下組、小茅組（図28参照）と称しており、この一帯全て行政的に小字に相当する集落は、「組」と呼ばれる地縁的な単位をなしている。この組という単位はムラ意識・通婚圏・葬式組[1]などムラの社会生活を考察する上できわめて重要なものである。葬式組は当該地域の社会を理解する上で特に重要であるので簡単に触れておく。図27にこの地域の地縁的な組（まとまった集落をなす場合が多い）とその戸数、藩制村の範囲、葬式組の関係を示した。大字栗谷の葬式組は三つに分かれ、杉成・大杉・河面・小松の地縁的な組による葬式組、明・高下・小茅の葬式組、向立石・立石・柳谷（立石・柳谷は隣接する大字種に属するが）の葬式組である。[2]

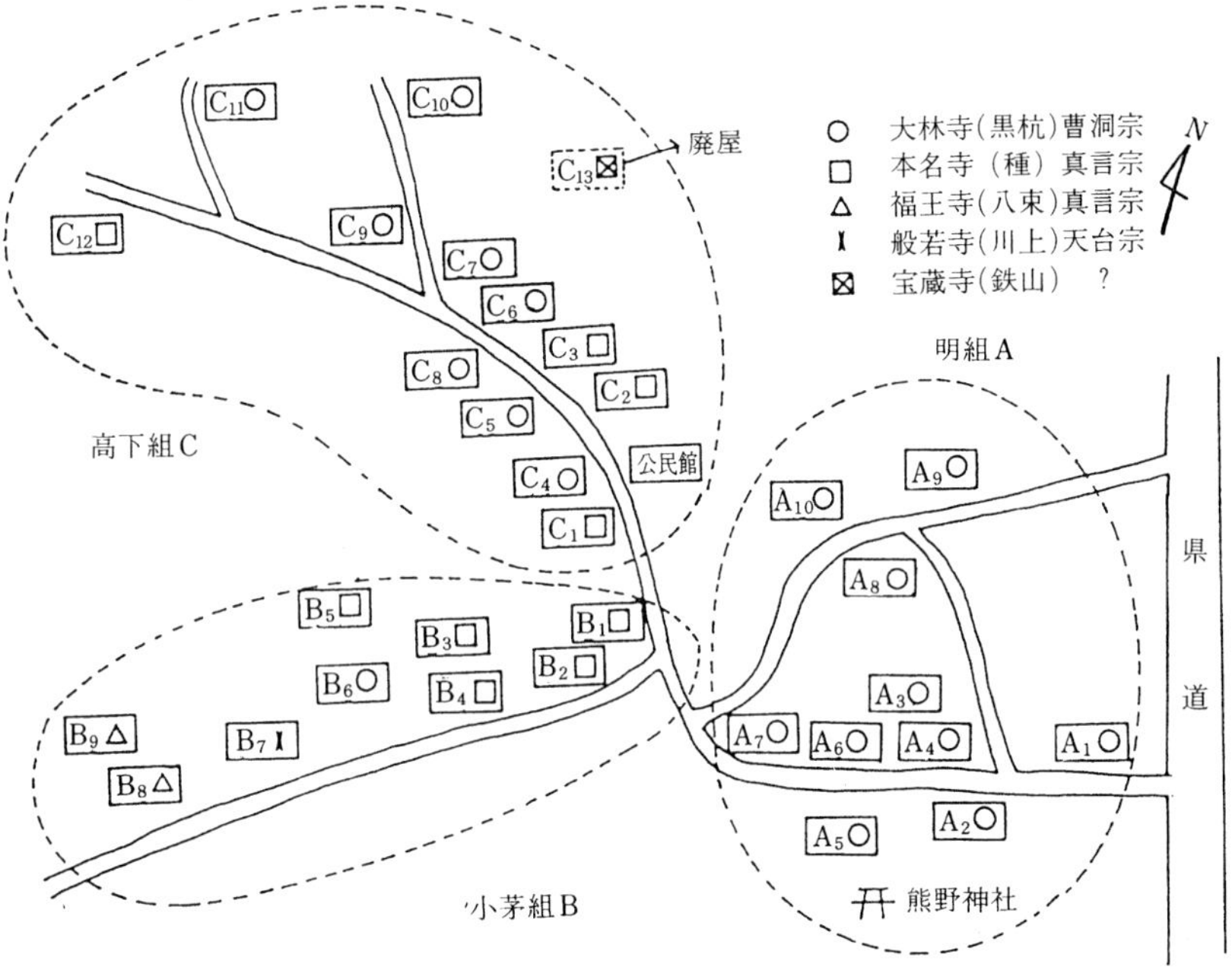

図28　家の配置と組

寺は檀那寺を示す

この葬式組は、同一葬式組内に死者がでた場合、葬儀一切を処理する機能を担っている。その意味では、葬式組の範囲が構造的機能的にも最小の自立的集団であろうと思われる。ここでとりあげる粟谷は葬式組を範囲とした社会集団である。この葬式組はジゲウチと同一の意味をもち、その内部にさらに地縁的な亜集団として三組が存在し相互に補完的な役割を果たしていると考えられる。粟谷の村人も「部落内《ウチ》」あるいは「ジゲウチ」というのはこの三組を指すと明言している。

　この三組からなる粟谷を模式的に表現したのが図28である。粟谷は湯原人工湖に注ぐ旭川の支流粟谷川沿にあり、耕地の少ない比較的交通の便の悪い地域である。生業は若干の乳牛飼育を伴う稲作主体の農耕村落であり、中に雑貨を扱う店が一軒あるのみである。(3) 現在は観光地蒜山と湯原を結ぶ定期バスが日に二往復しているが、冬期の積雪のため冬は杜絶することもしばしばある。

三　戸数と人口構成および家族形態

行政的にいえば大字粟谷に属する戸数は七六戸を数える。この七六戸に対して区長が一人置かれている。こういった行政的な組織とその他ムラの範囲を越えた酪農組合、森林組合、世帯主の集まり、主婦の集まり、公民館の単位、老人クラブなどムラの社会構造は複雑な重層性を示している。(4)また美作一帯で随所にみられるいわゆる「同族」の名称「株内」(5)とか粟谷内の任意の家同士の関係である「ヒキョウウチ」(6)「コンイ関係」(7)などその相互間の諸関係は多岐にわたる。いずれにせよ祝儀不祝儀において最も決定的な役割を演ずるのは「組」であり、以下記述は組単位で述べていく。

ムラの戸数は明組（A_1～A_{10}）は一〇軒、小茅組（B_1～B_9）は九軒、高下組（C_1～C_{12}）は一二軒であり、総数三一戸人口一〇二人である。数の上でバランスがとれているのは、藩制村時代からであったとみえ、元文五年（一七四〇）粟谷村が倉敷御役所に差しだした「差上明細帳」には次のようになっている。(8)粟谷村は家数五二軒、そのうち粟谷村は三八軒、大杉分一四軒、人数二二四人とある。さらに粟谷村三八軒の内分けをみると小名として「開家一軒、人別五人、小松皿谷家数四軒人別十七人、木ノ実原家二軒人別十人、かうげ家数拾軒人別五十五人、小加や家数七軒人別廿八人、明名家数八軒人別廿六人、山田家数二軒人別七人、立石家数三軒人数十八人」とある。

「開」は現在の明組A_9の屋号が「ヒラキ」であることから多分この家と思われる。(9)小松皿谷は地理的には上流の杉成に近く、おそらくここだけが大杉分として粟谷分村に入らず粟谷村に入っているのは、粟谷村のものの入作の結果定着したものではないだろうか。しかし現在の小松三軒と粟谷の家との系譜的なつながりを示す伝承は一切ない。

「木ノ実原」は現在は高下組Cに帰属している。「山田」、「立石」の小名は現在それぞれ大字藤森、大字種などかつての隣りの藩制村に属している。以上の点を考慮して、現在の三組に相当する当時の軒数と人数を算出してみると次のようになる。かうげ（高下組C）一二軒六五人、小加や（小茅組B）七軒二八人、明名（明組A）九軒三一人、総数二八軒一二四人となり現在より人数では若干多くを数える。

このことは耕地の狭少がおそらく数百年にわたって分家制限を行わしめた結果であろうことは推測にかたくないが、それがたんにそれだけのことを意味するものとは思われない。(10)このムラの中核的な三組が近隣関係（もちろん姻戚や株内に代表される本分家関係も含むものとして）を強固に現在まで機能させ維持存続させてきた意味のほうが重大である。しかし総家数の変動はほとんどないとはいえ、微視的にみればいくらかの家の移動と創出がみられ、このことも本分家関係同様同族結合「株内」の発達を阻害する要因なのかもしれない。(11)

明組のA_4は現在家はあっても不在である。A_{10}は高下組C_{10}の現在の世帯主の弟が婿養子に入った家であるが、事情があって家族ごと離村した。(12)その後、鳥取方面から魚行商の人がこの家を借りて行商するが、ムラとの折り合いが悪く、ほどなく他へ転居した。さらにその後、隣村八束村の「ザッキ師」(13)に縁故のある人が住みつき、それもその後移動したという。明組Aの軒数が元文時代より一軒多いのはA_8がA_2より隠居分家した結果であり、その他は変化はないようである。

次に高下組をみてみると明細帳には「木ノ実原二軒」とあるが、現在は一軒で他の一軒は他所へ移動したと思われるが二軒あったという伝承はない。明細帳にも「かうげ」（高下）に所属してないように、この「木ノ実原」の家は本来、高下組と地縁的な関係をもっていなかったようである。今でこそ祝儀不祝儀の交際を高下組の一員として行っているが、日常的な交際特に農作業の「テマガエ（労力交換）」[14]などは上流の大杉の家々と行っている。明確な伝承があるわけではないが、ムラの人によれば以前は「鉄山稼ぎ」[15]か「木地屋」[16]であった人が寄留したものではないかという。

廃絶した家は「木ノ実原」の一軒の他にもう一軒ある。それは屋号「下向」といい小茅組B_3の分家の一つであったといわれる。この家にずっと以前、隣村、鉄山から婿養子がきたのだが、生家の姓をそのまま名乗ること、檀那寺は生家の檀那寺にするという条件できたため、姓が変わり、この隣村の寺の檀家もこのムラで一軒だけということになった。[17]このような婿養子の条件は他にも一例あるが、それは同族的結合である株内の内部からその結束力を弱体化し弛緩させていく要因の一つとも考えられる。姓が変わっても本家B_3とは特別な関係をもっていたが、この家も最近事情あって一九六三年に離村していった。

小茅組Bについては他の二組に比べ元文時代以後相当の出入りがあった。B_9はB_8の隠居分家であり、B_8は隣村川上村から宝暦十四年（一七六三）以後にここへ移住してきたことがわかっている。[18]元文時代にはこの二軒は存在しない。したがって二軒廃絶したか移動したことになる。またB_4は四代前のB_3の分家である。B_7は四代前、備後か備中方面からの移住者の子孫であるという。姓が高下組に多いC_4の姓と同一なのは疑問だが、入村したときの「ワラジオヤ」は小茅組のB_3である。現在でもC_4の株内としてのつきあいより、B_3との交際ほうが濃密で近隣以上のものがある。残り四軒のうち元文時代より存続しているのが確実なのはB_3のみで他はよくわからない。

このように三組の内部を微視的にみれば、家の移動、創出などかなりある。総数において大きな変動がみられないのは、やはり開拓の余地のない土地柄であり、農業を基本的な生業形態にする限り数の上での極限となっているると思われる。粟谷の三組には約三〇個の家という入れものがあって、この入れものに三〇個の家族が入り、何らかの理由によって、この家族の移動が多少許容されているといった印象を三組の微視的な観察から受ける。

総家数の変動こそ少ないが、人口構成・家族類型の変化は、近年過疎化の傾向の著しい他地域の農村と同様、その変貌は激しい。その点を人口ダイヤグラム（図29）と家族類型（表13参照）からみてみる。人口ダイヤグラムからわかるように過疎地域のパターンである逆ヒョウタン型をなしており、特に二十代前半の人口流出は著しい。栗谷でも農家の後継者問題は深刻な悩みになっている。旧二川村地域に中学が一つあるが、高校は通学できるところになく、津山・勝山方面へ出て下宿するものが多い。卒業後、長男でさえすぐ家督相続のため帰農するものは少なく、都会で就職しやがて結婚問題でムラに帰るか都会に定住するか選択を迫られる。帰農する前提の場合は従来の通婚圏から、そうでない場合は比較的自由といった、結婚相手の範囲にまで制約を受け家族問題については大きな葛藤を引き起こしている。現在の世帯主の相続人（長男がほとんど）の通婚範囲は従来の通婚圏内が圧

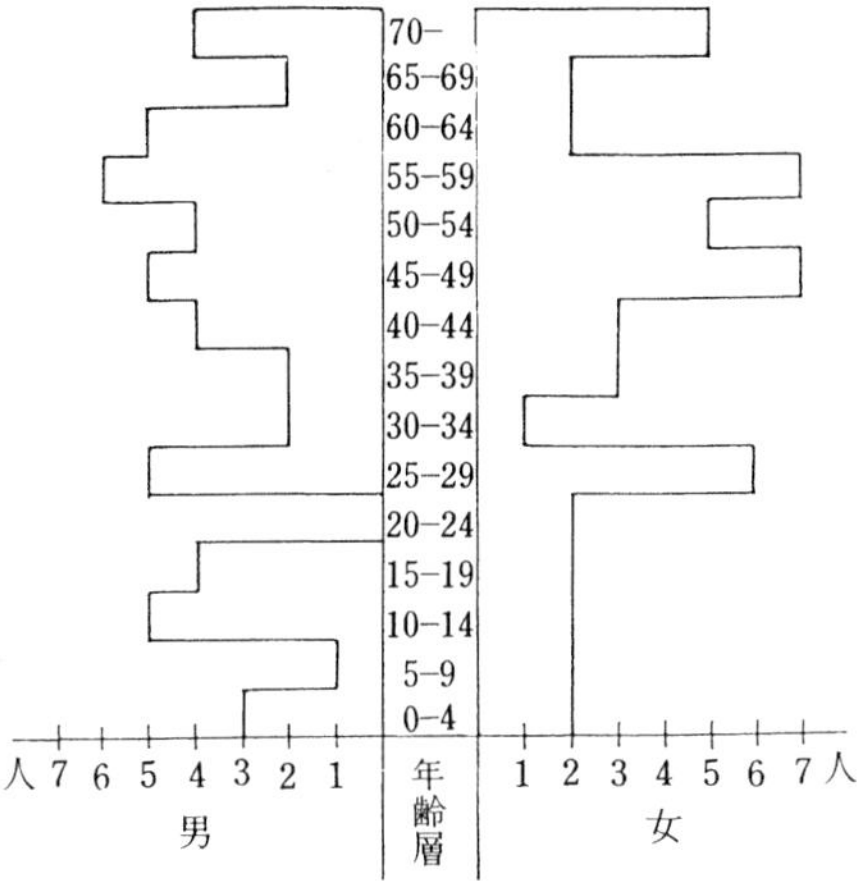

図29　男女5歳別人口ダイアグラム

表13　栗谷の家族類型

家族類型		世帯数
親族世帯	夫婦	2
	夫婦＋子供	7
	女親＋子供	1
	夫婦＋女親	1
	夫婦＋子夫婦＋孫	4
	夫婦＋子夫婦＋孫＋女親	1
	夫婦＋子＋女親	1
	夫婦＋子＋両親	1
	夫婦＋子＋男親	2
	男親＋子＋両親	1
	女親＋子＋両親	1
	夫婦＋子夫婦＋男親	1
非親族世帯	養子夫婦＋養母＋子養女	1
単独世帯		6
その他	最近離散	1
計		31

倒的であるが、次三男あるいは娘（息子のいない長女を除いて）の通婚圏は、はるかに拡大しており、結婚後の居住も従来の通婚範囲の外側に構えるものが多い。逆に従来の通婚圏外からの婚入（婿養子も含む）の例がほとんどない点と合わせて考えれば、この問題は深刻である。

家族の類型をみてもかつての普遍的な類型であった直系的な拡大家族は減少の傾向をみせている。三世代にわたる家族構成からやがて核家族だけの構成になるのではないかとムラの人は危機感をもっている。「夫婦とその未婚の子女」の世帯数が最も多いが、その子供は十五歳以下であり、やがて夫婦だけの型へ収斂していく潜在的なタイプであろう。直系的な拡大家族的世帯から、核家族的な世帯への移行が読みとれるわけだが、粟谷内で一様にこの事態が進行しているわけではなくムラの階層性と家族類型変動とは高い相関をもっているように思われる。

四　通婚圏と家の経済的階層性

通婚圏は当該社会の習俗や民俗的知識の伝承を考察する上できわめて重要な指標である。しかし日本のムラの発生史的な複雑性から考えて、ムラの範囲をどのように決定するかによって、たとえば村落内婚率・村落外婚率も変動するものと思われる。比較的隔絶した離島などにおける島内婚率や島外婚率がその地域の地域性あるいは部分社会として半閉鎖性を決定する要因の一つであるのは当然であろう。けれども、当地域のように集落が編み目構造をなして際限なく続く地域ではどの地域的集団をもって、内婚と外婚の境界にするのかむつかしい。ここでは葬式組を伝承の単位として扱う。

三組をムラとしてみた場合の地域別通婚頻度を世代別と合わせて表現したのが、表14である。この表は現在の

表14　世代別地域別通婚頻度

地域	世代	婚入(含養子) G^-	G^0	G^-	計	%	婚出(含養子) G^-	G^0	G^-	計	%
粟谷内[1]		6(1)	9(4)	0	15		5(1)	6(2)	1(1)	12	
小計		6	9	0	15	19%	5	6	1	12	10.3%
隣ムラ	杉成・河面など	6	0	0	1		2	1	0	3	
	立石	6	0	0	1		1	2	0	3	
小計		6	0	0	2	2.5%	3	3	0	6	5.11%
旧村内(藩制村)	藤森(黒杭含む)	1	2(1)	0	3		3	3	0	6	
	種	6	0	2(1)	2		1	1	0	2	
	ダム底(小童谷)	1	3	0	4		0	0	0	0	
	見明戸[2]	1	2(1)	1	4		1	1	0	2	
	鉄山[2]	2	2	0	4		0	3	2	5	
小計		5	9	3	17	21.5%	8	3	0	15	12.8%
隣村(行政村)	湯原町	3	3	0	6		5	9①+①	①	16	
	美甘町	0	6(2)	2	8		1	3(1)	2(1)	6	
	八束村	3	3	3(1)	9		3	6(2)	0	9	
	川上村	6	5(3)	2	13		6	6	4(1)+①	17	
	新庄村	2	1	0	3		0	2	0	2	
小計		14	18	7	39	49.5%	15	27	8	50	42.7%
隣村の隣村	中和	0	0	0	0		2	0	1	3	
	下蚊屋	0	2	0	2		0	0	0	0	
小計		0	2	0	2	2.5%	2	0	1	3	2.6%
その他	県内都市部(岡山，津山)	0	0	0	0		①	④	3+③	11	
	県内農村部(勝山，久世)	0	0	1	1		2	6(5)	①	9	
	県外都市部	6(1)	1	0	2		①	0	1①+④	6	
	不明	1	0	0	1		0	1	1+③	5	
小計		2	1	1	4	5%	4	11	16	31	26.5%
合計		29	39	11	79	100%	37	54	26	117	100%

注(1)　婚入，婚出のずれは世代のずれによる.
(2)　この2地域は旧二川村内に入らない.
(3)　(　)内は養子.
(4)　◯数は男で独立世帯をもうけたことが明確なもの.
(5)　G^0 は現世帯主，G^- は前世帯主.

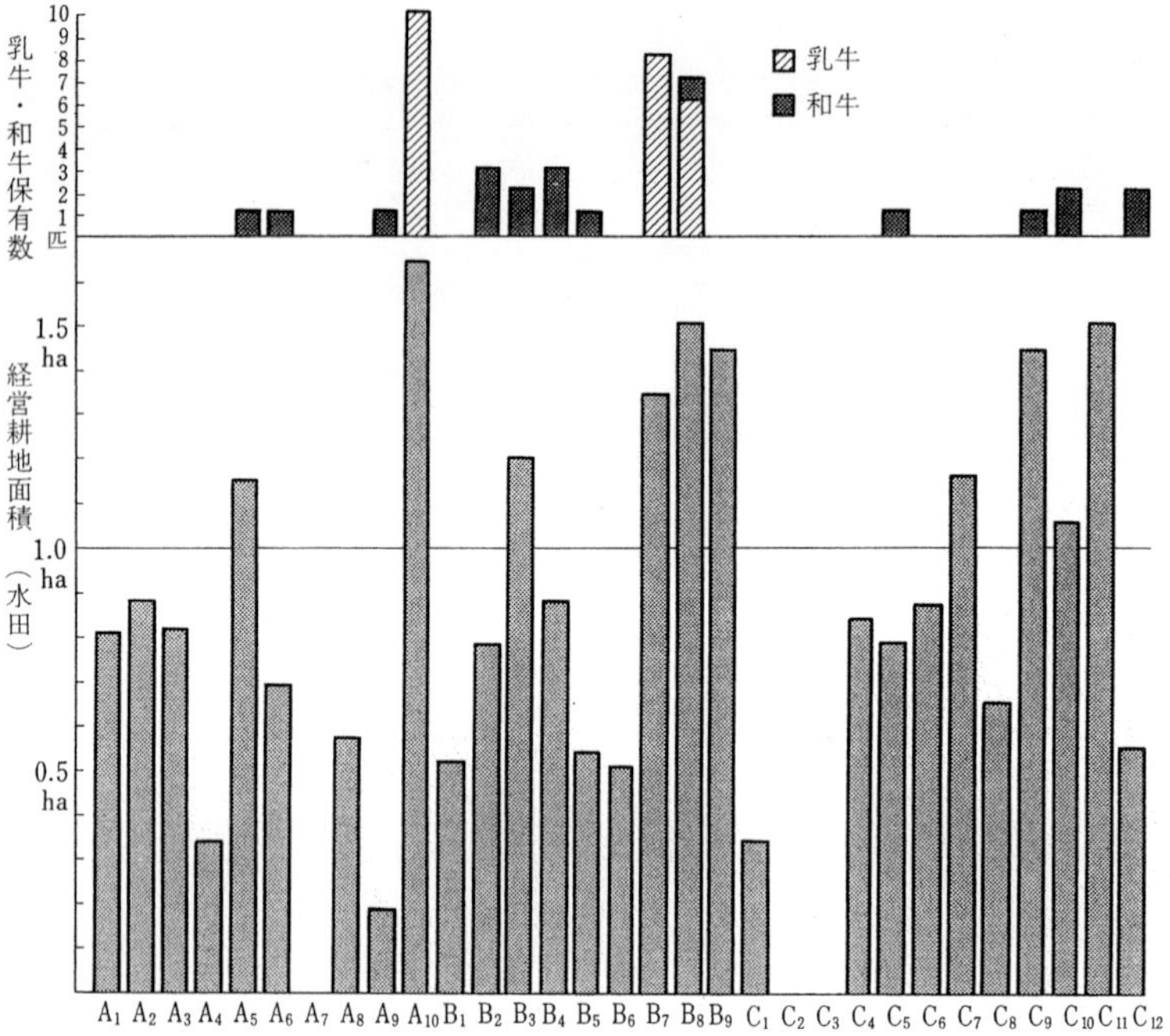

図30　各家の耕地面積(水田)と乳牛・和牛保有数

世帯主を中心にして、前後合わせて三世代の各家の兄弟姉妹も死者もまたムラへの婚入者も含めて全て聞きとり、それに基づいて作成した。村落内婚は三世代にわたる結婚総数一九六例中二七例にとどまり、その率は高くない。現在の世帯主の平均年令は五十歳代であり、世代別にみると前世帯主の世代は村落内婚は六例、現世帯主でのそれは九例、現世帯主の息子の世代はすでに結婚適齢期を過ぎているものがほとんどであるが、村落内婚は一例のみである。村落内婚が若い世代で減少をみせているのは一般的現象であろうと思われるし、通婚圏の拡大は当然そのような現象を引き起こす。現世帯主の世代と前世帯主の世代の村落内婚は、それぞれ九例、六例（いずれも婿養子を含む）であるが、ここにはある傾向がみられる。村落内婚への志向はこの両世代では経済的な階層あるいはムラの親戚関

		A1	A2	A3	A4	A5	A6	A7	A8	A9	A10	B1	B2	B3	B4	B5	B6	B7	B8	B9	C1	C2	C3	C4	C5	C6	C7	C8	C9	C10	C11	C12	強度
明組	A1								○																		○						2
	A2									△				○																			2
	A3				△																												1
	A4			△																													1
	A5						△											○															2
	A6					△																											1
	A7																																0
	A8	○																											○				2
	A9		△																	○													2
	A10																		○														1
小茅組	B1																												○				1
	B2																																0
	B3		○												○△				○														3
	B4													○△												○							2
	B5																																0
	B6																																0
	B7					○																		△	△	○△					△		5
	B8										○			○						△						○							4
	B9									○									△														2
高下組	C1																					△	△										2
	C2																				△												1
	C3																				△												1
	C4																	△							△	△					△		4
	C5																	△						△		△					△		4
	C6																	○△	○					△	△						△		5
	C7	○													○													△	△	△			5
	C8																										△		△	○△			3
	C9								○			○															△			△			4
	C10																										△	○△	△		○		4
	C11																	△						△	△	△				○			5
	C12																																0

○　親戚関係
△　本家分家関係(株内)

図31　粟谷三組親戚関係・本分家関係

係・本分家関係の強度と相関を示すように思われる。三一軒の家の経営規模を水田面積、乳牛・和牛頭数で表現したのが図30である。当地域も以前はもっと多くの畑作を経営していたのだが現在では縮小し、換金作物をつくるものは少なく、自家消費用菜園を営んでいるにすぎないとみてよい。また山林の所有はここでは含まれないが、水田の所有に比例しているとみてさしつかえない。経済的な階層としては水田面積が一ヘクタール以上を上層と考え、それ以下を下層と区分しておく。そしてムラの本分家関係・親戚関係（三世代での）を図31に表した。各々の組の親族的な関係での特色は高下組C内に濃密な血縁的関係が保たれている

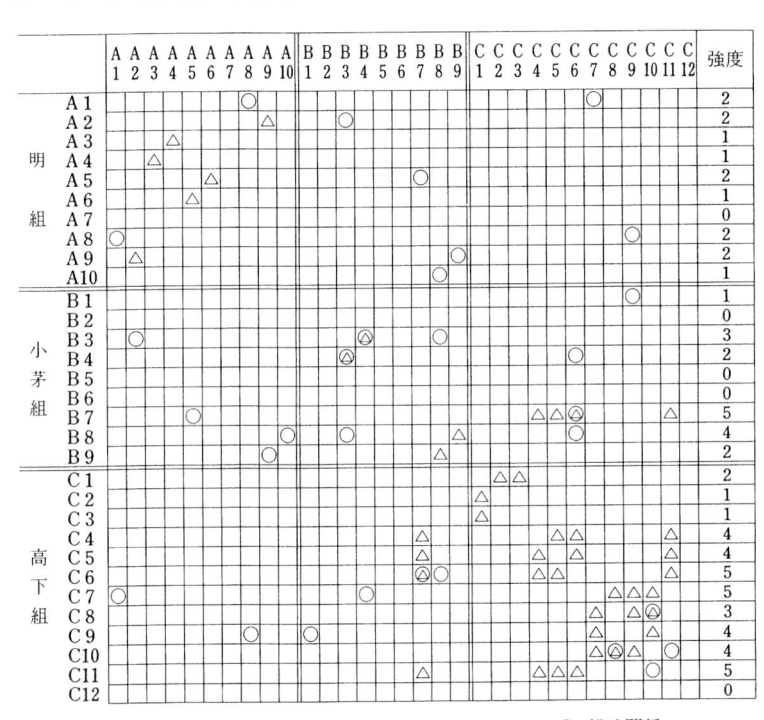

点であろう。また小茅組Bは高下組Cとある程度の血縁関係をもち、明組がいずれとも組内部においても血縁的に希薄な関係であるということと対照をなしている。総じて、高下組Cが血縁的な組、小茅組が中間的な性質を、明組が地縁的な組といえるであろうか。ムラの親族関係（株内も含めて）の強度を一軒の家のもつ親族関係にある家の軒数で表現するとすれば、全くムラで血縁的関係をもたないのがA_7・B_2・B_5・B_6・C_{12}の五軒であり、最高はB_7・C_6・C_7・C_{11}の四軒である。以上の経済的階層と親戚関係、本分家関係と上述の村落内婚の状態をまとめてみると表15の如くなり、内婚的志向をもつものが経済的階層で上層に位置するものに比較的集中し、かつムラに濃厚な親族関係をもつものと一致する傾向があるようにみえる。またこうした内婚的傾向をもつA_5・B_3・B_7・C_6・C_7・C_9・C_{10}の家が前に指摘した三世代にわたる拡大家族であるというのも偶然の一致とは思えない。過疎化現象に対して弾力的に適応する能力というのはやはり経済的裏付が伴っていることを証左している。

三世代にわたるムラの結婚総数一九六例中二七例を除いた一六九例がムラの外との間に成立した婚姻である。世代別地域別にみてまず県内都市部・県内遠隔地・県外都市部への婚出あるいは次三男の独立世帯の分立は現世帯主とその娘・息子の世代で飛躍的に増加している。ムラと外部世界の接触の今までにない増加が何をムラ社会にもたらすのか分明ではないが、そうした地域からの婚入はほとんどみられない一方通行的（盆・正月の帰郷を除けば）な接触である。

この最近の遠隔地への娘の婚出あるいは男の独立居住婚を除外したものが、このムラの伝統的な通婚圏をなしているものである。三世代での村落内婚、県内外の都市部への婚出・婚入を除いた婚出・婚入は六〇人対七四人で若干婚出が上回る。ただ現世帯主の次の世代では通婚圏内の婚出・婚入が相対的に減少し都市部へ流入していったと思われる。

通婚圏を地域別に分類した根拠はムラの人々の外部世界の把握についての認識を基準にしている。あるムラの人は次のようにこのことについて表現している。ジゲウチは各家の家族員の婚出先、田畑の所有状況まで知っている。隣のムラはやはり各家の家族構成、嫁の出自そして田畑の概略を知っている。旧村内とは、その中に存在する家と世帯主夫婦ぐらいは知っている程度である。最後に隣村はその村内にある自己の親戚関係にある特定の家を知っている。およそ距離に比例して、ジゲウチ、隣のムラ、旧村内、隣村と外部の世界を概念的に三段階に

表15　階層・親族強度と内婚的傾向の相関

世帯番号	親族関係強度	経済的階層	家族類型	3世代にわたる内婚頻度
A_1	2			1
A_2	2			1
A_3	1			0
A_4	1			0
A_5	2	上　層	親族世帯(3世代)	1
A_6	1			0
A_7	0			0
A_8	2			2
A_9	2			0
A_{10}	1	上　層	親族世帯(3世代)	0
B_1	1		親族世帯(3世代)	1
B_2	0			0
B_3	3	上　層	親族世帯(3世代)	2
B_4	2			1
B_5	0			0
B_6	0		親族世帯(3世代)	0
B_7	5	上　層	親族世帯(3世代)	3
B_8	4	上　層	親族世帯(3世代)	2
B_9	2	上　層		0
C_1	2			0
C_2	1			0
C_3	1			0
C_4	4			0
C_5	4		親族世帯(3世代)	0
C_6	5		親族世帯(3世代)	3
C_7	5	上　層	親族世帯(3世代)	2
C_8	3			0
C_9	4	上　層	親族世帯(3世代)	5
C_{10}	4	上　層	親族世帯(3世代)	4
C_{11}	5	上　層		1
C_{12}	0			0

注　3世代の婚姻でC_9のような5度の内婚というのは姉がとつぎ死に妹がとつぐという場合である．離婚も含むので表2より数が上まわる．

分類している。

この地域別の通婚圏を各地域の中心までの相対的距離と各地域の相対的な面積を模式的に表現し、その地域との婚出・婚入を図化したものが図32である。通婚圏は同心円状に広がっていることがわかる。かつ各地域との間で数の上からも婚入・婚出が比較的バランスを保っているのが興味深い。各地域とムラとの距離と人の出入りは相関がないようにみえるが、各地域とムラの相対的な面積比を考慮に入れれば、通婚圏は同心円的に広がりながら濃度の点では希薄化していくものと思われる。

現在の通婚圏は隣村までということだが、この通婚圏も歴史的にみれば若干拡大したであろうと推測できる。傍証的ではあるが、江戸時代末のこのムラの香典帳(19)のいくつかをみると一升香典をもってくるのが当時の藩制村である、種村・藤森村・黒杭村・小童谷村および鉄山(20)であり、前者四ヵ村は旧二川に含まれ、ここでいう旧村内の範疇にはいる。鉄山は現在、隣村である美甘村に入るが、鉄山とこのムラは強いつながりがあったことが推測される。香典のうち「ソウをいうていく(21)」人々とは親族関係にある人々をほとんど指すので一升香典の範囲が通婚範囲と考えることに異論はないと思うが、それを是認するとすれば当時の通婚圏は旧二川村内に収まり、現在のそれより一段狭小であった。

さらに表14・図32にみられる通婚圏を微視的にながめると一つの注目すべき点がある。それはこのムラはすぐ近くに存在する隣のムラとの間に通婚がきわめて少ない点である。単位にとる地域の小さいことを割り引いたとしても、ムラの上流のムラである総数二五軒との間では三世代にわたって四例を数えるのみである。この内一例は高下組C_{12}の家であるが、前述したように元来高下組に属さないし、現在の日常的な交際はむしろ上流と行っており、この通婚例もC_{12}の先々代が次男を引き連れて隠居分家した家との通婚であり、隠居分家が三組内に所属しないというのも通常ではない。通婚がきわめて少ないその原因には二つのムラの歴史的成立条件の相違がまず考

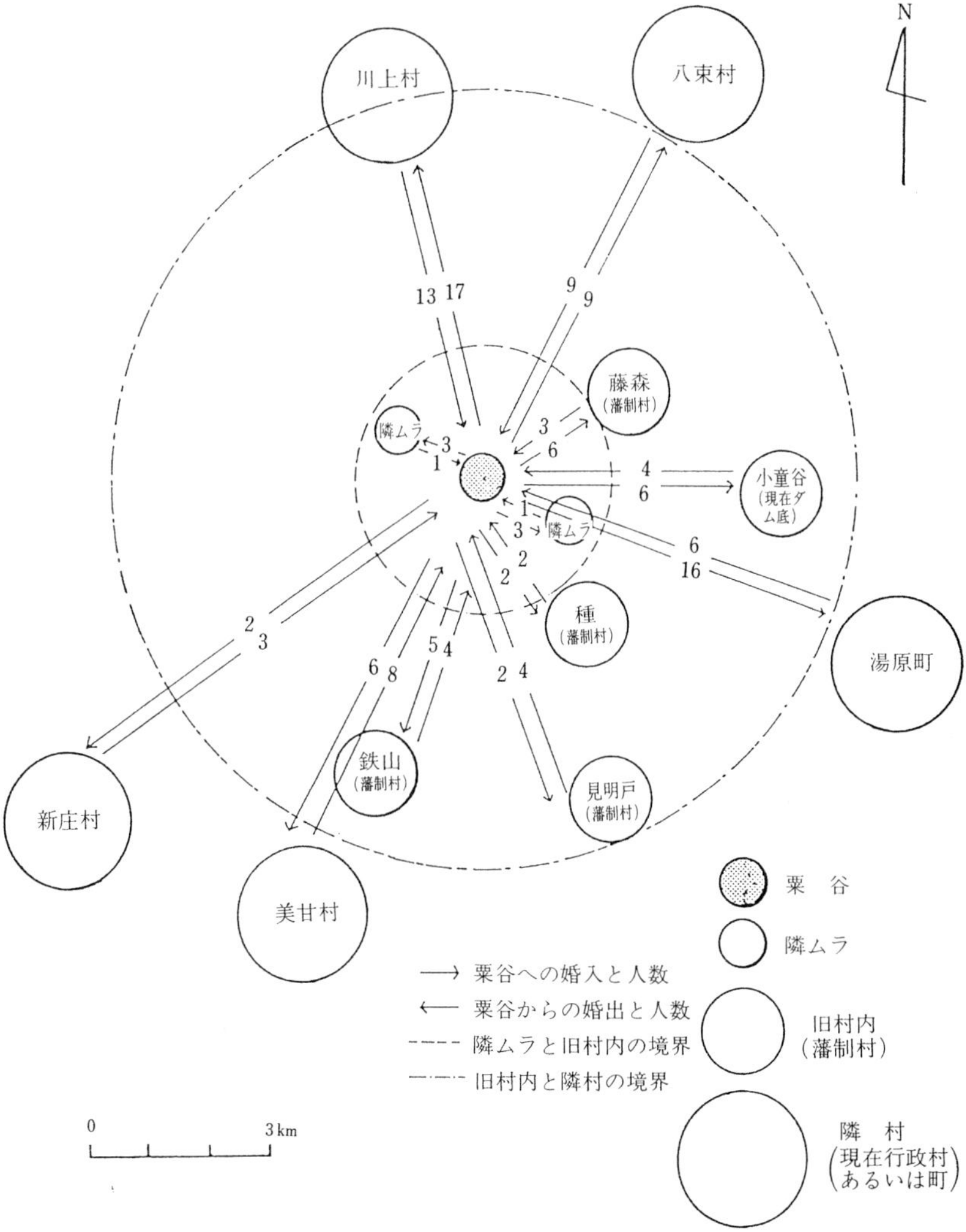

図32　通婚圏と外部世界

面積は便宜的に3段階に区分したにすぎない.

えられる。上流のムラが元文時代に粟谷村の分村として成立したことが影響を与えている。また第二の点として、上流のムラのかつての生業が農業より山林業、特に炭焼に重点がおかれていて、生業が異なっていたことも考えられる。生業の相違により下流が上流を若干軽視していたのではないだろうか。また近世末期からタタラ集団が多数移動してきて、彼らにこの上流のムラが炭を提供して関係をもったことや、木地師の集団がいたことも軽視の風潮を助長したと思われる。

また下流にある向立石は元文時代には三軒であったが現在は二〇軒に増加している。この三軒と粟谷の家の間には本分家関係や分立を示唆する系譜的伝承もない。向立石は大正時代には七～八軒に増えていたといわれ、その後さらに増えて現在のようになった。増加の原因は旧道が廃され県道が集落の横を通るようになり、旧二川村の役場(現在の町役場支所)、郵便局、雑貨屋、農協などの建物がこの地区に集中して、生活上便利になったことがあげられる。そして、旧二川村内で耕地を分けるという意味ではない、つまり分家でない新世帯がここに分立して居を構えたことと、湯原人工湖で水没した地区の人々がここに集まったことで膨張してきた。こうした寄り合い所帯的な性格が向立石と粟谷との通婚を阻害している遠因であろうと思われる。以上が三つの組を含む粟谷とその周辺の社会構造および地域的性格である。野生植物利用はこの粟谷に限定して資料を収集している。その理由は今まで述べてきたように、この社会集団が生活のレベルで同一の伝承を保持する単位だからである。このような山村である粟谷の人々が周囲の環境特に野生植物とどのような関わりをもって生活しているのか次にみていこう。

五　生活の立場からみた野生植物の利用

野生植物は、先史時代から現在にいたるまで数多くのものが、生活上利用されてきている。ある植物の利用法は、その植物の特定の形質に着目し、長い生活上の実践と伝承によって定まってきたものである。しかし、戦後における農山村の生活構造の変化は著しく、野草・雑木の多彩な利用といった実践的な知識も次第に消滅しようとしている。現在、山村に生活する人たちが、どのような植物を生活上で役立てているのか、この粟谷の一家族をまず例にあげてみてみよう。この家族は小茅組のB8であり、七人で構成される。粟谷のなかで特に野生植物を利用するというわけではなく平均的とみなしてさしつかえない。

利用される植物も生活のなかでの使われ方がさまざまである。これを大きく分類してみると、①食物、②民間薬、③神社・寺・祭用、④農具・繊維・結束・籠・その他、になる。①はさらに、(a)惣菜、(b)保存食、(c)山仕事で採って食べたり、子供が食べるもの、の三つである。ただ(c)は現実にはもう観察できるわけでなく、民俗的な知識として存在しているものである。ここに記載する植物は筆者が直接採集したものを人々にみてもらい方言名を聞いた。そしてその植物の標本を作成して和名を同定した。植物名は方言・和名の二つを併用し、（　）内には和名を入れた。また（　）のないものは方言と和名が同一であることを示している。（　）内に疑問符があるものは同定できなかったものである。

湯原町粟谷小茅組B8の七人家族の野生植物利用

①食物

(a)惣菜　二一種類

イクチ（アミタケ）・ウダゼリ（バイカモ）・ウド・カケゼリ（ダケゼリ）・カワタケ（コウタケ）・サンショウ・シメジ（ホンシメジ）・センボンシメジあるいはカブシメジ（センボンシメジ）・ゼンマイ・タキナ（ミズナ）・タラ（タラノキ）・ツクシ（スギナ）・テテッポ（フキ）・ナメコ・ネズミデ（ハナホウキタケなど）・ボタヒラ（マキタケ）・サマツ・モトアシ（？）・ヤブウド（ハナウド）・ワラビ・シバカツギ（ショウゲンジなど）

(b)保存用　七種類

ウド・カワタケ（コウタケ）・ゼンマイ・テテッポ（フキ）・ヨモギ・ケンザキホウコウ（ヤマボクチ）・チチボウコウ（ホウコグサ）

(c)おやつ　二〇種類

アサドリ（アキグミ）・アタマハゲあるいはハチマキイチゴ（ナツハゼ）・ウシブタイ（ガマズミ）・ウツキ（ヤマボウシ）・オオカワイチゴ（クマイチゴ）・マサキガブ（ギョウジャノミズ）・チョウチンイチゴ（スグリ）・グイビ（ナワシログミ）・クルミ（オニグルミ）・クワイチゴ（クワ）・フゴイチゴ（キイチゴ）・ジイノドウラン（サルナシ）・スウメ（スモモ）・ユスラ（ユスラウメ）・マツガブ（マツブサ）・サルイチゴ（エビガライチゴ）・ヤマブドウ・サザンキョウ（バタンキョウ）

②民間薬　六種類

キワダ（キハダ）・クロモジ・ミコシグサ（ゲンノショウコ）・ヨモギ・ジュウヤク（ドクダミ）・アスナロ・センブリ

③神社・寺・祭用　七種類

フクラシ（ソヨゴ）・センドシバ（ヒサカキ）・ハナノキあるいはハナエダ（シキミ）・スギ・メンマツ（アカ

マツ）・ミソバナ（ミソハギ）・ボニバナ（オミナエシなど）

④農具・建材・繊維・籠　一四種類

ウツキ（ヤマボウシ）・カシホシあるいはカショウセンあるいはアカメ（ネジキ）・サンショウ・カヤ（ススキ）・ヤマカゲ（シナノキ）・ホオノキ・クリ・リョウボウ（リョウブ）・マツ（アカマツ）・ケヤキ・クズボウラ（クズ）・ガヤ（イヌガヤ）・チナイ（エゴノキ）・サルスベリ（ナツツバキ）

山村は過去幾度かのガシン（飢饉のこと）を耐え抜き、多くの自然についての知識を伝承し、野生植物の新たな利用法を開発してきた。もちろんそれは個々の植物について、採取時期・生育場所・食法あるいは利用法といった知識が互いに結びついたものである。現在使用されなくなったものについては後述するが、粟谷の家族の例について、以下具体的に内容を述べてみたい。

惣菜においては、菌類が一一種類で最も多い。菌類は、蒜山地方の方言として少なくとも二九種類採集されており、約三分の一に減じていることになる。「ガシン・カワタケ、ホウネン・シメジ」とは粟谷の諺で、飢饉にはカワタケ（コウタケ）がよく育ち、稲の豊年にはシメジがよく採れることを示したものである。このカワタケ・シメジが菌類としては最も珍重されている。菌類はその生育場所を「シロ」と呼ばれ、代々親から子へその場所のありかについて伝承されてきた。タニワタリ（?）という菌類は、そのシロの状態から名づけられたもので、生育場所が一本の帯になって谷に生える状態を示している。一方、カワタケ（コウタケ）・シバカツギ（ショウゲンジ他）のシロは円形であるという。粟谷の五十歳代以上の人はたいてい自分のシロとして、このようなシロを五～六個はもっており、人には滅多に教えない。この食用にされている一一種類の菌類は、採取が多量で簡単・美味・有毒無毒の判定がたやすいもの、といった条件をもっている。しかし利用される菌類の減少は、植林による自然環境の変化と、有毒・無毒の判定ができ多くの種を同定できる故老が少なくなったという理由も考えられる。一方反対に、自然環境の変化で増えたものの一つにスギミミあるいはスギタケ（スギヒラタケ）があげられる。スギの切り株に九月末頃でる菌であるが、七十歳代の人に聞いてみると、昔はあまりなく、食べることも少なかったということである。このことは、戦後における植林のすさまじさを物語っている。

ウド・ゼンマイ・ワラビ・テテッポ（フキ）・カケゼリ（ダケゼリ）・ヤブウド（ハナウド）などの惣菜は、現在でも大量に採取されている。これらは最近商品価値がでてきたので、自家消費としてよりむしろ商品として売りに出す傾向がある。ウド・ヤブウド（ハナウド）は、庭先に植えられて半栽培の形をとっており、特にウドは商品価値も高いためか、茎が青くならないよう根元を〈スクモ〉（籾殻）で覆うなど、かなり手をかけている。それに反して、ママコナ（ハナイカダ）のように春先に葉を採取し、乾燥保存し、冬期湯に戻して使用するような手間がかかったり量の少ないものは利用されなくなってしまった。保存食として栗谷のどの家にもたいていあるのは、ウド・ゼンマイ・ワラビの塩漬け、テテッポ（フキ）の味噌漬けぐらいのものである。ただこの家族には現在八十二歳になる嫗がいて、ケンザキホウコウ（ヤマボクチ）・ヨモギ・チチボウコウ（ホウコグサ）を春先採取して乾燥保存している。これは〈シロミテ〉（田植後の祝事）の餅搗きに湯にもどして米と一緒に搗込み、餅の粘性を高めるのに使われるもので、できあがった餅は〈ホウコウモチ〉と称され、〈カブウチ〉（血縁集団）に配られる。しかし栗谷三一戸のうちで〈ホウコウモチ〉を作るのはわずか二〜三戸で、もはやこれも消滅するのは時間の問題であろう。これと同じような状態にあるには〈ミヤマノカオリ〉と称される自家製の茶で、細々と余命を保っている。これはアケビ（アケビ・ゴヨウアケビが良く、ミツバアケビは苦いといって嫌う）・コウカイチャ（カワラケツメイ）・フジ（ノダフジ）・アサドリ（アキグミ）の若い新芽と葉を陰干しにして、一緒に混ぜ煎じたものである。フジ・アケビ・コウカイチャは、特に単独でも用いられ、それぞれ〈フジチャ〉〈アケビチャ〉〈コウカイチャ〉と称されている。以上、食物の中から惣菜・保存食・茶について簡単に説明してみた。

おやつについては、山仕事の休みに、また子供が遊びに採って食べるようなものが多く、したがって食法も、生であるいは焼いて食べるといった簡単なもので、労力をかけて採集したりするものはない。ただ近年、果実酒が栗谷で流行し、そのため、ヤマブドウ・サザンキョウ（バタンキョウ）・ウシブタイ（ガマズミ）・マタタビなどの実が好んで採られるようである。

次に民間薬について述べてみよう。調査期間中、栗谷の多くの家で薬研と薬箪笥を実見し、一世代前まで使用していた家があるのを聞くに及んで、数多くの民間薬を予想したのであるが、予想に反して、採集された民間薬は数少ない。さらに民間薬になる植物の名や、何の病気に効果があるかということまでは知っていても、薬の製法を全く知らないというものが実に多く、これらの知識は他から入ってきたものが多いと思われる。実際によく使われるのはミコシグサ（ゲンノショウコ）・ジューヤク（ドクダミ）・センブリの三つである。他にキワダ（キハダ）・クロモジ・チドメグサなどが村の人たちからよく耳にする植物である。このうちキワダの樹皮は飼牛と人間の整腸剤として珍重されているが、クロモジ・チドメグサについては実際には使用していないようである。なお、チドメグサについては、止血する時に唱えたという次のような呪文が残っていた。「天竺のリュウシャの河の河上に七里続いた岩の苔、その苔取ってこの切り傷につける。アビラウンケンソワカ、アビラウンケンソワカ」。しかしこれは、チドメグサを薬として使用するというより、何か他の信仰と結びついたものと考えられる。

民間薬は漢方などの影響もあって、その実体は不明確な点が多い。それに比べて、神社・寺・祭用に使われる植物、農具・建材・繊維・籠に使われる植物は、親から子へ、世代から次の世代へ伝承されてきたものが多い。神社・寺・祭用植物については後述するとして、ここでは生活に最も関連のある農具などへの野生植物の利用の様子をみてみよう。野生植物は農耕生活上の道具に今でも多少利用されている。以下、羅列してみると、ウツキ

〈ヤマボウシ〉は鎌・鉈・斧の柄として使い、カシホシ（ネジキ）は稲刈後の稲を乾燥する〈ハデギ〉（架木）として最も優れている。擂粉木はサンショウの木で作り、俎はホオノキで作る。サンショウは木の硬度が大であり、ホオノキは柔らかなことによっている。ヤマカゲ（シナノキ）の樹皮を春剝いで、小川や池に二ヵ月程つけた後、陰干しにすると非常に強い繊維がとれる。この繊維から〈フクロセコ〉（鎌・鉈を入れる袋）を作ったり、縄を作る。農家の納屋に入るとこれを使っているものが非常に多い。また牛の鼻繰りには、〈ハシレナイ〉（裂けない）ことからガヤ（イヌガヤ）を使ったり、木を〈ソクウ〉（結束にする）のにウシノフタイ（ネジキ）・リョウボウ（リョウブ）の〈スバイ〉（今年伸びた枝）、クズボウラ（クズ）、フジカズラ（ノダフジ）を使う。農耕生活上の道具は以上のようなものであるが、建材として使われるのは、スギ・マツ（アカマツ）・ヒノキが圧倒的で野生植物は少ない。家の土台木として、クリ・マツ（アカマツ）、廊下にケヤキ・サクラ（ヤマザクラ）、床柱・手摺にサルスベリ（リョウブとナツツバキ）、床框にケヤキ・エンズイ（イヌエンジュ）といったものが主なものである。

以上が、栗谷における現在の野生植物の利用の概要である。近郊農村や都市生活に較べ、まだ随分多くの野生植物を自らの手で調達しているのが理解できる。しかしこれでも、過去の山村と較べれば実に多くのものを使用しなくなっている。次に自然への依存の変容について少し眺めてみよう。

六　年代別にみた自然環境への依存度の相異

これまでは、栗谷の現在の野生植物の利用の概観を生活の各方面に分類して述べた。それでは、現在の栗谷を構成している三一戸が、自然への依存をどのように変化させてきたのだろうか。社会構造の変化や生活構造の変化が、山村民と自然との対応関係を変化させたに違いない。そこで、実用価値をすでに失った野生植物の利用の

表16　野生植物の使用状況に関する質問表

植物方言	和　名	A（現在使用している）	B（以前使用した）	C（名称・使用法は聞いたことがある）	D（全く知らない）	備　考
センドシバ	ヒサカキ	○				
フクラシ	ソヨゴ	○				
クロモジ	クロモジ		○			餅花の木として
ユズリハ	ユズリハ			○		

実態を調査するため、表16にみられる調査表を作成した。食物関係一二一種、民間薬七三種、農具・繊維・結束・籠・建材三六種、神社・寺・祭用九種、炭・薪一九種、その他五六種の植物に分類し、栗谷の三一戸の家から年代別に一三人を任意に選び個別に調査した。この調査は、一九七三年九月に行った。調査対象の人々はすべて農業・牛飼養を生業としている。表16のA項は現在から三年前までの期間に利用したことがあるというものである。B項は四年以上前に使用したり、子供の時利用したことがあるというもので、C項は、名称・使用法は聞いたことはあるが、その植物を確実に同定できるかどうか不明確なものである。C項における植物は、年代の下降にしたがって同定できる種類数は減少していくことが、彼らとの対話の中で予測された。この調査結果を基に、食物関係については上段に、神社・寺・祭用・農具・建材・繊維・籠・結束は中段に表した。調査した植物の中で下段の「その他」として分類したものは、生活上利用されることはないが身近にあり親しみをもたれているものとか、田の草として嫌われている植物である。また、民間薬として使用されるのが前に述べたようにわずか六種であるので、その他と民間薬を合わせて、C・D項の二項で調査した。その結果を図示したのが図33である。なお、炭・薪はかつて山村の重要な現金収入の道であったが、現在の栗谷では炭焼をする人はいない。これについては最後に述べる。上段と中段の図のA・B二項を合わせた種類数が、彼らが確実にそれらの野生植物を同定できることを表している。そしてその種類数は上段と中段の図で、年代が若くなると共に減少している傾向が読み

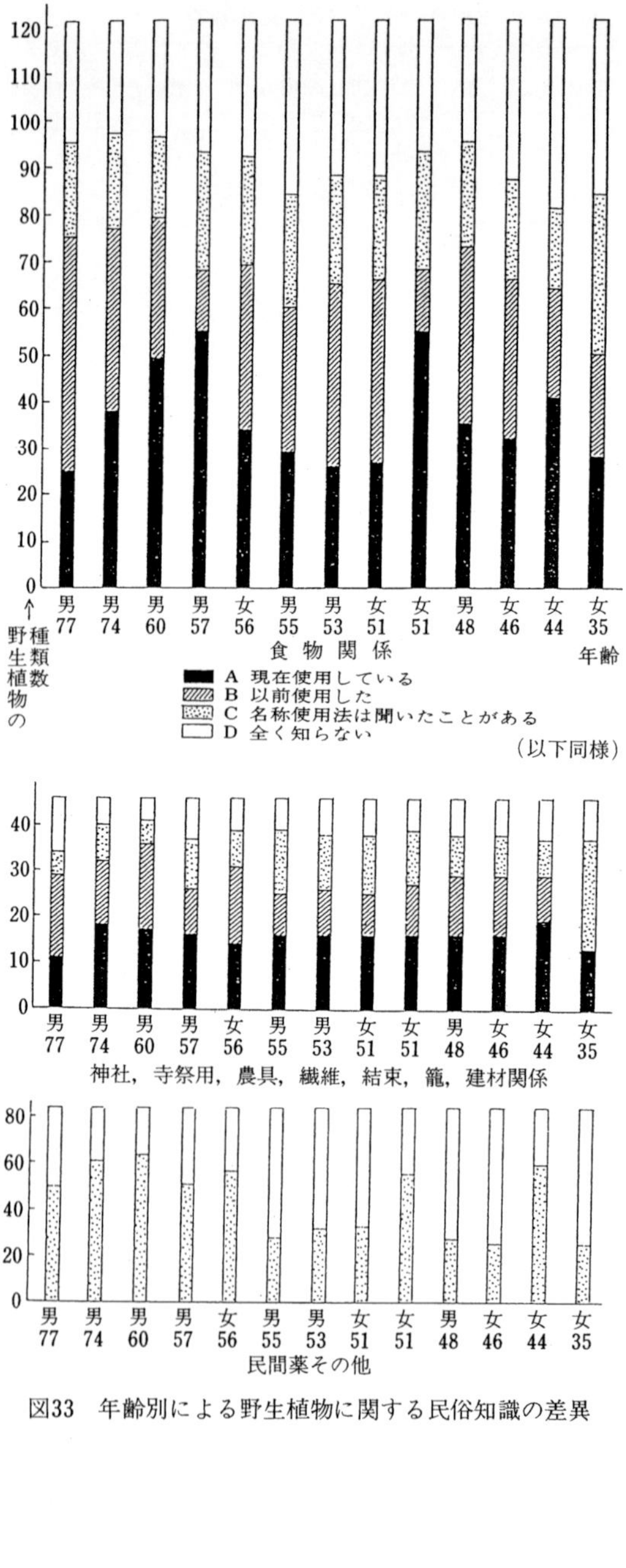

図33　年齢別による野生植物に関する民俗知識の差異

とれる。さらに、B項においてそれらの植物を同定はできるが、料理法やそれら植物に伴う習俗を確実に習得しているものが年代の下降に伴って減少していくことを考え合わせれば、忘れられていく野生植物がどんどん増していく状態がわかる。伝承が忘れ去られていく野生植物がどんなものかみてみよう。

食物関係の植物で、B・C項に属するものが非常に多いことは、山村の食生活が以前と大幅に変化したことを明確に示している。特にC項に属する野生植物は、いわゆる飢饉の備荒食として知られている植物が多く、三十歳代から六十歳代では料理法・処理法を全く知らない人が多い。クズボウラ（クズ）・シズラ（ワラビ）の根を掘

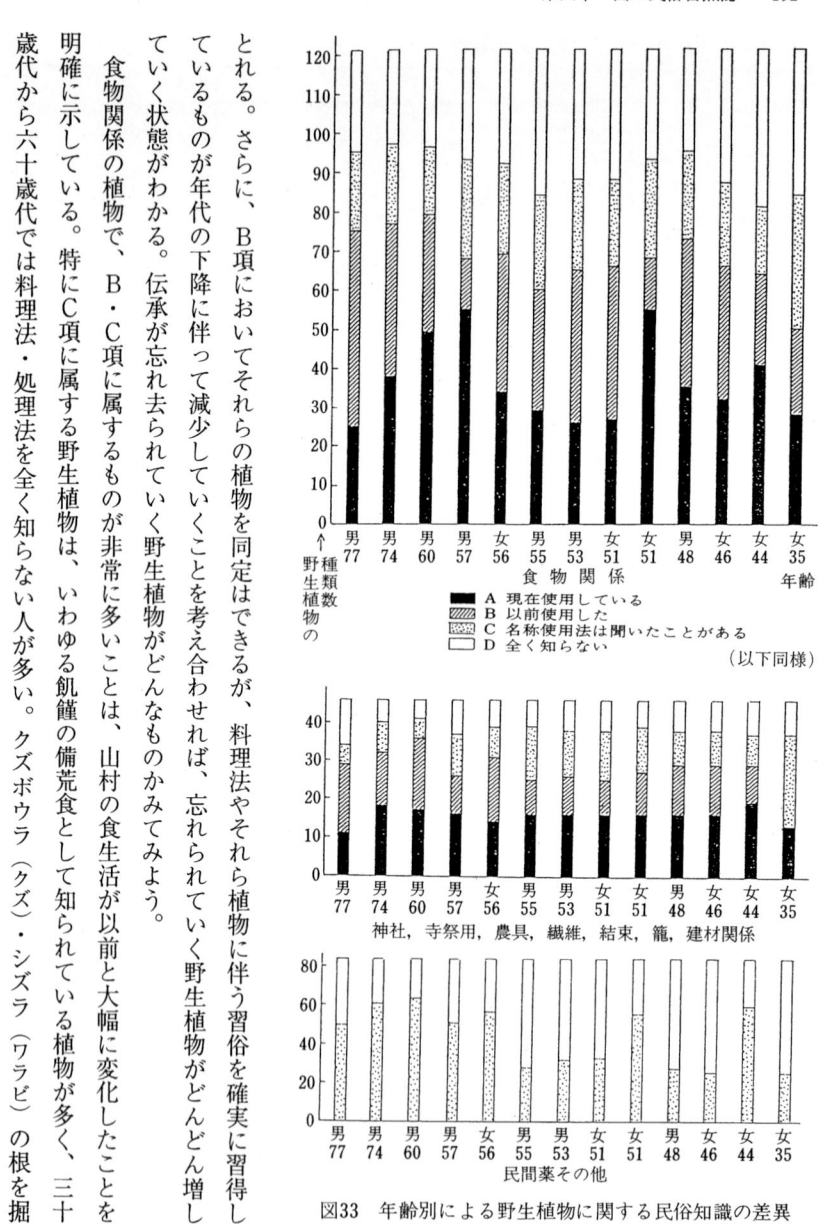

って澱粉をとった人はすでにおらず、わずかに七十歳代の人がヤーヤー（ウバユリ）の根から澱粉を採ったことを記憶しているにすぎない。ヤーヤーは、五月頃葉のまだあまり出ていない鱗茎のよく発達したオンナヤーヤーと彼らが呼ぶものを採取し、唐臼でひくか、石の上で叩いた後、桶の中にいれて、その水を何回もとり変えて上澄みを捨て、最後に沈澱したものを乾燥することにより、カタクリを採った。クズボウラやシズラも同様に行ったようである。ただこの二つは、よく根の発達したものを見つけることがむずかしく、根を掘るのにも大変な労力を要するものだったようである。採取する時期は〈コナシ〉（稲の脱穀）が終わる秋から冬にかけてであった。澱粉をとる備荒食として根の他に堅果があるが、代表的なトチノキ・ヒビ（カヤ）の実のアク抜き技術や澱粉採取の方法は全く伝承がない。むしろ、ヒビ（カヤ）・ガヤ（イヌガヤ）の実から油を採ったことを先代から聞いたという人が二～三人いた。リョウボウ（リョウブ）・クサギナ（クサギ）・オコギ（ウコギ）の若葉を摘み、乾燥保存し、カテ飯の材料にした話やササゴ（笹の実）のなった年にそれを採取して蔵に貯蔵しておき、飢饉に備えたことなどもすでに昔話となっている。こういったことが日常茶飯事として行われていた時代は、塩や砂糖は貴重品であったのだろう。シオノキ（ヌルデ）の木の皮を嘗めて塩分をとったとか、タクワン漬に甘味を出すためにアマチャ（ヤマアジサイ）の〈ブチ〉（茎のこと）を土用の頃採って来て、柿の皮の乾燥したのと一緒に漬けたとかいう話を六十～七十歳代の人たちがしてくれた。このように飢饉の備荒食はすでに遠い過去のものとなってしまったが、現在生活している栗谷の人たちでもすでに多くのものを食物として利用しなくなっている。図33のB項に属する野生植物がそれにあたり、その理由はさまざまである。例えば、旧盆十五日に必ずヒー（スベリヒユ）・アカザのお菜を作って仏様にあげ、家族も皆食べるといった習俗や、旧八月十五日をイモ名月と称し、ズイキイモ（サトイモ）・アカバチ（キイロスズメバチ）のハチノコ・カワタケ（コウタケ）をいれた炊き込み御飯を作って食べる風習がもはや行われなくなって、そういった習俗にともなう植物利用は消えていこうとしている。また

〈ユルリ〉（囲炉裏）がなくなり、アカバチの子やシオデをフキの葉に包み、塩をかけ熱灰に入れて焼く食べ方も当然なくなっていった。食用とされる菌類が大幅に減少したことはすでに述べたが、同様なことは他の惣菜についても起こっており、田の畔に多いアサツキ・シンザイ（スイバ）・タビラコ・ホイトネブカ（ノビル）などは現在では惣菜として食卓に上がらない。子どもの遊びにも変化が起こり、かつて遊び道具や菓子類のなかった子どもたちは、山でナツグリ（ツノハシバミ）・ウラジロ（ウラジロノキ）・ウツキ（ヤマボウシ）・ガヤ（イヌガヤ）・クルミ（オニグルミ）・シャジャナッポウ（イタドリ）・マツガブ（マツブサ）などを採って食べたと老人たちは述懐する。

かつての山村が、一本の木、一本の草と微妙に結びつき、それなくしては彼らの農耕生活が成立し得なかったということは、神社・寺・祭用・農具・繊維・籠・結束・建材における野生植物の利用体系をみてみるとはっきりする。このことは、彼らが如何に鋭く植物のもつ形質の中から生活に役立つ形質を抽出し、うまく農耕生活の道具に使いこなしていたかということであり、合理的で且つ繊細な自然利用であったといえる。現在、神社・寺・祭用として用いられる植物は、正月の飾り用のマツ（アカマツ）・スギ、歳神の神飾用のフクラシ（ソヨゴ）、盆・彼岸に墓前に供えられるボニバナ（オミナエシ）・ミソバナ（ミソハギ）・ハナエダ（シキミ）などであり、他にサカキの代用としてセンドシバ（ヒサカキ）が使われる程度で非常に数が減っている。今は忘れられている年中行事にも、ずいぶん多く野生植物が利用されていた。正月前の十二月十三日を〈キシクサン〉と呼び、どの家でもシラハシ（ウリハダカエデ）で正月用の箸を作る行事があったし、〈オオドシ〉（大晦日）にはミノサイジョウやフクナリという品種の柿を〈年取柿〉と称して必ず食べたものである。十一月の初め頃、この柿を採り蔵に自然状態で放置しておくと〈オオドシ〉には渋がとれて食べられるようになっており、これを〈ムシ柿〉と呼んでいた。正月になればどの家でも餅花を作ったものだが、この餅を飾る木を餅花木といい、クロモジあるいはウツキ（ヤマボウシ）の〈スワイ〉（今年伸びた枝）を使った。また正月の期間中、竈で燃やす薪はヌリダ（ヌルデ）でなければならないとされ、正月前この木が多量に準備された。五月には〈コト〉と呼ばれる小祭があり災難除の神を祭ったらしいが、詳細はすでにわからなくなっている。この小祭には〈ヒトリゴトはするものではない〉といって、家内中の者が一升枡に半分赤飯を入れ、他半分にズイキイモ（サトイモ）・ゴボウのおかずを入れて床の間に供える。そして家内中の箸を新しくハコヤナギ（ヤマナラシ）で作り、その箸で一升枡から赤飯とおかずをとって各々藁苞を作り、山へ持っていって木にかけるか、家の近くの柿の木にぶらさげる。他に小祭として〈ロックウサン〉という〈ユルリ〉（囲炉裏）の神があり、これにはスギの小枝を供え、〈コウシンサン〉という神には若竹を供えるという具合に、性格の異なる神に対応して供え物も使用される植物も使い分けていたようだ。また子どもの〈タジョウ〉（誕生日）に、ヤマオ（カラムシ）で〈ムシオ〉（縄状のもの）を作り、これを背にかけさせ、長生きを願った習俗も今では行う人もいない。

こういった信仰と結びついた行事にも細かい配慮をした山村民は、当然生産道具や生活用具にも分類能力を発揮し、野生植物を数多く利用していた。ヤマカゲ（シナノキ）・ヤマオ（カラムシ）・ヒロレ（カンスゲ）・ボウリョウグサ（?）・ノボセ（チガヤ）・ガマといったものから繊維がとられ、それぞれの用途に応じて多くの道具が作られた。ヤマカゲは極めて丈夫であるところから、山仕事に持っていく〈フクロセコ〉、肥料や苗を運ぶ〈肥負い籠〉、〈キオイコ〉（背負い子）の下につける〈ドウマル〉など幅広く使われる。ヒロレは農作業用のワラ簑に対して、訪問用の上等な〈ボウリョウミノ〉と呼ばれる簑に編まれる。二百十日位の時期にヒロレの株を根から引き抜くと簡単に抜けるのでこれを川につけた後、陰干しにして材料を作っていた。しかもこれには、この時期以外は採ってはならないという。ガマも重要な道具によく使用され、栗拾いや茸採りに使う〈タメッコ〉〈ガマコシゴ〉などという籠に編まれた。ヤマカゲ・ヒロレ・ボウリョウは繊維として最も広く活用され、他にもたくさんの用途があったものと思われる。今よりもっと自給自足的な生活をしていた過去の山村では、生活の微細な部分にも自然物の利用が入り込んでいた。そういったものの代表的なものをあげてみよう。ノボセ（チガヤ）から採った繊維は、あまり丈夫でないので三和土の草履にしていた。農家の庭の生け垣をクロモジ・グイボタン（?）で作り、訪問用の下駄をコウダ（サワグルミ）で自ら削り、煙管はハシレウツギ（ウツギ）をうまく利用し、孫のお手玉はチナイ（エゴノキ）の実を入れてあげるという繊細さは、山村ならではのことであった。

このように自ら調達する生活から、既製品を購入する生活に変化してきたのは何も山村だけとは限らないが、現在最も動揺しているのは山村であるといっても過言ではない。脱穀機の普及する以前はトウスで脱穀し、その刃をエンズイ（イヌエンジュ）・カネマキ（クヌギ）で作っていたのが、農業の全ての面で機械化が始まり既製品が増え始めた。ケヤキの臼が石臼に変わり、さらに機械化した。農家の屋根もカヤから〈コワブキ〉（クリノキを上等とし、杉のアカメを下等とする）、そしてトタン屋根に変わってきた。栗谷の人たちも、かつては現金収入の道としてボカ（コシアブラとタカノツメ）を木挽し、経木の材料として売ったり、漁業用の網を丈夫にする渋をとるためガゴウマキ（カシワ）の鬼皮を採集し、コルクの材料であるアベマキの皮も剥いで売っていた。

さらに、かつて最も重要な現金収入の道であり、山村が変化せざるを得なかった象徴的な出来事は、炭焼の廃止であった。栗谷ではかつてどの家も炭を焼いていた。主に家庭用の黒炭が主体で、カネマキ（クヌギ）・ミズマキ（ミズナラ）・ナラマキ（コナラ）アベマキの木が材料であった。ミズキ・サルスベリ（ナツツバキ）・サクラ（ヤマザクラ）・ミズメ・チナイ（エゴノキ）・イタヤ（イタヤカエデ）・エンズイ（イヌエンジュ）・カシホシ（ネジキ）なども焼き、これらは雑炭と称され価格も安かった。また特殊な炭として、料理屋などで使われる上等な白炭、漆器の地磨き用のホオノキ炭、鍛冶用の炭としてクリ・ヌリダ（ヌルデ）の小炭も少々焼いていた。これらが昭和三十年以後、プロパンガス等のいわゆる燃料革命といわれる化学系燃料の普及により、急激に消滅した。

以上、B項に属する野生植物の利用体系をみてきた。B項に属する植物の中に、かつての山村を成立させるためのなくてはならない重要な植物が多数入っていることに注目しなければならない。炭焼の廃止を契機として、栗谷のような山村が自然との共生関係を断ち切り始めたのではないかと思わせるほど、B項に属する植物は多い。農耕生活に何の役にもたたない下段の図に示した植物に対する年代別の変化が、そのことを裏付けているように思われる。この図に見られるとおり、五十歳代を境としてそれより上の年齢と下の年齢の間に急激な変化があり、野生植物に対する山村民の対応に大きな相異のあることを示している。現在の山村は、村をとりまく自然環境をもはやあまり重要視しない。それどころかむしろ敵対的な関係に変化していこうとしているような気がする。それとは反対にかつての山村は、何の役にもたたない野草や雑木に対しても積極的に分類し、識別していなければ、その生活が成り立たなかったといえる。自然利用の変化を媒介にして現在と過去の山村の変貌を把握することができた。そこで次に自然を積極的に分類し、自然と共生的関係を保っていた山村民の自然認識について追求したい。

七　自然認識について――Folk-taxonomy の立場から――

これまで現在及び過去の山村民の野生植物の利用をみてきた。そこでは多種多様な植物が生活に入り込み、各植物の性質と各道具の性質に、見事な対応関係がみられた。この対応関係は時代が溯れば溯るほど、明確になる。例えば、栗谷の人はカンジキの材料として山へチナイ（エゴノキ）・コウカイ（ネムノキ）をとりに行った。これらは乾燥すれば、非常に軽く丈夫で曲げやすい性質をもっている。この性質をうまく使いカンジキを作った。そのカンジキも数種類の形式があったようで、冬の山仕事用・兎狩用などもっと細かい区別に応じて、チナイ・コウカイ・竹も使い分けられていたに違いない。それは簑についても同様で、島根県飯石郡頓原町で簑の材料とし

表17　草と木の形態に関する部分名称

	草の形態についての名称				
実	イチゴ	イトロベ ハサミ ジイババ			
葉	ハダレ	シズラ	新　芽	ホテメ	
茎	ブ　チ	グ　イ	イ　ガ		
根	ゴンボネ	ヒコネ ヤナギネ	ヒゲネ	ネブカ イ　モ	
草の形状	アオモン	タノクサ	ミズクサ	シバクサ	カズラ

	木の形態についての名称				
実	ドングリ	イチゴ	クルミ	エビルもの	
幹　枝	モ　ト	エボ(ウラ)	スバイ	シ　バ	チチ
木　目	タマモク	チヂミモク	アカメ		
樹　皮	オニカワ (アラカワ)	アマカワ アマハダ	ズ　イ	シンコ	
生え方	株　生	一本生			
木の形状	マ　キ	トキワギ	カズラ	雑　木	灌木

てクサ（カンスゲ）・ワラ・シュロ・カネリ（ヤマカゲ）・モクゲ（ムクゲ）と五種の植物が採集されており、広島県東城町帝釈では簑の名称も、むくげみの・ひろれみの・うまみの（材料不明）・ままみの（材料不明）の四種が採集されている。粟谷では少なくとも、ワラ・ヒロレ（カンスゲ）・ボウリョウグサ（?）の三種類で簑は作られた。〈ヒロレボウリョウ〉と呼ばれる簑は、最上等の簑として訪問用に使われた。おそらく簑にも、雪の日と雨の日に使うもの・猟用と農耕用・普段用と訪問用などそれぞれの用途によって繊細な区別があったのであろう。このように、植物のもつ性質の中に生活に役立つ実用的価値を見いだし、巧みに自然を生活に取り込む背景には、生活に即した自然認識が存在していても不思議ではない。

粟谷の人々が植物界をどのように分類しているのかを述べる前に、彼らが植物について語る時に使われる用語を整理してみる。これは彼らの分類基準ともなっているもので、木と草に分け、その形態の特殊な用語を示したのが表17である。わかりにくい言葉を説明しておくと、〈エボ〉とは木の枝の先、〈スバイ〉は今年伸びた若い枝、〈エビル〉とはアケビの実のように口をあけて熟すことを示す。〈ゴンボネ〉は太い主根を指し、〈ヒコネ〉は地上近くを横に走る側根を示す。〈ホテメ〉は伐採後、切り株からでる芽のことである。〈ブチ〉は一般に茎のことを云い、〈グイ〉は棘のことでサルトリイバラなどの棘を指し〈イガ〉はイラクサの刺毛のようなものを指す。一般的に葉を〈ハダレ〉と称し、シダ植物の成長葉を〈シズラ〉という。〈イトロベ〉・〈ハサミ〉は実が人の衣服に付着する植物の総称である。

前述したの調査表に答えてくれた人のうち、同定できる植物の最も多い人が一九七種であり、その内なんらかの形で農耕生活の中に取り込まれている植物が一三五種、実に七〇パーセント近くがその中にはいる。つまり彼らは農耕生活の延長上に自然と接触しているのであって、決して純粋な意味での自然をトータルに把握した自然観をもっているのではない。したがって彼らにとっての自然とは、なんらかの実用的価値をもち、分類する必要のある自然を指すのである。換言すれば、同定できる植物の数がその自然の実体であるといってよい。このような価値基準をもつ山村民は、植物界を実際どのように分類しているのであろうか。

粟谷では植物界を大きく、キ・クサ・カズラ・タケ（菌）の四つに分類している人が最も多い。しかし中には、タケ・ササは別に分け、五つに分類する人もいる。彼らの分類に従えば、ワラビ・ゼンマイなどのシダ植物はクサに入る。しかしこの分類はそれほど明確なものではなく、例えばクズボウラ（クズ）は何に入るかと聞くとクサのカズラと答え、ジイノドウラン（サルナシ）は何に入るかと聞くとキのカズラと答える人もいて、漠然としたものである。分類の第一のランクに較べ、第二のランクはより明確である。表17の木と草の形状としてまとめたものがそれにあたる。この分類は山村の生活様式を反映していて、粟谷ではマキとはカネマキ（クヌギ）・ミズマキ（ミズナラ）・ナラマキ（コナラとナラガシワ）・アベマキ・ガゴウマキ（カシワ）の六種類に対してしか決して使わない名称であるが、これらは炭に焼かれ、それも上等な炭という意味を暗に含んでいる。トキワギは常緑樹を指すのであるが、これは全ての常緑樹を示すというより、むしろ神飾用の木という意味に近く、この中にフクラシ（ソヨゴ）・センドシバ（ヒサカキ）・ユズリハなど重要な神飾用の植物が入る。アオモノは春に出る山菜の総称であり、タノクサは農耕地に生える厄介な雑草で、ヒジワイ（メヒシバ）・マスグサ（カヤツリグサ類）・カマツカ（ツユクサ）などがその代表である。大きな分類はこの二段の構造をもっており、それ以下は類似種として認識されている多くの小さなグループがある。これは方言名の命名法から推察できるもので、例えばマサキガブ（ギョウジャノミズ）・マツガブ（マツブサ）・クサガブ（?）・ウシガブ（ノブドウ）・チンチンガブ（カミエビ）の五種類は、彼らが類似種として認識していることを示している。彼らが類似を基準に植物を分類している例を表18にまとめてみた。この表18において、生物学的な意味での種は八五種類である。したがって栗谷では最も多くの植物を同定できる人が一九七種、少ない人で一〇一種だから約四三〜八四パーセントの植物がこのような形で分類されている。しかもこの八五種類がほとんど山村生活になんらかの寄与をしている植物であるから、彼らは植物のもつ形質の中で生活に役立ち形質の類似を基準に植物界を分類しているといっても過言ではない。そのことをよく表現しているのが、オトコヤーヤー・オンナヤーヤーの区別、あるいはオトコゼンマイ・オンナゼンマイの区別である。両者とも生物学的には一種であり、しかも雌雄異種ではない。これらはウバユリ・ゼンマイのことであるが、この区別は食べることができるかできないかという点が基準であって、前者ウバユリは鱗茎のよく発達したものをオンナヤーヤーと称し、葉が大きくて鱗茎が発達しておらず採集されないのがオトコヤーヤーなのである。後者ゼンマイは、実葉をオンナゼンマイといって好んで採集され、胞子葉をオトコゼンマイと称し嫌われる。また、接頭語にイヌ・カラス・ウシ・ヘビなどの動物の名をつけたり、オトコをつけて食べられない植物、あるいは役にたたない植物を表すことは全国的によく知られていることである。実用価値を基準におくのであるから、生物学的な種以上に分類することもできるわけで、栗谷にはミツバアケビ・アケビ・ムベの三種類のアケビがあるが、彼らは色・形・味によって七種類に分類している。野生植物とはいいがたいが、渋柿なども非

表18　類似種の分類実例

- トキワギ
  - シ　バ
    - フクラシバ
    - クロシバ
    - センドシバ
  - アオバ
    - ヤブコウジ
    - ユズリハ
    - アオキ
    - ヤママンリョウ

- マ　キ
  - ホウソウマキ（ナラマキ）
    - シロボウソウ
    - クロボウソウ
  - カゴウマキ
  - カネマキ
  - アベマキ

- カ　ブ
  - マサキガブ
  - マツガブ
  - クサガブ
  - ウシガブ
  - チンチンガブ

- アケビ
  - コノハアケビ
  - ベニアケビ
  - カワラアケビ
  - タワラアケビ
  - モチアケビ
  - キアケビ
  - カンアケビ

- イチゴ
  - カワライチゴ
  - チョウチンイチゴ
  - マメイチゴ
  - フゴイチゴ
  - オオカワイチゴ
  - サルイチゴ
  - クワイチゴ
  - ハチマキイチゴ
  - ナツイチゴ
  - クチナワイチゴ

- サンショウ
  - サンショウ
  - イヌザンショウ
  - カラスザンショウ

- ウ　ド
  - ヤブウド
  - ウ　ド
  - カスウド（イヌウド）

- ホウコウ
  - ケンザキホウコウ
  - ヤマホウコウ
  - チチボウコウ

オオカミグイ↔メグログイ
タ　ラ↔ダイダラ
クロモンジ↔シロモンジ
アオブナ↔アカブナ
イクチ↔メクライクチ
カワタケ↔ウシガワタケ
チナイ↔オオバチナイ
重いミズキ↔軽いミズキ
コウカイ↔コウカイチャ
シンザイ↔クチナワシンザイ
アカダシ↔アオダシ
オオシバカツギ↔コシバカツギ
フ　ジ↔キフジ
シバグリ↔ナツグリ
オトコヤーヤー↔オンナヤーヤー
オトコゼンマイ↔オンナゼンマイ

オトコオ↔オンナオ
ズベラビー↔ヒ　ー
ケヤキ↔ネリケヤキ
カ　ヤ↔ノガヤ
ウシノフタイ↔ウマノフタイ

栽培植物↔野性植物
ナ　ス↔ヤマナスビ
ユ　リ↔ヤマユリ
ラ　ン↔ヤマラン
ク　ワ↔ヤマグワ
オ↔ヤマオ
コンニャク↔ヤマゴンニャク
セ　リ↔カケゼリ
ネブカ↔ホイトネブカ
ブドウ↔ヤマブドウ

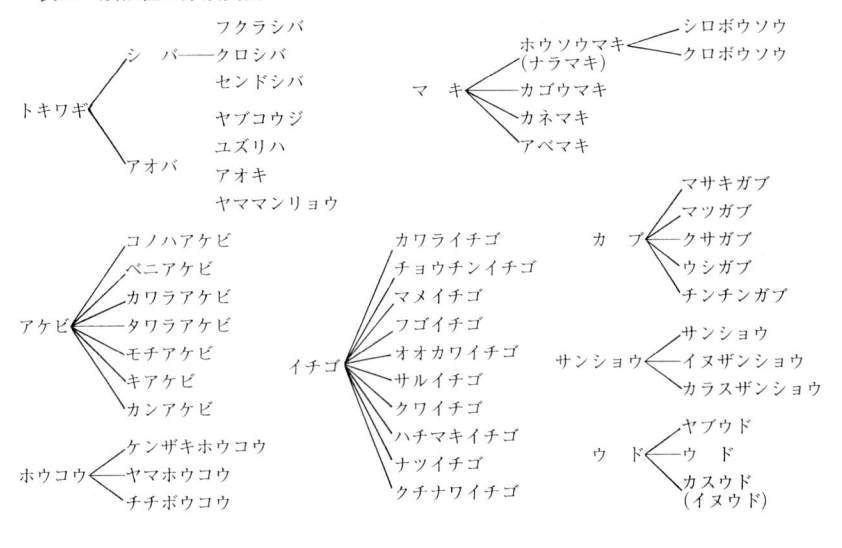

常にはっきり品種を区別しており、ヤマガキ・オオゲス・コゲス・ミノサンジョウ・フクナリ・ハッキリ・ヨネガキ・ヤヘイガキなどがあり、それぞれ渋抜きの方法も異なっている。ちなみに渋抜き技術をあげれば、①温湯に合わせる、②焼酎漬、③塩漬、④干柿、⑤焼いて抜く、⑥ムシ柿があり、品種に応じて適当なものを選んでいる。反対に生物学的な種にまでいたらないものもたくさんあって、ボカといえばコシアブラとタカノツメの両方を指すような場合もある。これは経木の材料として全く同じ価値をもっているので、分類していないのかもしれない。ウジゴロシはテンナンショウの仲間を指し、この名は昔、便所のウジを殺すのにこれを採ってきて放り込んでいたことからついた。テンナンショウの仲間なら、どれでも殺虫能力をもっているので分類する必要がないのであろう。イットロベイは実が衣服に付着する植物全てであるし、ボニバナは墓前に供える植物として、オミナエシ・オトコエシ・ヒヨドリバナなどを含んでいる。菌類については最も山村民の性格を表しており、名称のあるものはほとんど食用菌であり、他は全てドクタケと考えている。ただ食用菌に似ているものを区別するため〈ニタリ〉という表現を用いている。「イッポンシメジ（?）には三種類の〈ニタリ〉がある」という話は菌類に詳しい村人に聞いたものだが、有毒菌類についてはこんな分類しかない。この表18に表されている命名法は山村民がそれらの植物のどの部分に着目しているのかを率直に表現している。栽培植物から名を転用して、野生植物に名称を与えていることからも端的に示されているように、よく知っている植物の形質を自然の中に求め、どんどん彼らの生活領域にとり込み名称を与えてきた長い努力の跡がこの表に示されており、隠された山村の歴史ともいえるであろう。野生植物に名称を与えるということは、その植物が彼らの生活の中で果たす役割の定まったことを示しており、二〇〇種に及ぶ植物を同定できるということは、如何に山村が自然との調和を高度に保ってきたかということを示しているのである。しかもなおかつ、利用する野生植物を単に自然の中に探し求め採集しに行くだけでなく、それらを生活領域の中にまで持ち込み、積極的に保護し、栽培育成の努力をしてきたのである。ガマ・ムクゲ・ヤマカゲ（シナノキ）・ヤブウド（ハナウド）・ウド・アサドリイチゴ（アキグミ）・マメイチゴ（ウグイスカグラ）・コウカイ（ネムノキ）・サンショウ・クルミ（オニグルミ）・トガ（イチイ）・ワラビ・ゼンマイ・カヤ（ススキ）・ハナエダ（シキミ）・ミソバナ（ミソハギ）・ワサビなどは野生植物というより、人間の手によって保護されていたり、人家近くに植栽されているものの方が多い。かつては、トチノキ・ウルシ・コウゾ・ヒロレ（カンスゲ）なども保護されて、伐採したり乱獲せず適度に利用していたようだ。彼らは利用価値を見いだしている野生植物を、何時・どこへ採りに行けばよいかをことごとく知っていて、自然の生産力をうまく生活様式の中に取り込み、自然と共生的関係を保ってきたのである。

この生活様式に即して自然を分類することは、何も野生植物だけに限らず、山の地形名の区分にも表れている。ミヤマ（ブナ林を主とする落葉広葉樹林地）・タカツンゴ（山の頂上附近）・ソネ（尾根）・タワ（山の鞍部）・ソウリ（もと焼畑地帯で今は草刈場）・ズリ（崖など土壌が露出したところ）・シバヤマ（シバを採る山）・タニ（水の常時流れる谷）・サコ（水の常時流れていない谷の上部の平坦部）・ナル（山の斜面の平坦部）・ヒラ（山腹）・シロ（茸の生えそうな場所）・ホキ（渓流岩壁）・ウオキリ（魚が上がれないような場所）・ジル（山の中の湿地）・サワ（谷の源頭部）・セト（谷で両側の山がせまって最も細くなった部分）・ハラ（原野）・ナメラ（谷で岩壁が露出して掘れないところ）・クボ（耕地）などの用語の中に含まれる情報量は実に多く、山村の生活様式全般を理解しなければ、到底その意味がわからない。栗谷三一戸をとりまく小さな自然環境に五〇〇以上の地名、山の名、谷の名などをつけていることからも推測できるように、自給自足的な生活を余儀なくされてきた過去の山村が、よりよい生活のため巧みに自然を利用してきたその背景には、以上に述べたような生活に即した自然認識が存在しているのである。

野生植物の民俗分類や地形に関する民俗分類が生活と密接に関連したものであることは、これらが別個に存在するものでないことをみれば明らかである。こうした民俗分類が実際にどのように機能するかという側面から少

表19　植物方言・和名・学名対照表

①　食物関係植物

粟谷植物方言	帝釈植物方言	和　名	学　名
アイタケ	アイタケ	ハッタケ	*Lactarius hatsudake* Tanaka
アカザ	アカザ	アカザ	*Chenopodium album* L. var. *centrorubrum* Makino
アケビ	アケビ	ミツバアケビ アケビ	*Akebia trifoliata* (Thunb.) Koidz. *Akebia quinata* (Thunb.) Decne.
アサツキ	アサツキ	アサツキ	*Allium Schoenoprasum* L. var. *foliosum* Regel
アサドリ	アサドリイチゴ	アキグミ	*Elaeagnus umbellata* Thunb.
アタマハゲ ハチマキイチゴ	カンスイチゴ ハチマキイチゴ	ナツハゼ	*Vaccinium Oldhami* Miq.
アマナ	——	ヤブカンゾウ	*Hemerocallis fulva* L. form. *Kwanso* (Regel) Kitamura
イクチ	——	アミタケ	*Suillus bovinus* (Fr.) Kuntze
メクライクチ	——	?	
クズボウラ	クズンボ	クズ	*Pueraria lobata* (Willd) Ohwi
ウシノフタイ	イッショウノキ	ガマズミ	*Viburnum dilatatum* Thunb.
ウダゼリ	——	バイカモ	*Batrachium nipponicum* (Makino) Kitamura var. *major* (Hara) Kitam.
ウツキ	オツキ	ヤマボウシ	*Cornus Kousa* Buerg.
ウド	ウド	ウド	*Aralia cordata* Thunb.
エノキ(ミ)	エノキ(ミ)	エノキ	*Geltis sinensis* Pers. var. *japonica* (Planch) Nakai
オオカワイチゴ	オオカワイチゴ	クマイチゴ	*Rubus crataegifolius* Bunge
ダイダラ	ダイダラ	ハリギリ	*Kalopanax septemlobus* (Thunb.) Koidz.
オコギ	オコギ	ウコギ	*Acanthopanax Sieboldianus* Makino
オトコヤーヤー オンナヤーヤー	ヤーヤー	ウバユリ	*Cardiocrinum cordatum* (Thunb.) Makino
カガミグサ	カガミグサ	カタバミ	*Oxalis corniculata* L.
カケゼリ	カケゼリ	ダケゼリ	*Spuriopimpinella calycina* (Maxim.) Kitagawa
チチコバナ	——	ウツボグサ	*Prunella vulgaris* L. subsp. *asiatica* (Nakai) Hara
マサキガブ	ホンガンビ	ギョウジャノミズ	*Vitis flexuosa* Thunb.
カブシメジ センボンシメジ	——	センボンシメジ	*Lyophyllum cinerascens* (Konr.) Konr. et Maubl.
ガヤ	ガヤ	イヌガヤ	*Cephalotaxus Harringtonia* K. Koch
チョウチンイチゴ	——	スグリ	*Ribes senanense* F. Maekawa
カワタケ	コウタケ	コウタケ	*Sarcodon aspratus* (Berk.) S. Ito
カワライチゴ	ナワシロイチゴ	ナワシロイチゴ	*Rubus parvifolius* L.
メグログイ サンキラグイ	サルトリイバラ	サルトリイバラ	*Smilax China* L.
グイビイチゴ	——	ナワシログミ	*Elaeagnus pungens* Thunb.
クサギナ	クサギナ	クサギ	*Clerodendron trichotomum* Thunb.

クリタケ	——	マイタケ	*Grifola frondosa* S. F. Gray
クルミ	——	オニグルミ	*Juglans mandschurica* subs. *Sieboldiana* (Maxim.) Kitam.
クワイチゴ	クワ	クワ ヤマグワ	*Morus alba* L. *Morus bombycis* Koidz.
コウカイチャ	コウカイチャ	カワラケツメイ	*Cassia Nomame* (Sieb.) Honda
フゴイチゴ	——	キイチゴ	*Rubus palmatus* Thunb.
ササゴ ジネンゴ	——	笹の実の総称	
サザンキョウ	——	バタンキョウ	*Prunus salicina* Lindley
サンショ	サンショウ	サンショウ	*Zanthoxylum piperitum* (Linn.) DC.
ジイノドウラン	マタタビ	サルナシ	*Actinidia arguta* (Sieb. et Zucc.) Planch
シズラ ワラビ	ワラビ	ワラビ	*Pteridium aquilinum* (L.) Kuhn var. *latiusculum* (Desv.) Und.
オオシバカツギ	オオシバカツギ	ショウゲンジ(他)	*Rozites caperate* (Fr.) Karst.
コシバカツギ	シバカツギ	?	
シメジ	——	ホンシメジ	*Lyophyllum aggregatum* (Secr.) Kühner
シャジナッポー	タジッポー	イタドリ	*Polygonum cuspidatum* Sieb. et Zucc.
シオデ	シオデ	シオデ	*Smilax riparia* A. DC.
シンザイ	——	スイバ	*Rumex Acetosa* L.
スウメ	——	スモモ	*Prunus salicina* Lindley
スギヒラ スギタケ スギシメジ	——	スギヒラタケ	*Pleurocybella porrigens* (Fr.) Sing.
ゼンマイ	ゼンマイ	ゼンマイ	*Osmunda japonica* Thunb.
タキナ	——	ウワバミソウ	*Elatostema umbellatum* Blume var. *majus* Maxim.
タビラコ	——	タビラコ	*Lapsana apogonoides* Maxim.
タラ	タラ	タラノキ	*Aralia elata* (Miq.) Seem.
ツクシ ツクツクホウシ	ツクシ	スギナ	*Equisetum arvense* L.
テテッポ	フキ	フキ	*Petasites japonicus* (Sieb. et Zucc.) Maxim.
トガ	——	イチイ	*Taxus cuspidata* Sieb. et Zucc.
ドベタケ	ズベタケ	アブラシメジ	*Cortinarius elatior* Fr.
ナツグリ	ナツグリ	ツノハシバミ	*Corylus Sieboldiana* Blume
ナメコ	——	ナメコ	*Pholiota nameko* (T. Ito) S. Ito et Imai
ネズミデ カブトチ	ネズミデ	ハナホウキタケ (他)	*Ramaria formosa* (Fr.) Quél.
ヒー	ヒイ	スベリヒユ	*Portulaca oleracea* L.
ヒビ	ヒェンダ(ガヤ)	カヤ	*Torreya nucifera* Sieb. et Zucc.
ヘイトコ	——	?	
ホイトネブカ	ホイトニンニク	ノビル	*Allium macrostemon* Bunge
ケンザキホウコウ	——	ヤマボクチ	*Synurus palmatopinnatifidus* (Makino) Kitam.

ボタヒラ	——	?	
サマツ	サマツ	サマツ	
モトアシ	——	?	
ヤブウド	——	ハナウド	*Heracleum lanatum* Michaux
ヤマナスビ	ネズミノタワラ	ツルリンドウ	*Tripterospermum japonicum* (Sieb. et Zucc.) Maxim.
ヤマブドウ	ヤマブドウ	ヤマブドウ	*Vitis Coignetiae* Palliat
ヤマユリ	——	ササユリ	*Lilium japonicum* Thunb.
ヨモギ	ヨモギ	ヨモギ	*Artemisia princeps* Pamp.
ユスラ	——	ユスラウメ	*Prunus tomentosa* Thunb.
リョウボウ	ジョウボウ	リョウブ	*Clethra barbinervis* Sieb. et Zucc.
ママコナ	ママコナ	ハナイカダ	*Helwingia japonica* (Thunb.) F. G. Dietr.
マタタビ	チンボマタタビ	マタタビ	*Actinidia polygama* (Sieb. et Zucc) Maxim
トチ	トチ	ドチノキ	*Aesculus turbinata* Blume
マツガブ	マツガンビ	マツブサ	*Schisandra nigra* Maxim.
クサガブ	——	?	
サルイチゴ	サルイチゴ	エビガライチゴ	*Rubus phoenicolasius* Maxim.
タニワタリ	——	?	
クロッコ	——	?	
ハチベイ	——	——	
アマチャ	——	ヤマアジサイ	*Hydrangea serrata* Seringe
ポーポー	——	キツネノ チャブクロ	*Lycoperdon gemmatum* Fr.
アカタケ	——	?	
ベニタケ	——	——	
ウシガワタケ	——	?	
ウラジロ	——	ウラジロノキ	*Sorbus japonica* (Decne.) Hedl.

② 神社・寺・祭・農具・繊維・結束・籠・建材関係植物

フクラシ	フクラシ	ソヨゴ	*Ilex pedunculosa* Miq.
クロモジ クロシバ	クロモジ	クロモジ	*Lindera umbellata* Thunb.
センドシバ	サカキ	ヒサカキ	*Eurya japonica* Thunb.
ハナエダ ハナノキ	シキビ	シキミ	*Illicium religiosum* Sieb. et Zucc.
ヤブコウジ	——	ヤブコウジ	*Ardisia japonica* (Thunb.) Blume
スギ	スギ	スギ	*Cryptomeria japonica* D. Don
マツ メンマツ	マツ	アカマツ	*Pinus densiflora* Sieb. et Zucc.
ミソハギ	ミソハギ	ミソハギ	*Lythrum anceps* (Koehne) Makino
ウツキ	オツキ	ヤマボウシ	*Cornus Kousa* Buerg.
カシホシ ハエカツギ アカメ	キツネバシ	ネジキ	*Lyonia elliptica* (Sieb. et Zucc.) Okuyama

ウマノフタイ	——	オトコヨウゾメ	*Viburnum phlebotrichum* Sieb. et Zucc.
クズボウラ	クズンボ	クズ	*Pueraria lobata* (Willd.) Ohwi
カンボコ	——	カンボク	*Viburnum Sargenti* Koehne
コオダ	ノブ	サワグルミ	*Pterocarya rhoifolia* Sieb. et Zucc.
サルスベリ	サルスベリ	ナツツバキ	*Stewartia pseudo-camellia* Maxim.
サンショ	サンショウ	サンショウ	*Zanthoxylum piperitum* (Linn.) DC.
ススキ カヤ	カヤ	ススキ	*Miscanthus sinensis* Andress
ハコヤナギ	ドロボヤナギ	ヤマナラシ	*Populus Sieboldi* Miq.
ボカ	シロギ	コシアブラ	*Acanthopanax sciadophylloides* Fr. et Sav.
ヤマカゲ	ヤマガキ	シナノキ	*Tilia japonica* Sink.
ヤマオ	ムシオ	カラムシ	*Boehmeria nivea* (L.) Gaud. subs. nivea
ヒロレ	ヒロレ	カンスゲ	*Carex Morrowii* Boott
ボウリョウグサ	——	?	
ノボセ	ノボシ	チガヤ	*Imperata cylindrica* L.
ガマ	ガマ	ガマ	*Typha latifolia* L.
ガヤ	ガヤ	イヌガヤ	*Cephalotaxus Harringtonia* K. Koch
ホオ	ホオ	ホオノキ	*Magnolia obovata* Thunb.
エンズイ	エンジ	エンジュ	*Sophora japonica* Linn.
クリ	クリ	クリ	*Castanea crenata* Sieb. et Zucc.
ガゴウマキ	イバマキ	カシワ	*Quercus dentata* Thunb.
リョウボウ	ジョウボウ	リョウブ	*Clethra barbinervis* Sieb. et Zucc.
アベ	アベ	アベマキ	*Quercus variabilis* Blume
チナイ	バチノキ	エゴノキ	*Styrax japonica* Sieb. et Zucc.
ウルシ	ホンハゼ	ウルシ	*Rhus verniciflua* Stokes
ハシレウツギ	タケウツギ	ウツギ	*Deutzia crenata* Sieb. et Zucc.
ケヤキ	ケヤキ	ケヤキ	*Zelkova serrata* (Thunb.) Makino
シラハシ	——	ウリハダカエデ	*Acer rufinerve* Sieb. et Zucc.
コウカイ	コーカ	ネムノキ	*Albizzia Julibrissin* Durazz.
フジカズラ	フジカズラ	ノダフジ	*Wisteria floribunda* (Willd.) DC.

③　炭・薪関係植物

イタヤ	オオイタ	イタヤカエデ	*Acer Mono* Maxim
エンズイ	エンジ	エンジュ	*Sophora japonica* Linn.
ガゴウマキ	イバマキ	カシワ	*Quercus dentata* Thunb.
カシホシ	キツネバシ	ネジキ	*Lyonia elliptica* (Sieb. et Zucc.) Okuyama
カネマキ	クヌギ	クヌギ	*Quercus acutissima* Carr.
サルスベリ	サルスベリ	ナツツバキ	*Stewartia pseudo-camellia* Maxim.
ミズマキ	ミズマキ	ミズナラ	*Quercus mongolia* Fisch. var. *grosseserrata* Rehd et Wils.
ナラマキ	ホウソウマキ	コナラ	*Quercus serrata* Thunb.
——	ゴトロウマキ	ナラガシワ	*Quercus aliena* Blume

ミズキ	サンゴノキ	ミズキ クマノミズキ	*Cornus controversa* Hemsl. *Cornus macrophylla* Wallich
チナイ	バチノキ	エゴノキ	*Styrax japonica* Sieb. et Zucc.
ヌリダ シオノキ フシ	ヌリダ フシ	ヌルデ	*Rhus chinensis* Mill.
サクラ	サクラ	ヤマザクラ	*Prunus Sargentii* Rehd. subs. *Jamasakura* (Sieb.) Ohwi
ミズメ	——	ミズメ	*Betula grossa* Sieb. et Zucc.
ホオ	ホオ	ホオノキ	*Magnolia obovata* Thunb.
アオハダ	——	アオハダ	*Ilex macropoda* Miq.
シラハシ	——	ウリハダカエデ	*Acer rufinerve* Sieb. et Zucc.

④　民間薬その他の植物

アセブ	アセビ	アセビ	*Pieris japonica* (Thunb.) D. Don
イヌノマタカグリ	——	アキノウナギツカミ	*Polygonum sagittatum* L. var. *Sieboldi* (Meisn.) Maxim.
イベバナ	カブトバナ	ツリフネソウ	*Impatiens Textori* Miq.
イワマツ	——	イワヒバ	*Selaginella tamariscina* Spring
カマツカ	カマツカ	ツユクサ	*Commelina communis* L.
ガイルグサ	——	ミゾソバ	*Polygonum Thunbergii* Sieb. et Zucc.
イヌウド	ウシウド	シシウド	*Angelica pubescens* Maxim.
カッコウバナ	カッポーバナ	レンゲツツジ	*Rhododendron japonicum* (A. Gray) Suringer
キツネノタスキ	——	ヒカゲノカズラ	*Lycopodium clavatum* L. var. *nipponicum* Nakai
クチナワイチゴ	——	ヘビイチゴ	*Duchesnea indica* (Andr.) Focke
クチナワシンザイ	イヌシーバ	ギシギシ	*Rumex crispus* L. subs. *japonicus* (Houtt.) Kitamura
クマビラ	——	ツキヨタケ	*Lampteromyces japonicus* (Kawam.) Sing.
ケンケンバナ	——	オキナグサ	*Pulsatilla cernua* Spreng.
コボシ	コボシ	コブシ	*Magnolia Kobus* DC.
サイワイタケ	——	マンネンタケ	*Ganoderma lucidum* (Fr.) Karst.
ジイナブリ	——	ナナカマド	*Sorbus commixta* Hedl.
タウエバナ	——	タニウツギ	*Weigela hortensis* (Sieb. et Zucc.) K. Koch
チドメグサ	——	チドメグサ	*Hydrocotyle sibthorpioides* Lam.
チンチンガブ	——	カミエビ	*Cocculus trilobus* (Thunb.) DC.
ツイツイ	ツイツイ	キブシ	*Stachyurus praecox* Sieb. et Zucc.
コンペイトウグサ	——	ウマノアシガタ	*Ranunculus japonicus* Thunb.
ネジレバナ	ネジレバナ	モジズリ	*Spiranthes sinensis* (Pers.) Ames
バンゾウ	——	ハンノキ	*Alnus japonica* Steud.
ヒイルノムシロ	——	ヒルムシロ	*Potamogeton distinctus* Bennett
ヒジワイ	——	メヒシバ	*Digitaria sanguinalis* (L.) Scopoli
ヒズル	ヒズル	ハコベ	*Stellaria media* (L.) Villars

ビンボウグサ	コゾウゴロシ	ツメクサ	*Sagina japonica* (Sw.) Ohwi
ヘコキカズラ	ヘクソカズラ	ヘクソカズラ	*Paederia scandens* (Lour.) Merr. var. *Mairei* (Lév.) Hara
モクゲ	ムクゲ	ムクゲ	*Hibiscus syriacus* L.
メラ	ネコグサ	イラクサ	*Urtica Thunbergiana* Sieb. et Zucc.
ヤマノシャクジョウ	ツチアケビ	ツチアケビ	*Galeola septentrionalis* Reichb. f.
ユキワリソウ	——	ハシリドコロ	*Scopolia japonica* Maxim.
ヨメノサラ	ツブロ(ギ)	イヌツゲ	*Ilex crenata* Thunb.
ボニバナ	ボニバナ	オミナエシ オトコエシ	*Patrinia scabiosaefolia* Fisch. *Patrinia villosa* (Thunb.) Juss.
エゴソラ	——	クロバナヒキオコシ	*Isodon trichocarpus* (Maxim.) Kudo
オンバコ	オンバコ	オオバコ	*Plantago asiatica* L.
キワダ	キワダ	キハダ	*Phellodendron amurense* Rupr.
スイバ	——	スノキ	*Vaccinium Smallii* A. Gray var. *glabrum* Koidz.
タズ	タズ	ニワトコ	*Sambucus racemosa* subs. *Sieboldiana* (Miq.) Hara
ノガヤ	ノガヤ	ワレモコウ	*Sanguisorba officinalis* L.
ミコシグサ	ミコシグサ	ゲンノショウコ	*Geranium Thumbergii* sieb. et Zucc.
ロクテンソウ	ヒャクテンソウ	イチヤクソウ	*Pyrola japonica* Klenze
ドクダメグサ ジューヤク	イヌノヘグサ	ドクダミ	*Houttuynia cordata* Thunb.
センブリ	センブリ	センブリ	*Swertia japonica* (Schult.) Makino
マメイチゴ	アズキイチゴ	ウグイスカグラ	*Lonicera gracilipes* Miq. var. *glabra* Miq.
	アカナバ	?	
	トコヒメジ	?	
	キクラゲ	キクラゲ属	
	ハイヒメジ	?	
	カノコナベ	?	
	ササヒメジ	?	
	ナツアイタケ	アイタケ	*Russula virescens* Fr.
	ヒンビングサ	キツネノボタン	*Ranunculus quelpaertensis* Nakai
		ウマノアシガタ	*Ranunculus japonicus* Thunb.
	ツチイチゴ	キビノナワシロイチゴ	*Rubus Yoshinoi* Koidz.
	カンイチゴ	フユイチゴ	*Rubus Buergeri* Miq.
	アマナ	ナルコユリ	*Polygonatum falcatum* Asa Gray
	ヤマゴボウ	テリハアザミ	*Cirsium lucens* Kitam.
	ササバイコリ	サイハイラン	*Cremastra appendiculata* (D. Don) Makino
	ホド	ツルニンジン	*Codonopsis lanceolata* (Sieb. et Zucc.) Trautv.
	アワガラ	チドリノキ	*Acer carpinifolium* Sieb. et Zucc.
	サーカーチ	サイカチ	*Gleditsia japonica* Miq.

カシ	ウラジロガシ	*Quercus salicina* Blume
ヤマガンピ	?	
ゴーレンバ	オタカラコ	*Ligularia Fischerii* (Ledeb.) Turcz.
タンバ	ヤマコウバシ	*Lindera glauca* (Sieb. et Zucc.) Blume
アカシア	ニセアカシア	*Robinia Pseudo-acacia* L.
ゼニバナ	ヤマツツジ	*Rhododendron Kaempferi* Planch.
ホトケノクサイチゴ ヤマギンカン	?	
ホボロイチゴ	キイチゴ	*Rubus palmatus* Thunb.
ミチクサイチゴ	?	
イモナゼ	?	
ヤマリンゴ	?	
ムクロージ	ムクロジ	*Sapindus Mukurossi* Gaertn.
メグスリノキ	メグスリノキ	*Acer nikoense* Maxim.
ホタルグサ	ホタルブクロ	*Campanula punctata* Lam.
ヂョロビ	?	
ズベラビー	イヌビユ	*Amaranthus lividus* L.
イモナ	?	
カワラショーブ	セキショウ	*Acorus gramineus* Soland
カワラハギ	ヒトツバハギ	*Securinega suffruticosa* (Pall.) Rehd.
ユキワリソウ	スハマソウ	*Hepaticanobilis* Schreber var. *japonica* Nakai
ヨメノソデ	オオバクサフジ	*Vicia Pseudo-Orobus* Fisch. et Mey.
ハシギ	ミツバウツギ	*Staphylea Bumalda* (Thunb.) DC.
オニカケゼリ	?	
ヒオ	コウゾ	*Broussonetia Kazinoki* Sieb.
ハデ	ハゼノキ	*Rhus succedanea* L.
ゴマギ	ゴマギ	*Viburnum Sieboldi* Miq.
トリトマラズ	メギ	*Berberis Thunbergii* DC.
ジゴクノカマノクサ	?	
タニオオーバコ	?	
コッテイノツノ	キンミズヒキ	*Agrimonia pilosa* Ledeb.
カネカズラ	クマツヅラ	*Verbena officinalis* L.
ユウレイバナ	キツネノカミソリ	*Lycoris sanguinea* Maxim.
トスベリ	イボタノキ	*Ligustrum obtusifolium* Sieb. et Zucc.
ヤマノキンギンソウ	ダイモンジソウ	*Saxifraga Fortunei* Hook. f. var. *incisolobata* (Engl. et Irmsch.) Nakai
カタシ	ツバキ	*Camellia japonica* L.
トートンボ	ネコヤナギ	*Salix gracilistyla* Miq.
スズメノアシ	イノモトソウ	*Pteris mulifida* Poiret
カニツリボウシ	スズメノテッポウ	*Alopecurus aequalis* Sobol. var. *amurensis* (Komar.) Ohwi

注　本文中に言及はないが，粟谷と比較するため広島県東城町帝釈の植物方言名を掲載した．

し考えてみよう。例えば地形の民俗分類にズリという崖崩れを起こして新鮮な土壌が露出したところがある。環境の民俗的な評価は基本的にはその分類が生活とどう結びつくかという点に帰着させることができる。こうした地形が民俗分類される理由はなんらかの利点があるはずである。野生植物の民俗分類とは、分類そのもののためではなく「いつ、どこで、どのように採取できるか」という生育場所や生態に関する自然知の結集なのであるから、生育場所や生態に関する情報が喚起される仕組みをもった構造を備えている。それは生活に関するさまざまな自然に関する民俗分類の重合という形で機能する。つまり地形の民俗分類は野生植物の民俗分類と重合することによって具体的な知識として応用可能な存在になる。「ズリにあるタケ（キノコ類）は何か」という質問は「それはポーポーである」という答を即座に引き出すことになる。ポーポーとはキツネノチャブクロやタヌキノチャブクロのことで成長した茸を手で触れると胞子を吹き出すことから命名されたと思われる。この茸の若いものは採取して汁の実としてよく使った。山村の人々の自然について伝承されてきた知識とは分類学的というより、むしろ生態学的な自然認識である。さまざまな自然環境に関する民俗分類は分類を重合することによって実用的で具体的な知識として使用される。一九七種の野生植物も生育場所や生態という知識と結合して記憶され伝承されているのであろう。粟谷の植物方言・和名・学名との対照表（表19—①～④）はその自然知の一種の辞書である。

八　自然知の消滅

中国山地の標高四〇〇メートルから五〇〇メートルの間に位置する岡山県真庭郡湯原町粟谷という戸数三一戸人口一〇二人の山村の社会の特質とその社会に伝承されてきた野生植物に関する利用体系を抽出した。自然に関する民俗的知識がどのような社会集団で開発され伝承されていくのかという意味で、比較的隔絶してきた山村を選んで調査した。選ばれた山村・栗谷が通婚というレベルで考えると比較的最近までかなり狭い範囲のなかで閉じられていて、人々の伝承的な知識の地域的特性を抽出しやすいと判断できる。

栗谷の周囲には標高八〇〇メートルから一〇〇〇メートルの山々があり、上部には温帯広葉樹林（通称ブナ帯）が存在し、カエデ類・シデ類をまじえて豊かな自然を形成している。村人はここを「ミヤマ」と呼んでいて村落近くの里山と区別している。ブナ帯下限から村落までは炭焼とタタラ生産のため何度も伐採が繰り返された。比較的高い方にカシワ・イヌブナ・ミズナラが、低い方にはコナラ・アカマツ・クヌギ・アベマキ・クリなどの二次林とスギ・ヒノキの植林が存在する。渓畔にはフサザクラ・チドリノキ・トチノキ・サワグルミなどが多い。この地域で顕花植物は一〇〇〇種以上報告されているが、特殊なものを除いてポピュラーなものは五〇〇種程度である。

こうした自然環境にあって栗谷の人々は約二〇〇種の野生植物を認知し、彼ら特有の同定基準と分類基準をもっていることがわかった。そしてこの野生植物の民俗分類は、地形やその他の自然の民俗分類と重合させることにより、より具体的な自然知として機能させている。野生植物の利用は食物・民間薬・儀礼用・道具の素材に大別されるが、それらにはそれぞれ目的に応じた素材選択の論理が見事に働いている。選択の論理の背後に精緻な生態的知識に裏打ちされた自然知の世界が展開していた。しかし、この自然知の伝承はまさに消えようとしている。

注

（1）組と葬式組の関係も、旧村内の中でも相当に異なり多様である。例えば地縁的な二組があり、一方で死者がでた場合、他組の仕事は墓掘りだけで葬儀にでないという例もある。逆に自組の方で墓掘りを行い、他組は普段着で焼香だけするという例もある。図の中の藤森というところは街道沿いであり、葬儀の中心的役割をなすのは喪家の向こう三軒両隣の計五軒と村落内親戚という例である。

（2）栗谷三組内の葬儀は次のような役割分担になっている。喪家の所属する組は各家二人、それも男女一名づつが望ましい。男は喪家内での受付などの雑用をする。喪服を着用する。女は普段着で料理一切を行う。他二組は各家一名づつで、墓掘り、棺桶作りなどの野辺送りに必要なものを公民館に集まってつくる。他二組は焼香だけ普段着で行い喪家へ入って食事はとらない。

（3）この家も本来は農業を行っていたが、田畑を失い戦後雑貨を扱っている。他に豆腐製造をしている家が一軒あるが、ムラの中で頼まれた数だけ作るといった副業的なものである。

（4）世帯主、主婦の集まりは三組のものと大字のもの二つがある。老人クラブは大字を越えた旧村内で集まるが、それぞれ大字で分会をもつ。神社の氏子という点では大字単位で熊野神社の氏子になる。

（5）当地域の株内と称されるのはせいぜい四代前ぐらい溯った分家である場合が多い。株内同士で集まるといった特別なことはない。婚姻の地下マワリの先導案内、葬儀における僧侶の先導案内といった役割を担うが、日常生活で助け合うことは、姻戚に比べむしろ少ない。

（6）肥負カゴと称する直径一《メートル》もある自家製のカゴをこの地域では作るが、その荷縄は三本の縄を組んでつくる。正月六日をヒキョウウチと称し、三本の縄を天井からぶらさげ屈強な男が三人声をかけながら荷縄をよる。ヒキョウウチをする家同士は決まっていて、親戚・隣の家・友達といろいろある。

（7）懇意関係と便宜的に名付けたが、例えば田畑の隣り合わせで何かと助け合う関係、田植えのユイをよく頼む家同士などを指す。

（8）二川村史刊行会『二川村史』一九六五年、一三一～一四〇頁。

（9）全ての家に屋号があり、ムラの中では例えば「大原（屋号）のアーサン（年上の男）」といった呼び方が普通である。屋号は次のとおりである。丸山・小坂・明・ヒラキ・製材・隠居・宮の下・水口・ナル・大原・大原隠居・下小茅・上小茅・大サコ・前・大前・車屋・大工屋・檜橋。

（10）高下組Cに本分家関係にある家が集中している。姓の分布は金盛姓五、西坂姓三、白石姓三、佐藤姓三、明村姓三、木下姓三、戸田姓二、片山姓二、須美姓二であり、福島・荒木・宍戸・石賀・山本が各一姓づつである。

（11）亀山慶一「同族と同族祭祀」（和歌森太郎編『美作の民俗』所収）一九五八年、吉川弘文館。この論文にこの地域一帯の同族・株内の考察がくわしい。同族結合の弛緩する原因を明治民法の規定においている。

（12）養子は財産を処分する権限をもたないもの、それに対して婿養子はもつものと区別されている。養子から婿養子へは子供ができた頃するのが普通である。

(13) ザッキ師とは方言で山林のブローカーのような仕事をする人をいい、あまりいい意味にはとられない。ムラには一人、陰でザッキ師といわれている人がいる。

(14) ユイのことを指す。田植えのテマガエは田の隣り合わせとか村落内親戚と組むことが多い。足らない部分は賃労働で雇う。

(15) 粟谷の上流、杉成には明治初期に相当なタタラ師たちが山内を形成していた。美女墓といわれる、おそらく遊女の墓もあり、当時は大変な人数が居住していた。隣村美甘村鉄山はその地名が示すようにタタラ師の活躍が歴然としている。このあたり地形的にもタタラ地形を数多くみることができる。

(16) 杉成には屋号が木地屋と称される家があり、その家の倉には多量の白木の椀などが保存されている。また木地墓といわれる墓も多数存在している。

(17) 二川村内では真言宗が最も多い。檀家はムラを越えた集まりであるが、この集団がムラの社会構造を考える上で最も影響力をもたないものではないだろうか。

(18) B_8家所蔵過去帳の記載から。

(19) 香典は今は現金がほとんどであるが、死者との関係によって金額は明確に異なる。以前は米で換算していたので死者の身内（兄弟姉妹）は米一俵、それ以外の親族は米一升と香典は決まっていた。

(20) 鉄山は江戸時代タタラ師が盛んに活躍したところであるが、藩制村粟谷村時代中庄屋を勤めたといわれるB_3家の古文書に、鉄山でできた鉄の運搬をB_3家が扱っていた記録がある。

(21) 通信手段の発達していなかった時代、ある組で死者がでると、他の二組のものが二人づつ組んで喪家のムラの外の親族に歩いてすぐ連絡にいくことをいう。二人でなければならないこと、死を告げると告げられた家では特定の食物を使者に食べさすなどの習俗があった。

第二節　木地師の技能誌

一　中国山地の木地師

木地師とは山中の樹を伐り、轆轤を使って椀・盆などの木地を作る特殊な工人をいう。[1] この轆轤を使って木製品を作る技能は、すでに弥生時代に存在した。[2] ただ遺物としては製品のみであり、轆轤やそれに伴う諸道具は発掘されていない。最近まで行われていた木地挽（あるいは木地刳）の技能は、弥生時代まで溯ることは想定できても、その技術的変遷は多くの点で不明である。[3] 轆轤は現在の民俗学的研究によれば、二人一組で行い、手綱を挽く横挽轆轤（美作一帯では単に横挽という）→一人で作業可能な足踏轆轤（美作ではこれを正面挽、あるいはミツメ挽という）→水車轆轤→モーターで廻す轆轤と変遷してきたことが明らかになっている。民俗資料のうちで最も原初的形態である横挽轆轤と弥生時代あるいは古墳時代に使用された轆轤との間には大きな技術的変遷があったかも知れないが全く不明である。

横挽轆轤から足踏轆轤への変化は明治中葉頃に起こったものらしい。[4] また木取法も竪木取と横木取の二法があり、[5] 前者は主に漆を塗る飯椀・汁椀などの日常雑器製作を主流とし、後者は木目を大切にする盆・菓子鉢・碁笥などを主流とする。[6] またこれら二つの器種をそれぞれ木地椀と挽物と明確に区別し、明治中葉以降は横挽は挽物を得意とし、正面挽の木地師は木地椀がもっぱらであったという。

古くから美作一帯にも近江の小椋系の木地師たちが活躍したことは、各地に残る地名（木地屋敷・木地小屋・木地山など）、筒井公文書発行の御倫旨之写、勝山藩の記録などから明らかである。(7)江戸時代末期には、真庭郡川上村郷原《ゴウバラ》と鳥取県日野郡米沢村下蚊屋《サガリガヤ》が漆器の産地として名を馳せていた。これらの漆器を作る塗師屋はまた同時に木地師でもあり、かなり土着化していたようで、明治中葉までは横挽轆轤を使用していた。そしてそれらの家では小椋姓を名乗るものが多かった。しかし明治の中葉になって、紀州海南市（黒江町・日方町など）及び大和郡山から新技術（足踏轆轤を指す）を携えた移住者がかなりあった。そして正面挽が一人で操作可能なことと、日常雑器を中心に横挽より生産性が高かった故、漸次その勢力が交替してしまったと思われる。

現在、聞き書きをとることのできる蒜山地方の木地師の末裔は、全て紀州系の技能の伝承者である。私がこの地方に探し求め親しく話を聞くことができたのは、紀州系の二人の木地師であった。(8)

その一人は、湯原町田羽根の小椋浅太郎氏八十二歳である。彼の姓は小椋であるけれども婿養子であり、その技術は紀州系である。木地の技術は十六歳の時、当時紀州から来て見明戸(9)というところで小屋掛していた旅の木地師白髪何某という夫婦者に習ったといっている。百姓になることをきらった彼は、この夫婦者の小屋によく遊びにいき、自然に正面挽きの椀木地作りを身につけた。その夫婦者も大変親切な人であったと彼は述懐していた。彼は二十歳でその師匠から一本立ちし、自村付近の山で木地屋を営んでいたが、横挽の木地師（地の木地師）である田羽根の小椋家に見込まれて婿養子になった。彼は現在でも精力的に独楽などを作って、湯原町の観光業者に卸している。

他の一人は、この聞き書きの主な話手である新庄村戸島在住の北畑一美氏八十二歳である。彼は紀州からの移住で二十歳で故郷を後にし、その後一度も帰郷していない。すでに何十年も前に木地挽きはやめてしまったが、大変闊達な調子で往時を偲んでくれた。

私は、この二人の木地師から正面挽の技能を中心とした伝承を聞くことができ、この報告を作成した。従来、多くの木地師の民俗調査がなされているが、木地師の技能伝承に関するものは比較的少ない。彼らの樹木に対する認識、また道具の使用法を中心に構成したため、その他の重要な事項（信仰・習慣・生活内容など）は調査から洩れてしまったが、彼らはすでに自らを木工職人と表現しているように、従来の木地師にみられる特異な伝承はほとんど語り伝えていない。木地師の由来である小野宮惟高親王伝説、またそれを付会した近江蛭谷筒井八幡宮及び君ヶ畑の大皇大明神の御倫旨も噂に聞いたという程度である。それらのことを問題にするには、時はすでに遅い[10]。それに較べ、木地挽の技能そのものは、正面挽とはいえ小椋浅太郎氏は現に木地製作を行っているし、北畑氏にしても記憶は正確である。この聞き書きは、木地師の使用する道具を特に重視し、正面挽による木地椀及び挽物の製作過程を再現しようと試みたものである。資料は一九七三年（昭和四十八）十一月北畑氏を訪問した時の採集ノートと一九七五年（昭和五十）三月二十七～三十一日北畑氏及び小椋氏を訪問した時の採集ノートによる。後者ではテープレコーダーによる記録をとった。また、本文中にあらわれる道具実測図における道具は小椋氏所有のものである。本文中に出てくる蒜山地方の地名は、図34に示しておいた。植物方言は（　）内に和名を併記した。（　）のないときは方言と和名は同一である。ここでは技能を序論（三頁）で述べたような意味で

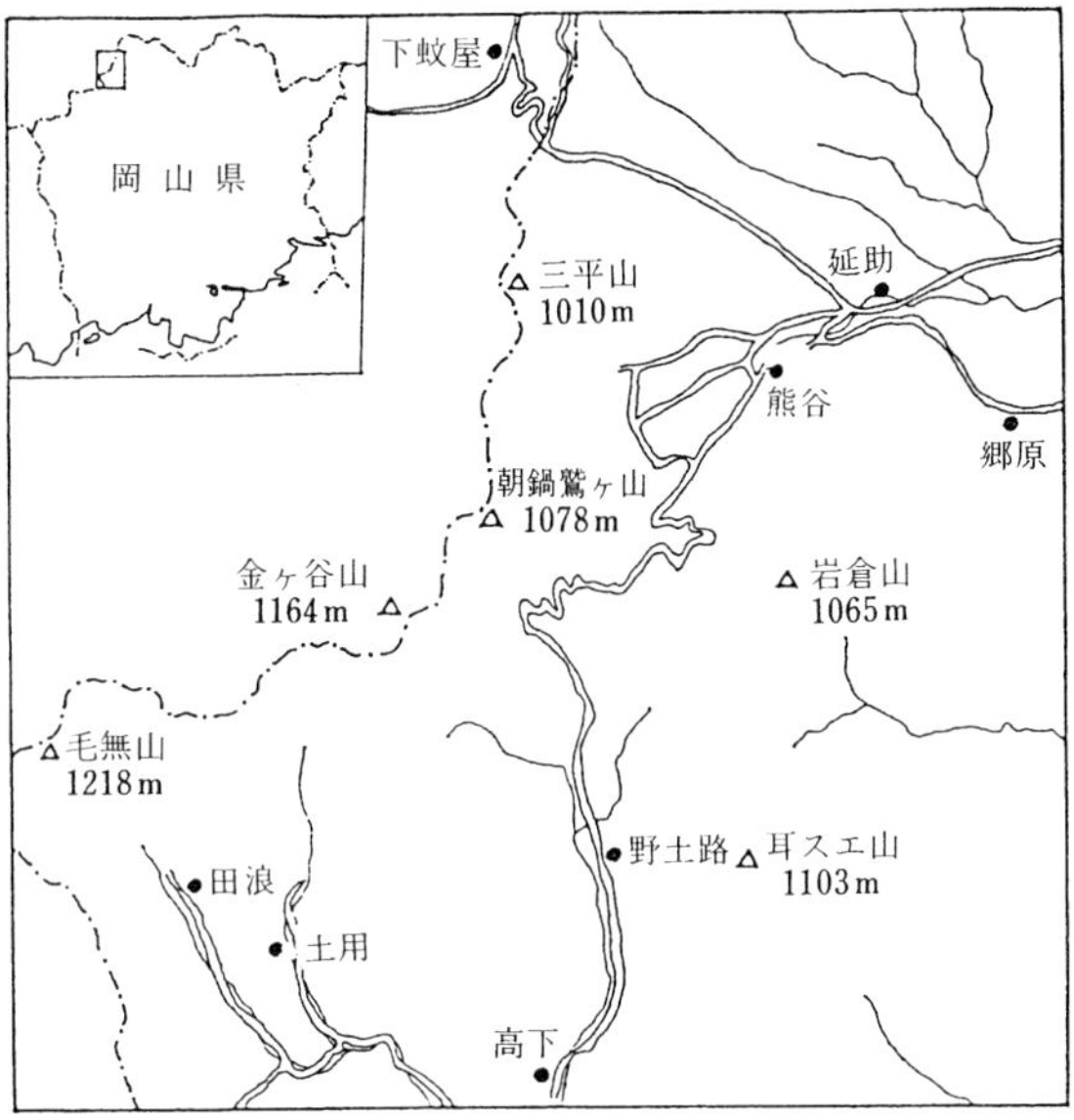

図34　蒜山地方地図

使う。ただ文章表現上、技術の方がふさわしい場合は技術という言葉を使っている。

二　紀州から作州へ――北畑一美氏のライフヒストリー――

北畑一美氏が生まれたのは、一八九五年（明治二十八）和歌山県那賀郡長谷ケ原村であった。彼はこの村で十五歳まで育った。父親は彼が十五歳の時亡くなり、彼と母親はその後の糊口を考えねばならなかった。その時本家の親父は一人息子である彼を坊主にすると主張したが、彼はそれを嫌い、自らすすんで木地職人の道を選び譲らなかったという。そしてこの年から彼は和歌山県海草郡日方町(11)のある木地師に弟子入りした。本家と彼の両親とは多少軋轢があったらしく、本家の横槍で、母親が正式に入籍することができたのは彼の出生後四年目であった。このため彼は実際には八十二歳であるが、役場では一八九九年（明治三十二）生まれで七十七歳ということになっている。彼のついた師匠が同村出身ということもあって快く引き受けてくれ、彼は十五歳の年から三年半日方町で木地修業をすることができた。当時、日方町は大変漆器屋の繁盛した地で、隣町の黒江町と合わせて三〇〇軒ほどの漆器屋が軒を連ねていたといわれる。そのうち、一五〇～一六〇軒というのが漆器を伴わない木地本職の人たちであり、残りがいわゆる塗師屋と呼ばれるお膳・什器の漆器屋であった。彼の師匠は木地本職の人であった。

木地師として一人前になるには、刳道具類を自分で作ることができなければ鍛冶屋のいない山中で仕事のできないことから、鍛冶技術の習得をまず身につけなければならない。特に、道具の刀付・打出・修繕は欠かせないものである。三年半の修業も、木地師の付帯技術である鍛冶の訓練から始まり、これを習得できないうちは木地挽はさせてもらえなかったという。しかし、修業は特別厳しかったということはなく、彼の言によれば、一本立ちできるかどうかは、むしろ個々人の生来の器用さによって異なるものだという。

日方町の木地師は、原木を購入するものが多く、自ら山に入って小屋掛をして木地を挽くことはむしろ少なかった。それでも彼の師匠は、鍛治が一人前になると、彼をつれ県内の大山に小屋掛して半年も山で生活する方法を教えてくれた。彼が師匠から習得した技能は正面挽といわれる足踏み轆轤を使用して木地椀を製作する技術であった。彼は後半生、横木取りといわれる板木地で盆・茶托などの挽物を挽く技術を自然と身につけていくが、流れ木地師として人に雇われて生活する間は、ほとんど飯椀・汁椀・ヒラ・ツボなどの日常雑器を専ら挽いていた。木地椀は塗ることを前提にしているため、木目の美醜は問題にならず、木取りも多くとれる竪木取で取ったという。紀州では、樹種はヒノキとミズメザクラ（ミズメ）が圧倒的に多く、その他の樹種はほとんど使わなかったといわれる。そして木地師の作る製品は木地椀・挽物をとわず白木地と総称していた。(12)

正面挽の木地椀専門という木地師は、従来の横挽に較べ、日常雑器の大量需要にも答えることができ、かつ挽きやすいこと（理由は後述）もあって時代の要請に敏感であり、明治中葉に勃興してきた。この新旧の交替時期及び正面挽の起源地などの詳細は不明であるが、北畑氏が日方町で修業していた頃はすでに正面挽が主流を占めていた。だがこの正面挽と横挽の対立は相当激しかったと見えて、興味深い話を北畑氏は語り伝えていた。

横から挽く人は横から挽く人の一手でやる人と、正面でわたしらのように挽く人は正面の一手の人と二派になっとってな。それでしまいには大喧嘩やったんだそうです。それで黒江町の人に〝ヒビキ〟いうて、それも正面挽の元祖いう方がいたらしいな。その人の説なんだそうだが、正面挽は横挽の仕事もできんことはないいうて、正面挽の木地師が横挽の仕事をはじめた。儲けがええし、それでそれを正面挽の人はしようとするし、横挽の人はさせまいとするしで波乱が起きて、それで大騒動が起きた。それで正面挽きの者は横挽きのものを挽きませんという一札を入れたり、横挽きの者は正面挽きのまねはしませんいう一札を入れたりしたもんらしい。

おそらく各地でこのような対立はあったとみえるが、それは明治中葉まで貴種流寓譚に仮託して、製作・販売の諸権利を手中に収めていた小椋系木地師たちの伝統的社会が崩壊していくのと軌を一にしていると思われる。北畑氏は自らを木工職人と表現し、木地師とはあまり言わない。したがって伝統的な木地師の習俗は伝承しておらず、小椋系木地師と無縁である。

わたしらが木地習いに出るより前には、なかなか木地は難しかったもんだそうなけどな。それでみんな木地を習おうか思えやー、一応小椋、あれに入らにゃ木地は習えんそうだそうな。それで昔、小椋、小椋いうてようあったもんです

年季があけてから、彼は半年はデー奉公と称し、その師匠のもとで無償の仕事をし、その後、出身地の村で一年間ほど木地仕事をしていた。彼が師匠離れしてからも、この師匠は大変親切な人で、時々彼の仕事場を訪れては木地師の生命である刳道具（カンナ・マエビキなお、後に述べる）の状態を見に来てくれたそうだ。彼の話からは厳しい徒弟制度といったものは全然窺えなかった。そうこうするうち、同村出身の人で作州郷原へ流れ木地師として出稼ぎにいっていた人が、人手不足だから作州へ来てみないかと誘いをかけにやってきた。一九一三～一四年（大正二～三）のことである。彼は腕一本で生きる流れ木地師として働く決意をし、もう一人同村の木地師を誘い、小さな刳道具類と多少の着替えを持って故郷を後にした。

村から歩いて国鉄和歌山線笠田駅に出て、汽車で山陰をまわり鳥取倉吉につき、馬車で関金温泉に行った。そこからは徒歩で犬挟り峠を越え作州へ入ったのだが、やがて作州へ土着して骨を埋めることになるだろうとは、このときいささかも考えなかったという。郷原へついて彼らは非常に歓迎された。当時、郷原には四～五軒の塗師屋があった。そしてこの頃はすでに塗師屋が流れ木地師を傭って、資本を出して山の原木を購入し、流れ木地

師に山に小屋掛けをさせ白木地生産に従事させていた。

　作州には、元来土着化した小椋系などの木地師集団がいたが、彼らは流れ木地師に対して地の木地師といわれ、使用した轆轤は手綱式の旧式であった。そして、地の木地師は挽物を挽くことを好み、日常雑器の椀類を専門に挽く流れ木地師を軽視した傾向があったといわれる。[13] 従来の小椋系木地師集団は、原木採取・白木地生産・塗物・販売の全過程を全て木地師だけで行っており、郷原でも同様であった。そしてこのことは、二人一組で行い呼吸が合わねば操作の難しい横挽き轆轤に象徴されるように土着の木地集団が内容未分化の極めて家内工業的な性格を帯びていたことを示している。一人で稼働可能な正面挽の導入は、この未分化の木地師の社会に仕事の内容上の分化を惹起したようだ。郷原では地の木地師は塗師屋専門になり、正面挽の流れ木地師を木工職人として傭い、原木伐採も地下《ジゲ》の農民を木挽として使った。正面挽と横挽の対立も紀州と同様に生産性の優る前者が勢力を増し、塗師屋専門に転向することのできなかった地の木地師は、廃業して農民になるか、あるいは正面挽に転換する道をえらんだ。北畑氏の話によれば、一九一三年（大正二）頃四～五軒だった塗師屋が正面挽の導入（ほとんど紀州から）により需要が増し、景気の良好な大正末から昭和初期にかけて郷原に一九軒の塗師屋が繁昌するようになり、漆器同業組合まで作るに至ったという。

　北畑氏もある塗師屋に資本を出して貰い、延助の熊谷という山へ入った。[14] その資金で轆轤・鍛冶道具を作り、山の平坦地に小屋掛をして作業場とした。注文は傭い主の塗師屋がとってくるという方法であり、支払いは製品のでき高に応じて月計算で塗師屋から払われた。歩合は当時の農家に較べ決して遜色はなかったし、現金収入ということがよかったと彼は言う。この形態から、彼は後に原木購入及び小屋掛も自己資金で調達し、注文だけ塗師屋を通じて行うという形態に塗師屋から独立していく。郷原の塗師屋に傭われて川上村で三ヵ所小屋掛を移動し、山の漂泊生活を送った。

こっちへ来てからは、この山が五年なら五年稼げるとか、七年稼げるとか、かりに二年程しか稼げんいうんでも、それが済むまではやっとったんです。初めは組んでな。四人も五人も一つの小屋にな。大きな小屋の長い小屋を建ててな。そうしてずっと轆轤を並べてな。脇じゃ寝起きして、夫婦もんがここで寝て、若い物は三人も四人も一つに寝るいうようなことでな。

彼が川上村にいたとき、最も多く挽いた樹種はクリとミズメザクラ（ミズメ）だという。景気のよいときはホオノキ・オカバ（ヤマハンノキ）・エンズイ（イヌエンジュ）も使った。全て木地椀の材料であり、器種は農家で日常使うハチジュウモンが圧倒的であった。普通の腕前の木地師は一日どの程度の生産量であったのかというと、アラボリ（後述）してあるものならば、フタなしの径四寸二分の汁椀を七〇人前ぐらい挽いた。一〇〇人前以上一日で挽けるのは相当な熟練者である。これに比べ、挽物の茶盆などは径尺二寸のものでも一日一枚が通常であり、二枚は無理であった。

蒜山地方は落葉広葉樹林帯であるが、ブナ帯の出現は標高約八〇〇メートル《メートル》以上にあらわれる。しかしブナは量が多いにもかかわらず、木地の対象にはならなかった。また落葉広葉樹林帯下部はほとんど二次林であるが、その中で量的にいっても重要な構成樹種であるアベマキ・クヌギ・ナラガシワ・コナラなどもまた、白木地に仕上げて乾燥すると大層「ヒネル木」であるため使われなかったようだ。

仕上げは白木地は、二〇〇人前位を一荷として牛をもつ地下の人に頼むか、また自分で担いで山道を通り郷原へ運んだ。白木地はたくさん運べるよう、仕上げてから十分乾燥するのが要領である。郷原から小屋掛へ帰るときは、米・味噌・醤油・雑貨などを買って戻った。

一年の大半を寂しい山の中で暮らす生活故、夜の山道もさほど恐いと思ったことはないと彼は言っているが、いろいろ山の妖怪のことも知っていた。木挽などが朝早く弁当を持って山仕事で深山へ入ると、時々ヤマオーロと呼ばれる妖怪がでた。山の人はキツネかタヌキの化物だというが、丸坊主で青い顔をして、姿形は人間の子供によく似ている。一つでは現れず二つ一緒に出現するようで、さまざまな悪戯をする。弁当を木の梢に下げておくと、包みを解いた様子はないのに半分はきちんと食べてある。木挽の前に姿を現すのは、夕方帰り仕度をしている時が多く、相撲をとろうと挑戦する。初めのうちはヤマオーロが負けるが、決して止めようとはいわず、「もう一度もう一度」と挑んでくる。不思議なことに、回を重ねる毎に段々強くなっていき、最後には木挽は精根尽き果て気絶する。帰りの遅いのを家のものは心配し、探すと山の中で倒れている。食べられた弁当の残りは何となく生臭いといった具合の話が、数多く小屋掛で話されたようだ。

材料の原木は、春から晩秋までは必要に応じて木挽の連中に切って貰い、適当に間切りして小屋近くに積んでおく。冬期に使う原木は、秋遅くまとめて大量に伐採し、雪が消える頃まで使えるよう小屋に運搬しておいた。冬は特に製品を郷原へ出荷するのが難儀でカンジキをはいていかねばならなかった。(15) 山で小屋掛けするには、その麓の地下の村に村入りをしなければならない。酒・肴をもって村区長さんの所に挨拶に行き、さらに各家にも「よろしゅう頼んます」と地下廻りをした。原木の伐出しは、その山麓の地下の人たちに依頼して、村人とのつきあいを大切にしていった。氏神さんもその所の氏神さんを祭り、氏子に入れてもらった。彼は作州へ来て初めて入った山の麓村である延助から嫁を貰い、この延助の人たちと心安くなり、他所者でありながら随分信用された。彼の奥さんのカナオヤは延助の旧家法華家であり、彼と法華家の息子は兄弟分になった。(16) この擬制的関係により彼は随分と仕事の便宜を得た。木地師と地下の村との交渉はタタラ集団と異なり相互にメリットをもったものであろう。(17) 原木の確保・運搬・食糧の調達は木地師にとって不可欠のことであるし、また山村の人間たちにとっても、木挽という現金収入、道具を挽いてもらうという利益があったと思われる。(18) 木地師の挽く道具で典型的なものは、作州一帯でみられるワラウチヅチ・ヨウジヅチである。木地椀作りの片手間に頼まれて、木地師が挽いてやったものである。

嫁を貰ったのは彼が二十四歳の時であるが、それからは夫婦で仕事をし、能率も上がっていった。

はい、手伝《テゴ》うさせました。下働きをな。アラボリいうてな。同じ轆轤にさわってアラボリするんです。そのアラボリしたのを、わしが仕上げしてな。だし、だいぶアラボリも上手になってな。道具を一辺位かけりゃ、仕上がるようになりましたけんな。ええ、もちろん轆轤は二台持ってました。

こうして彼は自己資金を貯え、塗師屋から独立して川上村から山一つ南に越えた新庄村の深山へ移住していく。[19]しかし、注文は相変わらず郷原の塗師屋を通してのものが多く、ごくたまに鳥取県下蚊屋からの注文があった。彼は一九四三年（昭和十八）に新庄村戸島に家持ちして田畑を買い漂泊生活に見切りをつけ土着化していくが、それまでは新庄村の深山・毛無ヶ山・金ヶ山・朝鍋鷲ヶ山・笠杖山の山麓で小屋掛の生活をする。山麓の地下の村は田浪・土用・野土路・高下であった。

原木のある山を購入する時は、山を下見してクリ・ミズメの数を概算し五年もつと思えば五年でいくらといって買った。土用にいた時の山は大きく、六年契約で購入し五年間いたという。山の善し悪しは「木の素姓と山ダシ」で決定される。山ダシとは、木を伐採して小屋掛まで運搬する便宜がどうかということであり、山の価格決定の最も重要な要素である。地下との交渉は新庄へ行ってからでも同様で、習俗・言葉は努めて作州風に同化しようとした。ただ、毎年十一月八日の日にはフイゴ祭を行い、この点だけが地下の村と違っていた。しかしこれとてフイゴに御神酒を供え、周囲の心安い人たちを呼んで酒を浴びる程飲むというぐらいで、小椋系木地師たちがもつジクサンに対する畏敬などは全然ない。[20]

彼のこの木地師としての生活も、いったん中止を余儀なくされたことがある。一九一九年（大正八）朝鮮半島における排日、独立運動の勃発である。[21]彼は兵役で朝鮮半島への出兵を命じられ朝鮮南道に赴く。しかし現地で肋膜を患い、一九二一年（大正十）兵役解除になり姫路で除隊になった。その後もなかなか体は回復せず、苦しい生活が続いたと述懐している。加えて、昭和の初期までは注文も相当あったが、盧溝橋事件（一九三七年）頃を境として木地の需要が急激に落ちていく。この頃の経緯について、彼は次のように言っている。

支那事変（盧溝橋事件を指す）の頃は、まだソコソコ注文がきよったんですけども、もう東亜戦争になってから、さっぱり引き合いになるほど注文が来んようになってな。それで注文が少のうなる。まあ、わずかな注文をだして集金に行く。前の月に出した品物の集金がようようで、今月の分が後回しに翌月になったりな。金廻りが悪うなってくるな。それで塗師屋もそりゃ困ったんでしょうな。漆とか朱とかいうものも配給ですけんな。それで、一ヵ月の配給分が一〇日程で済んでしまういうんですけんな。あと二〇日は手を組んどらななならん。わたしも原木をだいぶん買い込んどったですけどな。まっさき、止めたんです。それにまた人の奨めで百姓やってみんかいうてな、すすめられて。

彼は遂に一九四三年（昭和十八）新庄村戸島に家持ちし、正面挽きの木地椀専門の流れ木地師としての生活に終止符をうつ。それ以後は、百姓仕事の片手間に木地椀でなく、茶盆・木皿などの挽物を、村の人達の注文に応じて作っていく生活に変わった。この挽物も、戦後になってしばらくして止めてしまった。

三　木地挽の技術伝承を中心に

木地挽の生命は、カンナを初めとする刳道具にあるといわれる。図35は木地椀および挽物を製作する時の基本的な道具の実測図である。木地師が細心の注意を払うのは、これらの道具の一番先端のわずかな刃先の部分なのである。これについて北畑氏は次のような表現をする。

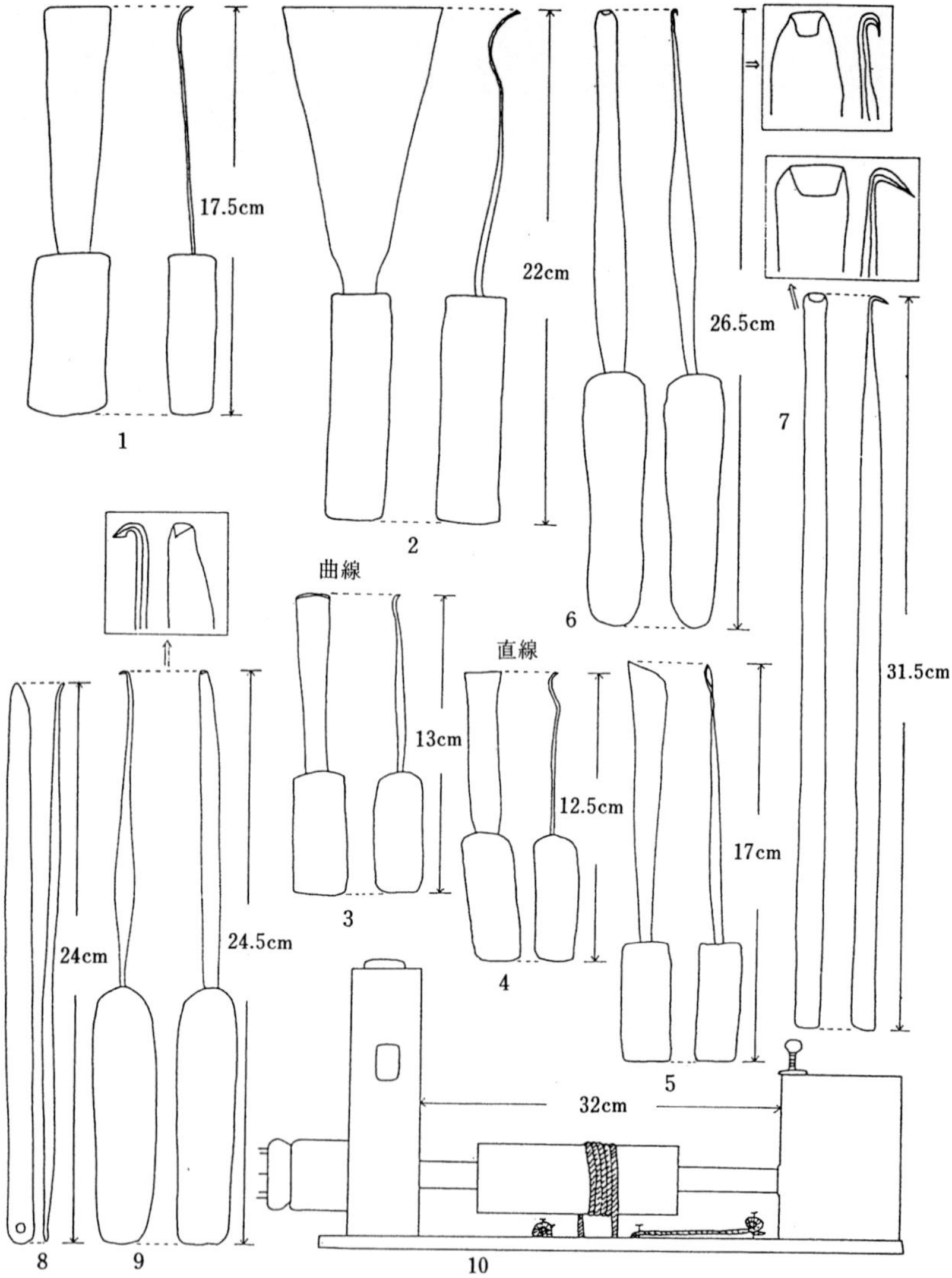

図35　木地挽の道具

1・2 キサギ，3 マエビキA，4 マエビキB，5 マエビキC，6 カンナ(挽物用)，
7 カンナ(木地椀用)，8 ツッコミ，9 アラグリ，10 轆轤

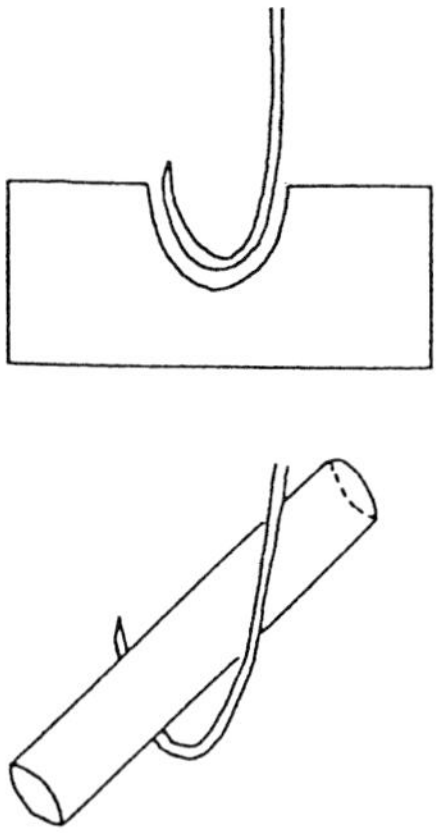

図36　カンナの研ぎ方
上は外側を研ぐとき,
下は内側を研ぐとき.

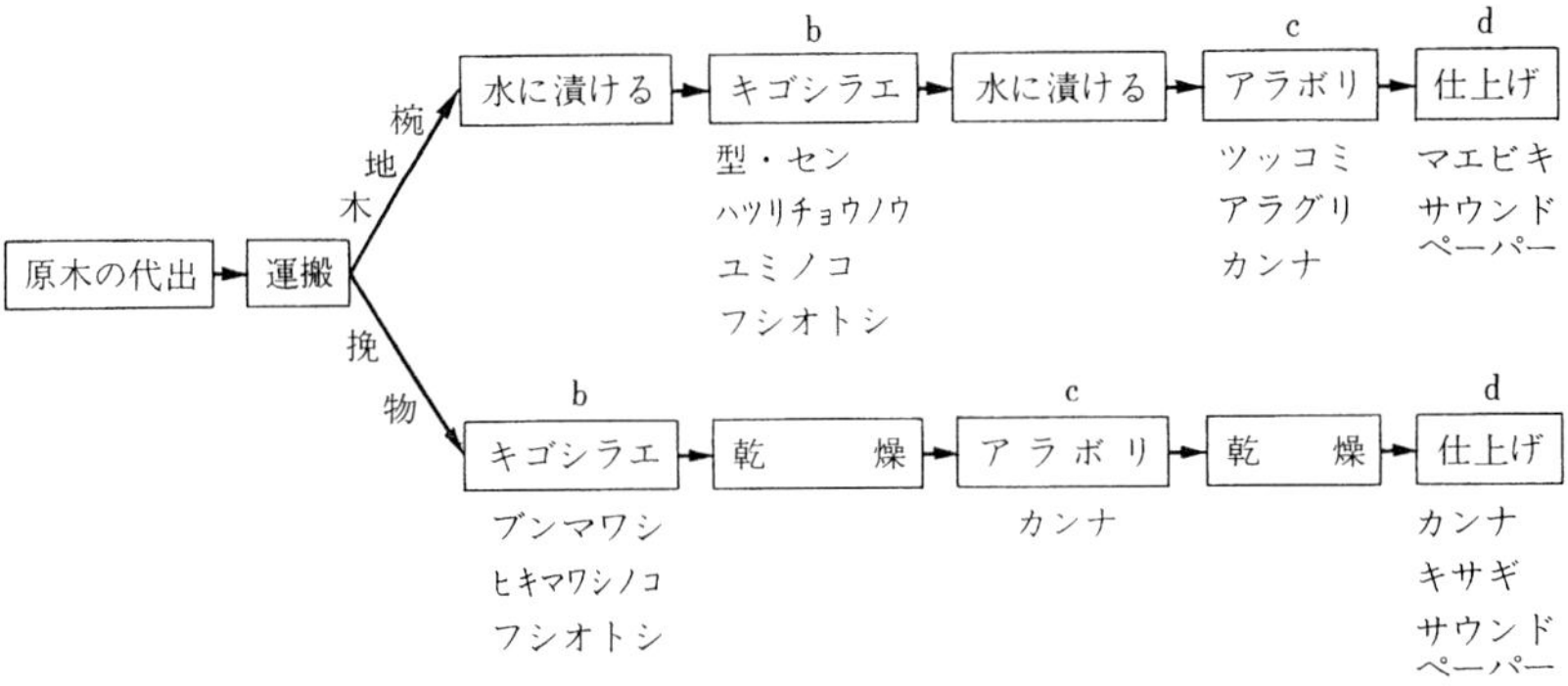

図37　木地挽製作過程

こまげなノミのほん先のちょっと曲がった、人をあほうにしたような道具ですけどな。それでもうハネシロをとっていくわけですけんな。[22] はかどらんのですが。

したがって当然木地師たちは鍛冶技術を身につけていて、フイゴと金床、金槌で鉄を焼き叩き延ばして、気に入った形に道具を作る。また刃部は特に重要であるから、砥石はさまざまな種類をもっていた。図36にみるように、図35のカンナの外側を磨くには、砥石に溝をつけ、それを丁度刃部の彎曲に合わせた形にしておき磨く。また内側を磨く時は、砥石を刃部内側の大きさに合わせた細い棒状にして、砥石の方を動かして磨く。仕上げの砥石には本山砥石といって卵黄色の最上級のものを使うのがよい。

白木地の生産過程は、北畑、小椋両氏の伝承から大きく四つの過程に分類できる。そして木地椀と挽物では、樹種・刳道具・乾燥の三点において異なる。これを簡単に表現してみると図37になる。最も多くの資料は散逸しているし伝承も完全ではないので、欠如している点も多いことを改めて指摘しておく。以下、図35・37によって順次製作過程を復元してみたい。

(1)　原木の伐出し

白木地生産の第一過程は、原木の伐出しである。これは多くの場合、地下の人に依頼して貰うので、木地師特有の道具はみあたらない。川上村及び新庄村は標高八〇〇メートル以上にブナ帯の天然林が出現するが、それ以下は炭焼、タタラなどの影響で全て二次林である。原木の伐採はこの二次林を舞台に展開されるが樹種選定は木地椀と挽物によって異なる。樹種と木地の器種との関係は、当地ではおよそ次のようになっている。

木地の種類	樹種	
木地椀	クリ	上記の樹種はいずれもハチジュウンモンといわれる通常農家で使われる

ミズメザクラ（ミズメ）

ホオ（ホオノキ）

エンズイ（イヌエンジュ）

オカバ（ヤマハンノキ）

ブナ（稀に使う）

ヒノキ（稀に使う）

本膳に使用することが最も多い。飯椀・汁椀・ツボ・ヒラ・カシワンなどである。本膳でも宿屋用にはワジマ型・チャワン型・キキョウ型など器形は多くの種類がある。

挽物　トチ（トチノキ）

ケヤキ

エンズイ（イヌエンジュ）

クワ

上記のものは多く菓子鉢、茶盆、茶托、木皿、碁筒、将棋盤の足、センマイイレを作る。

特殊　チナイ（エゴノキ）

フクラシ（ソヨゴ）

ウツキ（ヤマボウシ）

上記の樹種は材質が硬いという性質により独楽およびコケシを作るのに使われる。ウツキは弾力性があり、挽いた表面がささくれない性質をもっている。ヨウジヅチはこれでなければならない。またワラウチヅチにもされた。

このうち、圧倒的に多い樹種がクリである。大正初期から太平洋戦争まで、彼らが木地師として活躍した時期には、鉄道の枕木としてクリが高い値で売れたといい、このため、木地師はクリ山の原木を買う時、枕木をとった木のエボとか残木を買うことが多かった。(23) 飯椀や汁椀の直径が最も小さい規格のもので径三寸二分であったから、木はハネシロ分を入れて径三寸五分以上でなければならなかった。挽きやすさという点からいえば、モトよりエボの方がよいのだが、木目を出さねばならない挽物ではエボは売物にならない。こういったクリ材を使用するのであるから、間切りしたものを小口から四つ割、六つ割はできず、ほぼ椀の中央に木の芯がくる値の安い木地椀しかできない。巨大なブナも天然のヒノキも高い標高にはあるのだが、その材質の欠点を北畑氏は次のように指摘する。

ブナもやりますけどな。あまり挽かんな。まあ、郷原向きとしたらクリが本体でな。それで、あればミズメザクラ。景気のいい時分にゃ、ホオでもしますけえな。しかし、ホオもブナもよく狂いますけえな。乾燥すれば、だけぇ、まあ、ほとんどクリが土台ですな。もうこの辺ありませんもの、他の原木が。ヒノキいいましても、この辺のヒノキは節だらけですけんな。あれ程大きくなれば、節が中に入ってしまってな。枝が落ちて肉を巻いてしまうから、ちょっと見たところ節がわからんしな。

この節は轆轤で刳道具をかける時、繊細な刃部が跳ねて道具を傷める。だから第二製作過程のキゴシラエの時、フシオトシという道具で丁寧にフシ取りをする。木地椀に較べ、挽物の樹種は量的にそれ程あるものではない。挽物だけでは到底生活していくことはできないと彼らが言うように、当地では挽物はあくまで二義的なものでしかない。樹種はトチ・ケヤキが特に珍重され、中でもトチのチヂミ、ケヤキのタケノコモクなどの木目が賞讃されたようだ。トチが老巨木になれば、一寸の中に八つの木目が入る「一寸ヤチヂミ」といわれる板木地がとれ、最高品とされた。挽物の場合、木が枯死しておれば、製品の艶出しが悪く上等なものとはいえない。

生き木の分で板におろして乾燥しきったものを仕上げてやれば、お茶を飲ます程、つまりお茶をしませた布巾で拭く程色がでてきますわ。立ち枯れの木ならば、木がようても色が黒うなる。

樹種の選定がすめば、山を購入し木挽を傭って伐採してもらい、小屋掛まで間切りしたものを運び積んでおく。雪の多い冬期は秋遅く大量に伐採し、春までの材料を確保しておかねばならない。原木の伐り出しでは木地椀と挽物は樹種が異なるだけだが、小屋掛に運搬してきて材料を保存するところから、両者は基本的に異なってくる。

次に述べることは、原木の伐りだし→キゴシラエ→アラボリ→仕上げという全過程を通じていえることで、木地椀と挽物の極めて本質的な相異であると思われる。それは材料の乾燥ということに関して、木地椀と挽物では処理法が反対になっている点である。木地椀は素材をなるべく乾燥しない方がよく、逆に挽物は素材は十分に乾燥した方がよい。一般に素材は水分を多く含む方が挽きやすいというが、両者の乾燥についての相異は刳道具の刃先部分にも敏感に反映してくる。この点は後述する。したがって木地椀の材料は乾燥を防ぐため間切りの長さもかなり長くし、樹皮を剝がずに筵を被せて水をかけて保存する。それでも乾燥する時は、木地挽きにとりかかる前に材料を渓流につけておくか、キゴシラエをしてから大きな桶に浸しておくという方法を採用した。これとは反対に、挽物では樹皮を剝ぎ、すぐキゴシラエをして通風のよい乾燥しやすいところ（囲炉裏のアマダなど）に保存しておく。横木地は竪木地に較べ、乾燥による歪みがたいへん大きいので、素材を狂うだけ狂わせておいてから木地挽きにとりかかる必要がある。挽物はこの乾燥により素材が堅くなり、小量づつしかカンナで刳ることができない。乾燥に長期間を要することと、刳る作業が長時間必要とされる二点が挽物の大量生産できない原因となっている。木地椀は竪木取であるため、比較的素材の歪みが少ない。このことが乾燥せずに水分の多い素材を使用することを可能にした。そして挽きやすさと製品に仕上げるまでの期間が少なくて済むことにより、量産の要求に答えることができたといってよい。木地椀は塗師屋に渡れば本格的に乾燥されるが、その時は直径五寸の汁椀であれば二～三分は縮んでしまうということである。両者は竪木取と横木取による差が生んだ相異だが、正面挽きと横挽きの勢力交替を考える上で無視できない技術的相異であろう。

(2)　キゴシラエ

これは材料を目的の器物に応じて適当な大きさの形に整えることで、別名アラオトシともいう。木地椀と挽物

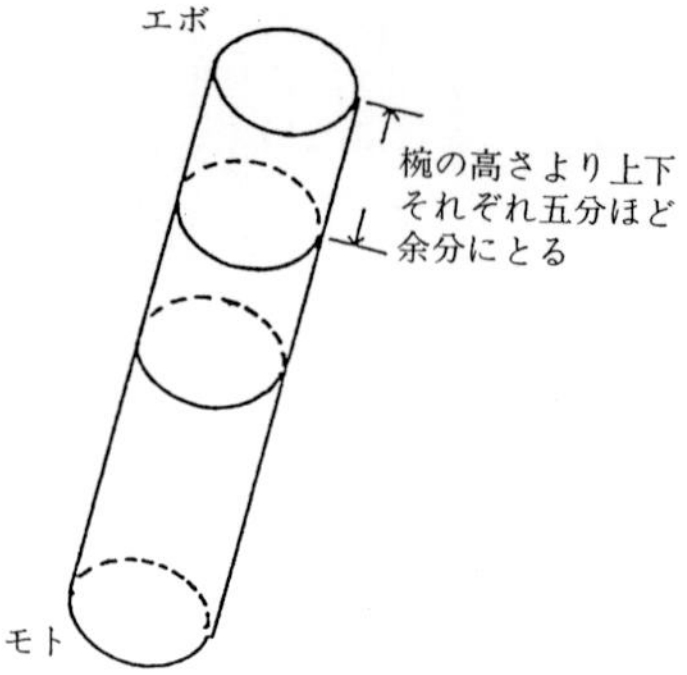

図38　ズドンギリ

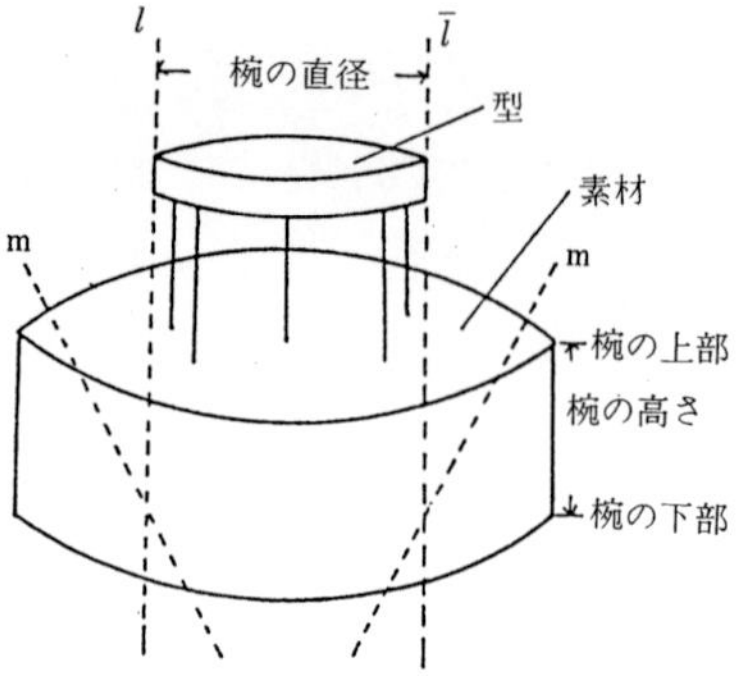

図39　素材の削り方

では木取法が異なるため、使用する道具が違う。木地椀の木取は、樹幹を一間位に間切りしたものをさらに図38のように各々目的とする椀の高さに切断する。これを切るには弓鋸という道具を使い、この切断をズドンギリと称している。弓鋸は小椋氏の家でも実見できなかったが、北畑氏の説明によると次のようなものであった。

仮に二寸（椀の高さ）のものの材料を切るというにゃ、弓鋸いうてな。鋸に弦がかかっておるんですが。竹を割って作るんですが。それで押す時分に引っぱってもらう作用をするんです。割合に軽いもんでしてな。

このように切断したものは、小口の径が大きなものならば木の芯をはずして小口から縦に四つ割、六つ割にするが、当地の場合小口の径が五〜六寸のものが多く、そのまま一個の椀の素材として使う。次にこの素材に図39のように型を打ち込む。型は目的とする椀の直径に合わせた長さをもった円筒形の木型で、五本の爪がそれに打ち込んであり、そのうちの一本は円の中心に、他は周縁にある。この中心の爪であけられた素材の方の穴は、後程轆轤に中央の爪に合致させる。つまり基準点になっているわけである。そしてまず、図39の直線lよりはみ出た部分を、ハツリチョウノウと呼ばれる道具で廻しながらはつる。円筒形にされた素材は、型の半径より五分程長い半径にしておくのが要領で、この五分が轆轤の刳道具のハネシロとなる。さらに、椀の形らしくするため直線より外側に出た部分をセンといわれる道具でおとす。センは乾草を切る押切りを小型にしたようなもので、素材を斜めに切り落とすことができる特徴をもっている。

挽物の場合は、間切りした材料を板目にとるため、ハツリチョウノウもセンも使用できない。板木地はブンマワシ（コンパス）で円を描き、それに沿って引き廻し鋸で形をつくる。この状態で、乾燥しやすい囲炉裏のアマダに一〇〜二〇日間放置する。もちろんこの段階で、木地椀、挽物いずれの素材も節をフシオトシで入念にとっておく。ここまでが共にキゴシラエといって木地挽の下拵えである。

(3)　アラボリ

木地椀はキゴシラエが済むと早速アラボリにとりかかる。図40のようにキゴシラエした素材を轆轤の爪に打ち込む。その際、キゴシラエの時の中央の爪の穴が、轆轤の爪の中央にくるようにして、木槌で少し打ち込む。そして図38のカンナを使って、まず外側を成形する。椀の外側の成形が、木地技術の中で最も難しいといわれる。特に椀の断面曲線で曲率の変化する部分は、木地師の目のカンによっているわけである。椀をつくる時、最も難しいのはどこですかという質問に、北畑氏は次のように答えている。

椀々の格好によってですな。こういう椀を作ってくれいうてな。見本がありますな。これを五〇人前でも一〇〇人前でも同じものを作らにゃいけんのですね。それで目が確かでなきゃいけんいうことですわ。目の覚え込みですな。それが木地屋にとって一番苦労ですわな。横挽する人は型をあててやりおったんじゃないかと思うんですけどな。木地屋の正面挽いうのはミツメ挽いうてな。自分の挽いたものと見本が全部一致しとるかどうか……。

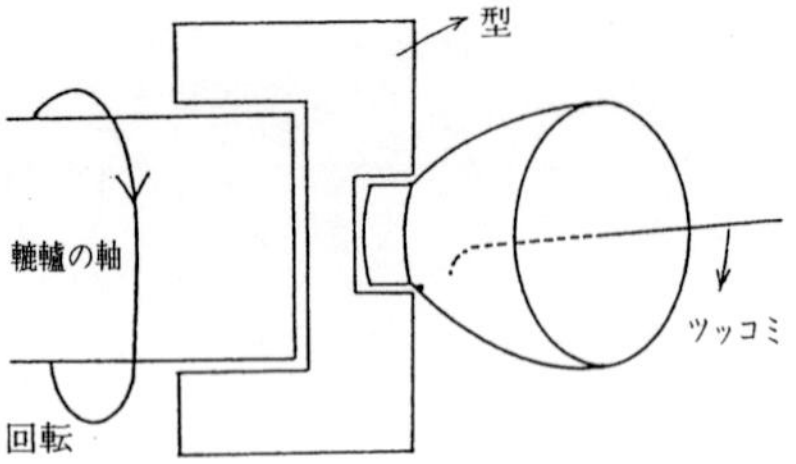

図41　ツッコミを使って内部を削る

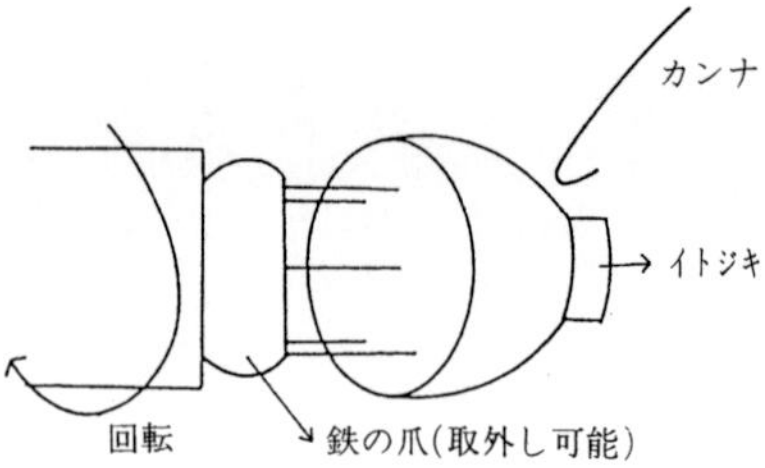

図40　アラボリ

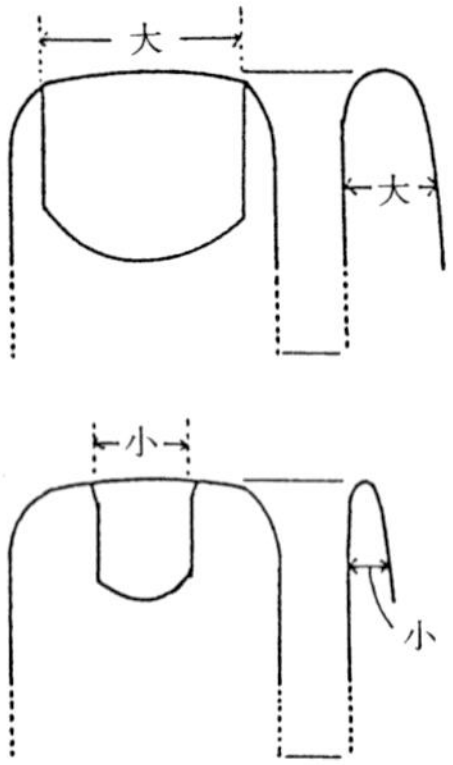

図43　挽物と木地椀の
カンナの相異

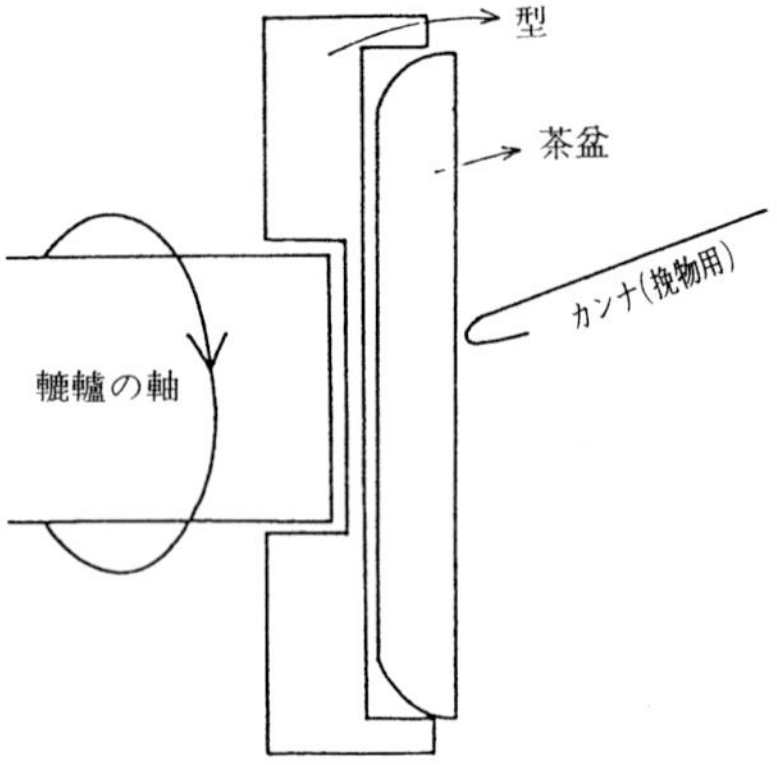

図42　挽物の削り方

北畑氏の奥さんは、彼に習って木地挽を覚え手伝ったが、アラボリの外側と仕上げはできなかったという。外側はカンナだけを使って成形し、最期に仕上げ用のマエビキ（図35の3・4・5）をかけ一気に仕上げてしまわなければならない。仕上げをせずに内側を刳り抜けば、外側仕上げの時、再び轆轤に固定することがむずかしい。仕上げについては、内側の仕上げの所で一括して述べる。

　外側が済めば、次は内側にとりかかる。内側を刳り抜くには、型を使って素材を轆轤に固定する。それには轆轤の爪の部分を取り外し、図41にみるような型をとりつける。型の両側に凹みがあって、轆轤の軸と椀のイトジキが隙間なく嵌まるようにする。そして図35の8のツッコミを用いて轆轤を回転させ、椀に穴をあける。ツッコミは先がほんの少し曲がった片刃の道具であって、ただ穴をあけるだけのものである。刳道具を使って作業する時は、道具が轆轤の回転で飛ばされないよう強く固定しなければならない。そのため道具の支え台としてカンナノマクラと称する補助道具を使う。カンナノマクラは柄のところどころに凹みをつけ、ここへ刳道具の柄をあてがい固定する。カンナノマクラの柄は斜めであるから、高さはさまざまに調節することができる。このツッコミで決まった深さに穴をあけたら、次にアラグリ（図35の9）を用いて内側をアラボリする。アラグリの特徴は機能においてツッコミと対照的な働きをなし、ツッコミであけた穴以上に深くならないようにしているためでもある。木地挽の過程で最も力のいる仕事がこのアラボリである。このようにして椀の内部の器形が大体できあがれば、次にカンナ（図35の7）を使って成形する。まず底部から成形し、それから周縁を行い、最後に内壁を削る。椀の器壁が薄い程、難しいのは当然のことであり、上等の椀たる所以である。

挽物の場合は木地椀と異なり、アラボリはカンナ（図35の6）だけで行う。挽物は器の高さが低く素材が硬質なので、アラグリ・ツッコミは役に立たない。やはり外側から成形し、外側だけは一気に仕上げまでいってしまう。仕上げはキサギという木地椀のマエビキに相当する道具を使用するが、これについては後述する。内側を刳るアラボリは図42にみられる大きな型を使って、カンナで挽いていく。挽物は一応外側を仕上げた段階で、内側を挽く前に再度乾燥するのがよい。

ここで注意しておかねばならないのはカンナについてである。木地椀も挽物もアラボリの過程ではカンナが最も重要な道具であるが、カンナの刃先が両者で微妙に異なっている。簡単に表現すれば、図43にみられる相異がある。これは挽物の材質がトチ・ケヤキなど硬質な上に、十分乾燥してあるので極めて硬く、刃部が広ければ抵抗が大きく挽きにくいし、また壊れやすいという理由によっている。したがって挽物のカンナは木地椀のカンナに較べ能率が極めて悪い。

(4)　仕上げ

木地椀でも挽物でも、アラボリの段階で器の外側は仕上げまで済んでいる。内側の仕上げは全過程の最後にあたる。内側の仕上げは外側と同様、木地椀ではマエビキ（図35の3・4・5）、挽物ではマエビキ（図35の3・4・5）とキサギ（図35の1・2）を使う。マエビキとキサギは形態・機能ほとんど同様であるが、キサギの方が刃部の広さがマエビキ以上に広いという差をもっている。図35に示したのは基本的なものだけであり、どちらも刃部の広さにおいて大きな変異をもっており本質的な差はないといえる。両者とも仕上げは、刃部の巾の狭いものから広いものへ順次変えていき、木地師は何十種類ものマエビキ・キサギをもつのが普通である。木地椀のマエビキはカンナで壁面につけられた凹凸をなくすために使用される。基本的には三つの形式のマエビキに分類でき、図35の3・4・5がそれにあたる。そしてそれぞれに数種類づつ巾の異なるマエビキがある。使い分けられる場所は図44に示されるとおりである。マエビキの側面図で彎曲している部分を腰といい、この部分を金槌で叩いて曲がり具合を調節することができる。椀の内部にあてにくいところは極端に彎曲させて使う。

挽物は、それが碁笥・センマイイレなど器形が椀と同様であれば、マエビキだけで仕上げる。しかし挽物の代表は茶盆である。これは平らな面積が椀に較べ相当広い。この広い平面が段違いにならないよう、広い刃部のキサギを使うのが大変効果的である。

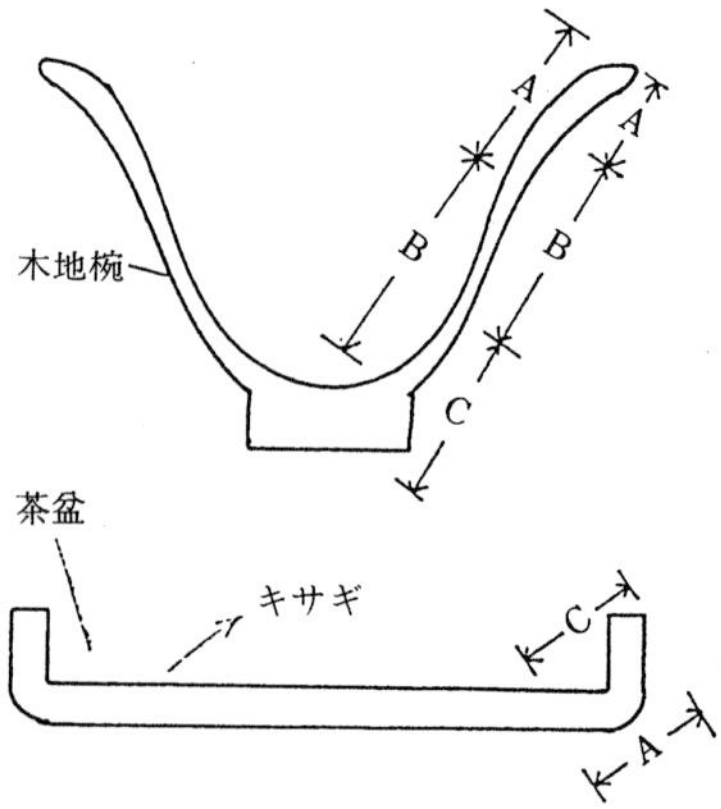

図44　仕上げのマエビキの使い方

上は木地椀用，下は挽物用．Aを使う所は比較的曲線部分，Bを使う所は比較的直線部分，Cは角をもつ部分に使う．

以上、マエビキとキサゲの仕上げが終了すると木地挽の全過程が終わる。この白木地を目の荒いサウンドペーパーで磨き、順次目の細かいもので表面を滑らかにすればよい。[24] 後は塗師屋あるいは挽物の注文先へ運搬するだけである。

最後に轆轤について述べておきたい。轆轤は図35の10に示した足踏轆轤を使った。軸は現在のものでは鉄軸であるが以前はケヤキが上等とされ、鞘はキリを使うのが普通であった。鞘に五重の綱を巻き、踏み板を足で押すと軸が廻る。この軸の爪に正面を向いて作業をする。左右両方の踏み板を交互に踏むと、爪が反時計廻りと時計廻りを繰り返す。一方踏み板を作動すると、爪は通常七〜八回転、力一杯踏むと一〇〜一二回転する。回転数および回転速度は、刳る場所、樹種に応じて変化させてやる。手綱式轆轤は、手綱を挽く人と木地を挽く人の呼吸が最も大切であったが、足踏轆轤は自分で調節することができる。また回転数を自在に変化させうることは、足踏轆轤以降に発達した水車式轆轤及びモーター式轆轤にはない特徴である。この特徴によって、足踏み轆轤は最も繊細な細工が可能になったのである。

大きな欠点として上げられるのは、回転方向が一定しないことであろう。しかしこのことも、ツッコミ・アラグリを使用する段階では問題にならない。カンナ・マエビキの場合は、椀に当てる場所を左右交互に変えてやることにより、両方の回転を使う。どちらかの回転を空転させることはないという。また碁笥のように口が狭くて内部の広いものは、刳道具を動かさず、逆回転の時カンナの反対側の刃を使う。これをサカガンナと称しているが、カンナの両側に刃があるのはこのためである。刳る場所と道具によっては一方向の回転しか使えない時もあるが、それを除けば、左右の回転は熟練によってそれ程問題にはならないという。

刳道具を重点におき木地挽の技能過程を再現してみたが、これはあくまで基本的な過程についてであり、その他多くの道具が必要なことは当然である。また木地挽に随伴する鍛冶技術・塗師屋・漆掻き技術などと関連する民俗は極めて多い。これらのことは今後問題としていかなければならないだろう。

四　技能の消滅

戦後の科学技術の発展が木地師たちの生活の基盤を大きく揺るがし、消滅に拍車をかけたのは否定しがたい事実である。この科学技術の恩恵に浴し身を委ねてきた我々が、消滅寸前の過去の技能を発掘して如何なる意味があるのか我々自身に問いかけるには、ある種の苦痛を伴わないではいられない。民俗を現代に蘇生させうる道は、たかだか現在のくだらない民具ブームにみられるような都会人の慰み物にしかないとすれば、なおさらである。楽天的な二人の木地師と対峙して技能伝承を聞いた時、いつもうしろめたさと逃げだしたい気持ちを抱きつつ、この問題を考えさせられた。

さて私たちが技能と称しているものは何であろうか。少なくともこの聞き書きが明らかにするように民俗学の中で技術伝承と分類されるものが変化もせずに数百年同じような水準にあったものではないことがわかる。それは生産効率を一気に飛躍させるような革新ではない。それはその技能が置かれた社会環境の中で需要と供給のバランスを計りながら漸進的に磨かれていくようなものである。横挽轆轤から足踏轆轤への転換は各地で徐々に起こったことである。木地という山村生活の必需品を作る技術者としての木地師は社会の変化に敏感に対応しながら自らの技能の彫琢につとめてきた。この技術革新は等身大の科学といえるようなものであり、この生産効率の上昇は決して自然環境や社会環境の大きな変化もたらさずに達成することのできる代物であった。私たちが直面している現在の技術革新はこうしたことを許さない変化である。

注

（1）民俗学研究所編『民俗学辞典』一九五一年、東京堂出版、一三三頁。

（2）小林行雄『古代の技術』一九六二年、塙書房、一二一〜一二〇頁。小林はこの中で大和唐古弥生式遺跡出土の木製高杯、鉢などを例にあげている。また刳道具として銅鉄利器を推定している。

（3）杉本寿『山村社会経済の構造分析』一九七三年。木地師に関する名称がいろいろあったことが述べられている。また一般的に竪木地を扱うのが木地刳、横木地を扱うのが木地挽であるという。

（4）文化庁文化財保護部編『民俗資料選集2』一九七四年。文化庁文化財保護部編『木地師の習俗2』一九六九年。吉田光邦「金工木工ろくろ」『機械』一九七四年、法政大学出版局。これらの文献によれば各地で同時期に一様に変化したのではないようだ。石川県真砂ろくろ師は昭和の初めに足踏み轆轤へ移行した。また愛知県奥三河の木地師は明治三十年頃に足踏み轆轤に転換したようだ。足踏み轆轤の起源については吉田が考察している。

（5）樹幹を輪切りにして使う木取。反対に樹幹に沿って板を取る木取を横木取といい、素材を板目、板木地、横木地などという。

（6）文化庁文化財保護部編、注（4）前掲書、二五六頁。竪木取は樹幹を輪切りにするため大鋸が必要である。鋸の発明以前は横木取であったものと思われる。

（7）二川村史刊行会『二川村史』八〇頁。湯原町史編纂委員会『湯原町史』上巻、五四二〜五五〇頁。新庄村史編集委員会『新庄村史』上巻、二六八頁。

（8）千葉徳爾「特殊職業集団の伝承」（和歌森太郎編『美作の民俗』所収）一九六三年、吉川弘文館。上斉原村赤和瀬にやってきたタビの木地屋は播州からきたと記されている。しかし時期については明確でない。この中で、紀州と作州の結びつきも指摘されている。

（9）岡山県真庭郡湯原町見明戸。

（10）柳田国男「資料としての伝説」（『定本柳田国男集』四巻）一九二五年、筑摩書房。

（11）現在は日方町も黒江町も海南市に属している。

（12）本膳といわれるもので、ヒラにはアブラゲ・フキ等の煮付、ツボにはイモノコ・コブ・魚などの煮付を入れた。カシワン（善哉、餅に使う）を使う時は飯椀は使わない。四種の器種に蓋付であるところから、ハチジュウモンと称された。

祝事と弔事では、ヒラとツボの位置を反対にする。
(13) 千葉徳爾、注(8)前掲書、五一頁。
(14) 岡山県真庭郡川上村延助のことである。ここは街村でかつて大山の牛市へ通る宿場であった。
(15) カンジキのことである。当地ではチナイ（エゴノキ）・コウカイ（ネムノキ）などの材料で作られる。
(16) 延助では子供が生まれると村内の誰かに義理の親になってもらい、一種の擬制的関係が存在する。そして一生カナゴとして、その家の人達を自分の家族同様な呼称を用いると共に、さまざまな義理を生ずる。
(17) タタラ製鉄は大量の風化花崗岩を採取鉄穴流しをするため、しばしば土着農耕民と軋轢が生じた。
(18) ヨウジバンといわれるものとセットをなし、川で洗濯する時の道具。ヨウジバンの上に衣類を置き、ヨウジヅチで叩いて汚れを落とす。
(19) 蒜山地方ではブナ帯の出現するような山をミヤマと称している。
(20) 滋賀県文化財調査報告書第一『近江木地屋の生活伝承』一九五九年、四三頁。この中で「ロクロをジクサンと呼び、これを恰も親王サンの依代のごとく神聖視したキジヤの信仰が、明治の変革の後に一気に崩壊し去ったことは、それに伴って工具としてのロクロにもある種の変化を与えた」と述べられている。
(21) 万歳事件を指す。北畑氏は朝鮮暴動と表現していた。
(22) 刳道具で削られる部分をいい、キゴシラエの時、なるべくハネシロを少なくするのが要領である。
(23) 樹幹の梢の方をエボまたはウラと称する。木のモトに対する語である。
(24) 紀州で木地修業をした時から既にサウンドペーパーであり、トクサを使う伝承は全くない。

第三節　植物民俗にみる地域差

一　植物民俗の類似と差異

人が身のまわりの植物ともう少し親しかった時代には、今では考えられないような植物と人の関係があった。先年亡くなった幸田文の絶品『木』の中に次のような文章がある。「どういう切掛けから、草木に心をよせるようになったのか、ときかれた。心をよせるなど、そんなしっかりしたことではない。毎日の暮らしに織り込まれて見聞きする草木のことで、ただちっとばかり気持ちがうるむという、そんな程度の思いなのである。今朝、道の途中でみごとなザクロの花に逢ったとか、今年はあらしに揉まれたので公孫樹がきれいに染まらないとか、そういう些細な見たり聞いたりに感情がうごき、時によると二日も三日も尾をひいて感情の余韻がのこる、そんなことだけなのだ。でもそうした思いをもつ元は、幼い日に、三つの事柄があったからだ、とおもう」(1)その三つの事柄とは住んだ土地と親の教えと嫉妬心であるが、こう述べてこの珠玉のエッセーは藤と故人のかかわりの秘密を順次解いていく。

そうした毎日の暮らしに織り込まれて見聞きする草木への思いがつまらぬ感慨かどうかを諄々と説き起こしたのが柳田国男である。たとえばくさぐさの物を祭の木に付けて捧げることの各地の習俗から「黒モジ一名鳥柴という木が、何か限り無く古い歴史を、秘めて居るのではないかと思い始めたのも是からであった」と神に捧げる木がマサキ以前にクロモジであったと彼は想定している。(2)これは門松や餅花に使われる樹木の分布と習俗の形態に着目して問題を解こうとしているのであるが、その思いは最後まで続いたようで晩年の『海上の道』の最後に「知りたいと思うこと二・三」と題してクロモジがでてくる。(3) 確かに植物はその種によって分布が限られているので、植物に関する民俗との相関をみていけばある種の文化論特に起源論や、伝播論に有効なことがいえるかもしれない。

人が死ぬと線香を焚くことは日本列島どこでもみられることであり、これが仏教の影響下に成立したことであっても、その線香を身のまわりの植物から作ることはむしろ環境とのかかわりから生じた民俗である。南はたとえば八重山郡西表島ではスータブ・インタブ（和名ホソバタブ）の樹皮が線香の材料として採られていた。(4) それは三月から四月にかけて山に採りにいき、これは売却されていたようだ。これが四国にくると徳島県宍喰町船津ではアサダ（和名シロダモ）が線香の材料として山で採られていた。中国地方にくれば現在でも水車を使ってスギの葉から線香を作っているところがある。岡山県加茂町では付近一帯がよく手入れされた植林地帯であり、ここから採ったスギの葉を使っている。(5) 東北地方にいけばこれはコウノキ（和名カツラ）になる。これは山形県朝日村大鳥で聞いた話であるが、昔は各家に香箱というのがあって、このなかにカツラの葉を乾燥してテッキウスという臼でついて粉にして保存したものをいれておいた。盆や彼岸に竹を割ったのにこの粉を入れ、それを灰が入っている箱に棒状になるよう落としそれに火をつけ線香にしたという。

さてこうした植物にかかわりのある民俗というものはどのように考えたらいいのであろうか。それぞれの習俗の構造と分布を調べ、それぞれの植物の分布との対応を調べれば何が分かるのであろうか。柳田のようにそうしたことから日本の固有信仰に使われた神樹の変遷を想定するのか、あるいはこうしたことから日本の東西の文化の地域差を照葉樹林文化論として論ずることになるのか。いずれにせよ、こうした文化論を展開する場合、民俗（素材の選択から、それより上位のすべての）の類似と差異をなんらかの形で指標にしていることは疑いない。さらにその民俗の存在を伝播か適応のいずれと捉えることによっても文化論は左右される。上野和男は地域性研究の全体的な構図を学史的に整理し、研究の動向として三つの軸を設定している。すなわち第一に類型論と領域論の軸、第二に同質論と異質論の軸、第三に起源論・動態論・構造論の軸という三つの軸があり、それぞれ明らかにしたいことが微妙な差異をもっているとしている。(6)また必ずしもこのように個々の研究が明確に分類できるわけではなく、異質論と起源論が共に論じられることも多いとも言っている。

植物民俗の研究はこうした動向と無関係ではないが、多くはその当該地域の人々が生活のためどのように自然を開発してきたのかその背後にある民俗的知識に関心が向けられてきた。もちろんある植物についての民俗の分布がその論の中心的なものになる照葉樹林文化論（コナラ・ミズナラの水さらし＋加熱処理に対するカシ類の水さらし(7)の対比）や柳田国男による語彙の分布論やそれに類するものはある。(8)

一口に植物の民俗といってもさまざまである。たとえばミソハギのように盆に精霊花あるいは仏に供えられる花として沖縄八重山から本州まで広く分布する習俗もある。コシダのように箒として八重山から四国・九州あたりまで自家製のものが作られるようなものもある。これは植物の分布がそれと対応しており当然といえば当然である。初めに挙げた線香のように線香は同じであるが、素材だけがおそらく特定の植物の多少・種類差によって異なる例もある。神に祭る木の多様性（八重山のクロトン・マサキ、さらに西日本に広い分布をもつヒサカキ、中国山地や山陰のソヨゴ、あるいは東北のスギやアスナロ）でも素材の類似と差異とその民俗的慣行の類似と差異はおのずと異なる問題を提起する。(9)植物民俗をある当該地域の自然に働きかけて開発された人々の民俗的営為の総体として捉えれば、それは当該地域の民俗分類の体系として記述され、その構造と機能が論じられることによって植物的自然と人のかかわりに関する民俗誌が可能になる。問題はその先である。民俗分類として認識のレベルで比較するのか、利用体系として行動のレベルで比較するのか。さらにそれらは比較的よく似た文化をもつ地域内で比較していくのか、あるいは通文化的な比較をするのか。当該地域の植物民俗誌が完成しているとして、それを比較することがどのような意味をもつものか、ここで若干の試論を展開してみたい。

二　植物民俗の比較の前提

ある一種の植物民俗を認識のレベル（言語レベル）そして行動のレベル（民俗レベル）を比較して分布を論じるのは民俗事象の歴史的変遷過程に主たる関心があるからである。しかしここではそれを分布を論じるための前提条件とは考えず、それが伝播であれ適応であれ当該地域の人々が生きるために開発してきた自然に関する知識の一つであると考えておく。それは千葉徳爾が次のように言ったことを念頭においている。

したがって、その機能的側面のうちには広義の自然環境を含めて、いわゆる地域性に対応するために生まれた民間伝承あるいは民俗知識があるはずである。海島における生物の分類とか山間における地形名称や季節知識にはこの種のものが必ずある。少なくともこれまでには、そのような歴史的側面の乏しい民俗知識に、あまり民俗学徒の注意が向けられなかったことは確かであろう。(10)

けれども千葉の述べたことは直ちに反論があるであろう。歴史的側面を民俗の伝播・変容（それはそれを受容するときの歴史的・社会的条件を含めての意味であるが）とすれば、こうしたものは植物民俗に関して認識（言語）レベル・行動（民俗）レベルいずれにも結構多いものである。たとえば語彙のレベルでは柳田が『野草雑記』の中でイタドリについて行ったような考察である。これは周圏論という解釈を生みだした。民俗のレベルでも伊藤良吉が盆の儀礼食としてのスベリヒユの分布が植生の相違や生活様式・社会構造の相違を横断する形で沖縄から東北まで覆いつくすことを報告している。(11)

ある地域の植物民俗とはこうしたさまざまなレベルのものが混在して存在するのであって、単純にその分布は植生との対応であるとか周圏的な伝播の結果であるとかは言えない。さらに植生と対応しないもの、それは商品化されていたものが流通して植生とは対応しない分布をもつものも多い。それよりも千葉のいうこういった民俗的知識がその地域の歴史と無関係とはいえないことは明かである。逆にこういう知識こそその地域の歴史と深く関わるのではないのか。千葉のいう歴史とは何であろうか。このことは後に少し議論するとして、こうしたことを論ずるための基礎的な条件について考えてみよう。

歴史的側面の乏しい民俗とはその地域の自然環境との関わりで開発されてきた適応としての民俗ということができる。当該地域の植物利用体系は植物の用途別に類別することができ、それは山田孝子によれば七つの項目に分けることができる。生計維持、住、衣、工芸及び特殊用途、薬、儀礼や忌避、娯楽の七つであるが、それぞれさらに細目に分類することができる。(12)それらは当該地域をかなり狭い範囲にとったとしても数百種に及ぶ植物がリストアップされるであろう。市街地なら別であろうが、平地農村・山村あるいは漁村であっても沿岸漁業のような伝統的な漁村では字のような単位（藩制村）でも数百種は挙げることができる。むしろこうした民俗知識は個人性があり、民俗として斉一性をもつと思われる最小の単位のなかでも異なることがある。植物民俗の利用体系としてできるかぎり均一性をもつ単位で可能なかぎり植物民俗誌を手に入れることができたとして、それらを地域によって比較することでどのような問題点があるのであろうか。

千葉のような立場をとるとすれば、こうした植物民俗のありかたを上野がいうさまざまな地域性の論議をする以前にどういう環境の中の利用体系であるのかをまず注目するのは当然であろう。植生のなかでの利用体系は聞き書きとしてとれる範囲の時代での体系であるので、当然それは現存植生に近いものであるはずである。日本文化の起源論と植生とのかかわりはいわゆる照葉樹林文化論において不可欠な関係として論じられているが、そも

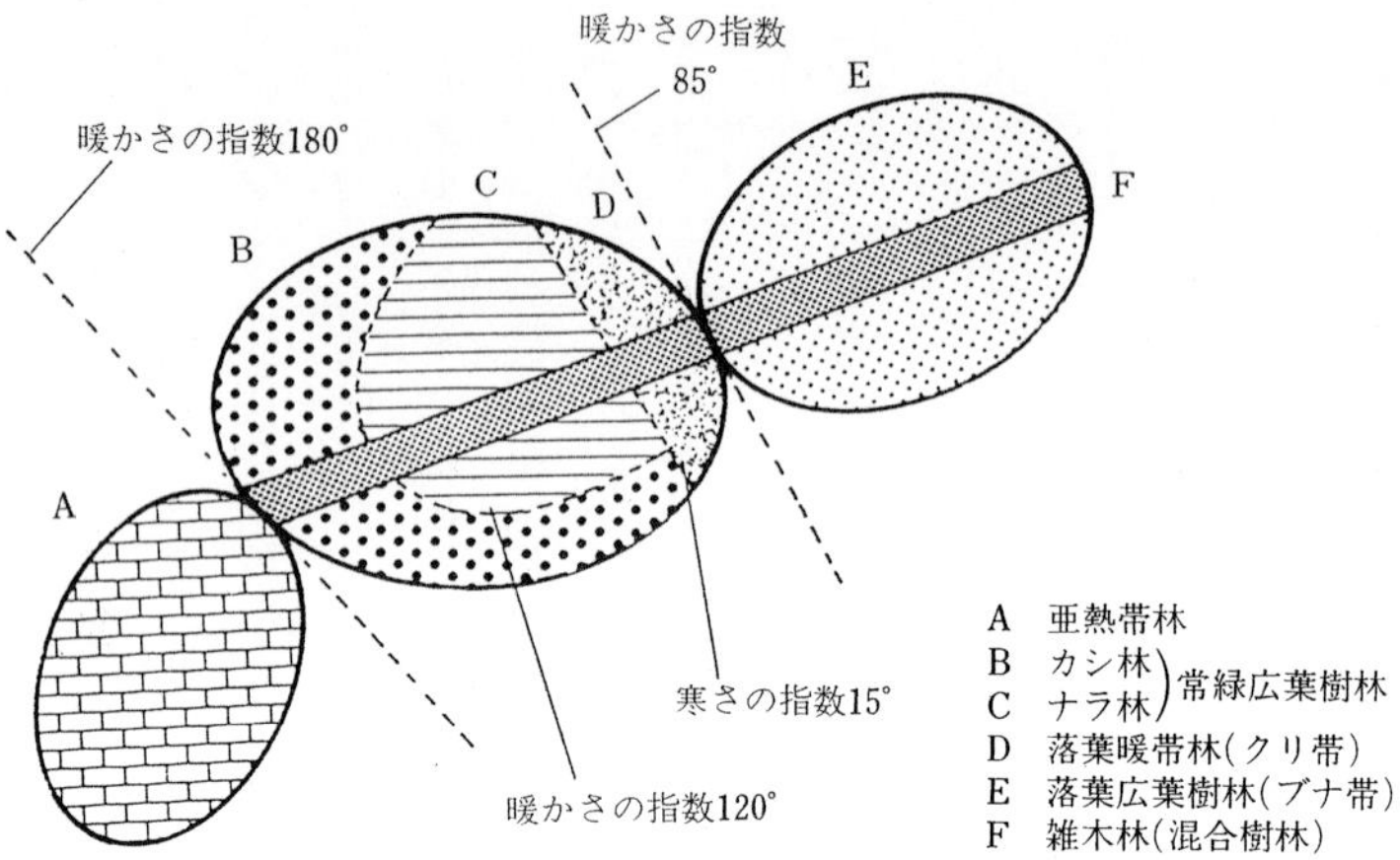

図45　民俗と相関をもつと思われる植生モデル

そもそれは潜在自然植生と文化要素の対応であって、潜在自然植生が現存植生に変遷してきた過程と民俗との関連を論じているわけではない。生活様式のありかたがさまざまであっても、伝統的な自然と人の関係が密接で完成されたものとみなしうるものを地域的に比較するというのが基本的な前提条件であろう。

ある文化要素の分布を日本列島の地図上にプロットするとき平面上での東西の分布ばかりではなく、それを高度による分布を考慮に入れれば必ずしも東日本・西日本の相違ではなく平地と山の相違の場合もあるであろう。それゆえ縄文遺跡の密度の薄い、高度の高い山村にアク抜き技術が存続しているわけだから、高度という点からみれば必ずしも民俗と遺跡は対応せず、山村のアク抜き技術は縄文以来の伝統という根拠はなんら確かなものではない。

さて日本の環境を植物的自然から類型化するとすれば図45のようになるであろう。これは暖かさの指数と寒さの指数をもとに植物学的に現存植生を類型化したものである。暖かさの指数・寒さの指数はいうなれば積算温度を指標にしているわけだからその地域の緯度と高度に植生を対応させたものである。したがって類型化はほぼ東西の軸・南北の軸によって地域的なまとまりをみせるが、高度という点ではそうした軸では分かれない。この植生区分は植物学的な根拠をもつものだが、多くの日本文化論のなかで使われてきたことでもわかるように、日本の伝統的な生活様式と深い関連があると想定されているものである。おそらく自然と人間の関係から風土を論ずるときにも相関がでてくると予測される。

しかしこれは縄文海進以後現在のような海岸線になった列島の潜在自然植生ではなく、それ以降の人の自然に対する働きかけを考慮にいれた現存植生のモデルである。つまり今西のいう混交林、これは雑木林といってもいいと思うが、これが常緑広葉樹林（照葉樹林）から落葉広葉樹林の低地に広く展開していることが大きな特徴である。[13]簡単にいえば九州から東北まで雑木林は広がり、それは人と自然の関係で歴史的にできあがったものであろうという想定である。おそらく植生の占める面積としては現在最も大きいものである。農耕地の周辺や雑木林のように植生の区分とかなり無関係に出現する種もかなり多いことでも分かるように植物学的な区分と人々の野生植物利用体系の地域的な区分とは必ずしも対応しないかもしれない。いやむしろそのことこそまず明らかにしなければならないことであろう。

日本の植生を暖かさの指数・寒さの指数（温量指数）で大きく三つに区分することは妥当であろう。[14]暖かさの指数一八〇以上と以下で亜熱帯林と常緑広葉樹林を分ける。暖かさの指数八五以上と以下で常緑広葉樹林と落葉広葉樹林（温帯林あるいはブナ帯林）に分ける。それぞれその植物社会を特徴づける構成樹種もかなり異なるので、こうした環境だけが周りに存在するとすれば植物利用体系も相当異なるであろう。しかし図45にみるように常緑広葉樹林と落葉広葉樹林にはむしろ人の生活にかなり直結した混交林つまり雑木林が貫徹していて、その面積も大きく人の生活場所との距離からいっても近く、これは野生植物利用体系の民俗学的な問題を考える上ではその意味は大きい。さらに常緑広葉樹林は下位の区分として三つに分類できる。それは暖かさの指数一二〇以上と以下で分けるもので、便宜的にカシ帯とナラ帯とに区分する。(15)カシ帯は海岸型の常緑広葉樹林の二次林であり、ナラ帯は内陸型の常緑広葉樹林の二次林である。前者は九州・四国の低地、後者は中国地方・四国の高地がそれに相当する。常緑広葉樹林はそのなかで寒さの指数が一五以下になる地域は構成樹種がかなり異なり、別に分けるべきであるという植物社会学的な考えがある。それは落葉暖帯林つまり通称クリ帯といわれる地域で中部山岳地帯である。つまり北海道を除き、植生の大きな三つの区分、そして常緑広葉樹林をさらに下位区分して三つ、それに人為との関わりの強い混交林（雑木林）の六つに区分しておけば野生植物利用の体系の地域的偏差を問題にするときには十分であろう。

三　ナラ林のムラとカシ林のムラ

設定した六つは植物学的な区分であるが、そうした植生が人々の伝統的な生活とどのようなかかわりをもっていたのであろうか。これを山村社会の野生植物利用という観点から比較してみよう。もとよりそれは六つの植生のなかで条件の似た六つの地域を選び同じ方法により同じ精度の調査がされていれば望ましいが、それは極めてむつかしいことである。筆者の調査による二地点を比較するにすぎないが、自然と人の関わりの民俗学的な地域性を抽出する基礎的な作業として何が問題になるのかを提出することができるかもしれない。

岡山県真庭郡湯原町粟谷（戸数三一軒）は標高五〇〇メートルに位置し、西に耳スエ山（一一〇三メートル）、北に岩倉山（一〇六五メートル）など中国山地の高い山に囲まれたところで高度八〇〇メートルを越えるとブナ林が出現する環境である。集落のまわりは二次林とスギ・ヒノキの官公造林が占め、二次林にはカシワ・クリ・クヌギ・コナラ・ミズナラ・ナラガシワなどがある。比較的高い場所は先の植生の類型からいえば、落葉広葉樹林の自然林からその二次林になったところである。集落周辺の低いところは常緑広葉樹林の二次林アカマツ・コナラ群集が占めている。つまり集落周辺は常緑広葉樹林のなかのナラ地帯に相当し、その周囲をブナ帯林の二次林が覆う関係に位置する。

今一つは徳島県宍喰町船津（戸数四六軒）で、ここは海岸からわずか一〇キロ入ったところでやはり周囲は一〇〇〇メートル級の山に囲まれたところである。ここは典型的な常緑広葉樹林のなかのカシ地帯であり、シイ林を伐採してもシイ林になってしまうまさに典型的な照葉樹林を環境としてもっている。植物社会学的なレベルでいうと海岸部から高地にいくにしたがい自然林としてはウバメガシ群落・スダジイ群落・ツガ群落が出現する。集落の周辺はスダジイ群落の二次林シイ・カシ群落が多い。どちらも山間部の小さな谷間に水田を開き山仕事の多かった村である。

どちらの地域もさまざまな野生植物が利用されており、粟谷では一九七種、船津では一五一種の野生植物が利用されていた。これはまずそれぞれの地域で植物採集を行い、それを基に植物学的な同定を行い、それをインフォーマントに見せて方名の採集を行った。したがって同一種が二つの方名をもつこともあるし、一つの方名が二つ以上の種を表す場合もあり、方名と和名の数は必ずしも対応しない。こうして得られた野生植物利用を利用形態によって分類すると食物・建材・農具・薪炭・生活用具・子供の遊びなどに分類できる。そのなかで食物・薪炭・子供の遊びを除き山村の農耕生活に欠かせなかった生活用具の素材としての野生植物利用を比較してみたい。

表20に示した三四種の植物がそれである。この表における樹種（草本も含む）の並べ方にはかなり作為が施されている。つまりまず両地域の野生植物利用のなかで船津（カシ林のムラ）にしか存在しなくて利用するもの、粟谷（ナラ林のムラ）にしかなくて利用するもの、両地域に存在し利用するものに分けてみるとどのような傾向があるのであろうか。船津にしかないものはシラカシ（和名シラカシ）・ウマメ（和名ウバメガシ）・ソバノキ（和名カナメモチ）・シイ（和名スダジイ、イタジイ）・サルタ（和名ヒメシャラ）・クロガキ（和名トキワガキ）・アスナラ（和

表20　両地域の生活用具の素材比較

夏緑広葉樹林帯（落葉広葉樹林帯） 岡山県湯原町二川，粟谷				常緑広葉樹林帯（照葉樹林帯） 徳島県宍喰町，船津		
用　途	方　名	有無	和　名	有無	方　名	用　途
		−	シラカシ	＋	シラカシ	鍬の柄，手斧の柄，杵，鎌の柄，唐臼の刃
		−	ウバメガシ	＋	ウマメ	船の櫓
		−	カナメモチ	＋	ソバノキ	杵，カケヤ，藁打槌，屋根替の針，コマシ
		−	スダジイ	＋	シ　イ	鍬の柄，湿気のあるところの建材
		−	ヒメシャラ	＋	サルタ	杵(木肌を残す)
		−	サカキ	＋	サカキ	山刈鎌の柄
		−	トキワガキ	＋	クロガキ	小物鉈鎌の柄
		−	アスナロ	＋	アスナラ	柱，家の土台
		−	コウヤマキ	＋	マ　キ	棺桶
		−	コシダ	＋	コシダ	釣籠，物入れカゴ，ミソコシ
		r	サルナシ	＋	コッコカズラ	山の橋の結束，屋根替の足場，イシモッコ
		−	ツヅラフジ	＋	ツヅラ	下駄の緒，竹箒の結束，箕，ウナギカゴ
		−	シュロ	＋	シュロ	蓑，牛の道具
鍬の柄	(ミズ)ナラ	＋	ミズナラ	−		
肥負カゴ，タモの枠	フクラ(シバ)	＋	ソヨゴ	r		
鉞・鉈の柄，杵，藁打槌，餅花	ウツキ	＋	ヤマボウシ	r		
床框，杵	サルスベリ	＋	ナツツバキ	r		
ガマコシゴ，タメッコなどガマ細工	ガ　マ	＋	ガ　マ	?		
湿気のあるところの建材，オオアシ	ク　リ	＋	ク　リ	r		
鉈袋，蓑などの繊維	ヤマカゲ	＋	シナノキ	r		
牛の鼻ぐり	ガ　ヤ	＋	イヌガヤ	r		
床框，臼，ヨウジバン(洗濯)	ケヤキ	＋	ケヤキ	＋	ケヤキ	床框
カンジキ	チナイ	＋	エゴノキ	＋	カサダ	糸巻き，タバコ入れ，小刀の柄
	ク　ワ	＋	ク　ワ	＋	ク　ワ	鋤の柄
カンジキ，タモの枠	コーカイ	＋	ネムノキ	＋	ネムタ	鋤の柄
草履類の繊維	ヤマオ	＋	クサマオ	＋	チョマ	繊維
マナイタ(特に魚料理用の)	ホ　オ	＋	ホオノキ	＋	ホ　オ	マナイタ，タチイタ
蓑	ヒロレ	＋	ミヤマカンスゲ	＋	ミノワラスゲ	蓑
結束	フジカズラ	＋	フ　ジ	＋	フジカズラ	フジモッコ，結束
棺桶	マ　ツ	＋	アカマツ	＋	マ　ツ	臼
棺桶，建材，イモグルマ	ス　ギ	＋	ス　ギ	＋	ス　ギ	定木，架木，モミホシ
手斧の柄，唐臼の刃，牛犂の床	エンズイ	＋	イヌエンジュ	＋	エンズ	唐臼の刃，牛犂の床，マンガの床
木馬のソリ，ユキオロシ	ヤマザクラ	＋	ヤマザクラ	＋	ヤマザクラ	マナイタ，タンス

注　rは稀なことを示す．

名アスナロ）・マキ（和名コウヤマキ）・コシダ（和名コシダ）・コッコカズラ（和名サルナシ）・ツヅラ（和名アオツヅラフジ、和名オオツヅラフジ）・シュロ（和名シュロ）であるが、この地域の特徴がよくでている。つまり照葉樹林帯およびその二次林に特徴的な植物が多いといえる。

それに対して栗谷の方はどうであろうか。ナラ（和名ミズナラ）・フクラシバ（和名ソヨゴ）・ウツキ（和名ヤマボウシ）・サルスベリ（和名ナツツバキ）・ガマ（和名ガマ）・ヤマカゲ（和名シナノキ）・クリ（和名クリ）・ガヤ（和名イヌガヤ）であるが、これらはガマ（これは湿地に多い植物で栗谷の地形的特徴を示すもので例外的である）を除けばやはり常緑広葉樹林とその二次林を特徴づける植物が多い。両者に共通する植物で和名を記すとエゴノキ・ケヤキ・クワ・ネムノキ・カラムシ・ホオノキ・カンスゲ・ノダフジ・アカマツ・スギ・イヌエンジュ・ヤマザクラの一二種類である。前述したように常緑広葉樹林は温量指数で一二〇を境にして二つのタイプに分類できる。カシ帯とナラ帯であるが、この二つの二次林はいわゆる人里の周辺にある雑木林でその構成樹種はよく似ている。つまり今西錦司のいう混交林であり、ここここそが共時的にも通時的にも日本の農耕文化を育んできた母胎ともいえる場である。これを今西の言うように一種の極相林と捉えるか、また人と自然の交渉の結果としての常緑広葉樹林の二次林ととらえるかは植物学者の意見の分かれるところであろう。弥生時代以降こうした雑木林が人々の生活圏の回りを覆っていたのはまちがいないであろう。

今両地域の生活用具の素材から二地点を比較しているけれども、これを野生植物の利用体系全体、つまり食物・儀礼・遊びなどにわたってみてみればこの雑木林を起源にする植物が多い。照葉樹林文化論に登場する野生堅果類の種類と調理における東日本と西日本の差異も日本列島の鹿児島から青森までどこでもみられる雑木林の上に成立した農耕文化の単なる適応の地域差と考えてもなんら不都合はない。こうした野生堅果類利用を前提とした高度な定住的縄文文化の前段階として照葉樹林起源のクルミ・ヒシ・ドングリ・クリ・クズ・ワラビ・テンナンショウなどのアク抜き技術に裏づけられた生業経済の段階が想定されている。(16) しかしこれなどもなにも照葉樹林起源のものというよりむしろ雑木林のものであり、日本列島の人里周辺に広く存在しているものである。それに民俗学は前代の生活の歴史学が叙述しなかった部分に照明を当てるという柳田国男以来の初志という観点からいえば、主たる舞台はいつも「前代」であって「古代」や「先史」の時代ではない。多くの民俗的現象はどう時代を溯源させても中世までというのは一種の不文律のようであるが、野生植物利用の採集技術・調理技術の民俗だけが一気に時代を溯ることができるとどのように証明できるのであろうか。少なくとも中世以降の野生植物利用（堅果類のアク抜き技術など）に東日本・西日本の差異があることは認めたとしてもそれがどうして縄文時代以来連綿として続いたものの差異として検証できようか。しかも焼畑をする山村として照葉樹林文化論からいえばまさに縄文時代の残存した地域というのは標高はかなり高い地点（椎葉・祖谷・椿山・白峰・北上山地など）にある。そこは照葉樹林帯というより落葉広葉樹林帯に近く、わずかな縄文遺跡の存在はあっても密度は低地や低山帯に比べ少ない。そして人々の伝承や文書によればせいぜい中世に人が住みついたにすぎないところが多い。焼畑文化が稲作文化に先行する農耕文化とすれば、そしてそれが列島外からの文化の伝播であるとするなら当然低地の縄文時代の遺跡には密度ばかりでなく遺跡の性格の上でもそれが焼畑を示すものでなければならないが、それは考古学的には必ずしも妥当であるとは言えない。したがって起源や伝播の問題を別にすれば焼畑をする山村というのは中世以降なんらかの理由で山に住みついて周囲の落葉広葉樹林に適した生業である焼畑を取り入れた村であると考えるべきであろう。むろん対馬のように海岸近い村が焼畑を行っていたところはあるが、これは系譜が異なるかあるいは隔絶した島という条件によった残存の特殊な形態かもしれない。環境に適応する民俗という側面をもう少し微細な点で眺めてみよう。

四　樹種選定と植生

両地域の植物社会学的相違を示したのが表21である。栗谷で五地点、船津で四地点をとり、それを植物社会学で使うブラウン・ブランケ法にしたがってまとめたものである。[17] これは地点と植物の種の縦・横の軸を操作して植物の種のあるまとまりを作ることによってその土地の植物の構成の特徴を抽出する方法である。ギリシャ数字はそこにおけるその植物の出現頻度を表現している。これはその土地の植物社会学的な環境評価を示しているものであり、こうした操作を多くの地点で行うことによって植物社会の類型化を行う基本的作業となる。植物社会はクラス・群団・群集・群落によってレベルを分けている。植物社会の特徴を系統分類して、レベルが高いほど植生の抽象度は高く個別の種の分布の特徴は希薄になる。その意味では落葉広葉樹林帯・常緑広葉樹林帯（照葉樹林帯）というブナ・クラスやヤブツバキ・クラスとの関係だけで個々の植物の民俗を論じるのは危険である。

ａは栗谷にみられるブナ―クロモジ群集で、ｂはその二次林であるミズナラ―クロモジ群落である。この植生を特徴づけるａ・ｂにでてくる植物は前述した栗谷の植物民俗の利用体系とは構成種が異なるようにみえる。けれどもそれはとりあげた生活用具が利用体系の一部であるからである。ブナ以外の植物はさまざまな形で利用されている。クロモジは方名でもクロモジといわれ餅花の木としていまでも使われている。また伝承ではかつては爪楊枝の木の材料として採取して売りにだしていたともいう。それには買い付けにくる人がいたという。クロモジは香りの高い木で、これから香料を絞りとったという伝承もあるが実際に行ったり見たりした人はいない。各地でそれは聞くが伝承のなかでもこれなどは伝承の尻尾だけで消えかかっているものといっていいだろう。栗谷ではコシアブラはタカノツメと同じ方名ボカをもち経木の材としてやはり採取して売りにだした。ヤマボウシは

表21　粟谷・船津両地域の現存植生(常在度表)

	粟谷						船津			
	ブナ・クラス				ヤブツバキ・クラス					
調査地点(クウォードラート)	1	2	3	4	5	6	7	8	9	10
	a	a	a	b	c, d	c, d	c	c	c	c, e
*ブ　ナ	Ⅴ	Ⅴ	Ⅴ	Ⅲ						
*クロモジ	Ⅴ	Ⅴ	Ⅴ	Ⅴ						
*コシアブラ	Ⅰ	Ⅰ	Ⅳ	Ⅴ	Ⅳ	Ⅴ				
*ミズナラ	Ⅱ	Ⅲ	Ⅱ	Ⅲ						
*チマキザサ	Ⅰ	Ⅳ	Ⅲ	Ⅱ						
オクノカンスゲ		Ⅱ	Ⅳ	Ⅲ						
ハイイヌガヤ	Ⅰ	Ⅱ	Ⅳ	Ⅱ						
ツノハシバミ	Ⅰ	Ⅰ	Ⅲ	Ⅳ						
*エゾユズリハ	Ⅰ	Ⅱ	Ⅱ	Ⅲ						
ホオノキ	Ⅰ	Ⅰ	Ⅱ							
ヤマボウシ		Ⅱ	Ⅰ	Ⅰ						
ミヤマカンスゲ	Ⅱ		Ⅱ							
ヤマブドウ	Ⅰ		Ⅰ	Ⅰ						
マンサク	Ⅰ	Ⅰ	Ⅰ							
マツブサ		Ⅰ	Ⅰ							
シナノキ	Ⅰ									
ス　ギ			Ⅰ							
タニウツギ				Ⅲ						
ヒサカキ	Ⅰ		Ⅰ		Ⅴ	Ⅴ	Ⅱ	Ⅳ	Ⅳ	Ⅴ
ウラジロ					Ⅱ	Ⅱ	Ⅱ	Ⅱ	Ⅴ	Ⅳ
*アラカシ					Ⅲ	Ⅱ	Ⅲ	Ⅱ		Ⅴ
*サカキ					Ⅰ	Ⅱ	Ⅴ	Ⅴ		Ⅱ
コシダ					Ⅱ	Ⅰ	Ⅱ	Ⅰ	Ⅴ	Ⅲ
カナメモチ					Ⅰ	Ⅰ	Ⅲ	Ⅲ	Ⅱ	Ⅳ
*ネズミモチ					Ⅰ	Ⅱ		Ⅲ	Ⅱ	Ⅱ
*ヤブツバキ					Ⅰ	Ⅰ		Ⅴ		Ⅲ
ヤブコウジ					Ⅳ	Ⅳ				Ⅰ
アカガシ					Ⅰ	r	Ⅱ	Ⅱ		Ⅰ
*テイカカズラ					Ⅰ	Ⅰ		Ⅲ		Ⅰ
*ヤブニッケイ								Ⅱ		Ⅱ
シラカシ						Ⅲ				
*マンリョウ					Ⅰ	Ⅰ				
*シロダモ					r			Ⅰ		Ⅰ
ウラジロガシ					Ⅰ	r				
イヌビワ								Ⅰ		Ⅰ
アカマツ					Ⅴ	Ⅴ				
ヤブツツジ					Ⅴ	Ⅴ				

a：ブナ—クロモジ群集
b：ミズナラ—クロモジ群集(aの二次林)
c：スダジイ群団
d：アカマツ—コナラ群落(内陸型カシ林の二次林)
e：シイ—カシ群落(cの二次林)
*：クラス・群団の標徴種

Ⅰ～Ⅴ：常在度
r：常在度5%以下

コバノミツバツツジ					Ⅴ	Ⅴ		Ⅰ	Ⅱ	Ⅰ
ソヨゴ					Ⅴ	Ⅴ	Ⅱ			
コナラ					Ⅴ	Ⅴ				
イヌツゲ					Ⅴ	Ⅴ				
ワラビ				Ⅲ	Ⅴ	Ⅳ	Ⅱ			
タカノツメ					Ⅴ	Ⅲ				
ク　リ					Ⅳ	Ⅲ				
ヤマザクラ					Ⅲ	Ⅳ				
コウヤボウキ					Ⅲ	Ⅲ				
エゴノキ					Ⅱ	Ⅳ				
ススキ				Ⅱ	Ⅲ	Ⅲ				
ネムノキ					Ⅱ	Ⅱ				
アオツヅラフジ					Ⅰ	Ⅱ				
ツ　ガ							Ⅴ			
アスナロ					Ⅴ	Ⅴ	Ⅴ			
＊スダジイ								Ⅴ	Ⅳ	Ⅲ
＊タイミンタチバナ								Ⅴ		Ⅱ
タ　ブ								Ⅳ		Ⅱ
クロバイ								Ⅳ		Ⅰ
ウバメガシ									Ⅴ	Ⅱ
トキワガキ									Ⅱ	Ⅰ
ヤマモモ									Ⅱ	Ⅰ
ネジキ		Ⅰ	Ⅰ		Ⅴ	Ⅴ	Ⅳ	Ⅱ	Ⅱ	Ⅲ
リョウブ	Ⅴ	Ⅱ	Ⅱ	Ⅱ	Ⅳ	Ⅳ				Ⅲ

ツガ林　スダジイ・タイミンタチバナ群落　ウバメガシ群落

方名ウツキといい利用体系にもでてくるが極めて重要な木であったらしく鉞・鉈・槌・杵などの柄として利用度は抜群であった。槌などは木地師に作ってもらったという。餅花木としても使われた。実も山仕事などでよく食べられた。またシナノキは方名ヤマカゲといわれ鉈など山仕事用の道具を入れるものの素材として重要であった。

以下省略するが、いずれにせよこうした環境は高度に利用されていたといってよい。ただこうした植物民俗にヤマボウシに代表されるような山村生活のなかで自給自足的な民俗とコシアブラ・クロモジのように商人など仲買人が介在して流通する民俗のあるところは注目しておくべきであろう。

栗谷のもうひとつの植物社会の大きな構成要素はdに表されるアカマツ―コナラ群落である。これは照葉樹林帯の植物社会学的表現であるヤブツバキ・クラスの下位の単位である内陸型カシ林の二次林として成立しているもので、いわゆる雑木林である。つまりこれは船津で典型的にみられるcのスダジイ群団の二次林である。船津では典型的な照葉樹林であるため伐採などの人手が加わってもこの種の二次林はあまり成長しないことがこの表から読み取れる。もちろん全くないわけではなく、この表の調査地が四地点のため、この地域の植生を十分表現していないからである。

いずれにせよこの植生の対比は野生植物の利用体系にも反映している。それは植物利用体系の両地域の、粟谷に存在する植物に対応する船津の植物を見てみるとこれが明瞭である。ソヨゴやクリなど雑木林の代表的なものは船津ではまれにしか出現しない。この内陸型カシ林の二次林アカマツ—コナラ群落の代表的構成樹種である植物はいずれも粟谷においては山村生活を維持するのに重要な植物たちである。

アカマツは家の土台木としてよく使うし、また特殊な用途として刃物産地として著名な播州三木の鍛冶用の松炭を作り売買していた。ソヨゴは方名をフクラシバといいこの地方では神に供える木として使っている重要な木である。コナラはナラといわれ家庭用の黒炭、あるいは椎茸の榾木として使う。前述したがタカノツメは方名をイモギといい、経木の材として売っていた。ヤマザクラの木はその材の滑りやすさから昔木馬道のそりとして、あるいは雪下ろしのコシキの素材として有用である。エゴノキは方名をチナイといい、これは粟谷周辺に定住した木地師たちが器物の素材として重宝した。ネムノキは材のしなやかさを活用しかんじきなどに使われた。方名をコーカイという。

注目しておきたいのはワラビで、それはシズラとも呼ばれるがゼンマイと共にアク抜きをして保存食料とされたが、船津では意外にこれが少ない。つまり典型的な照葉樹林ではワラビは少なく、逆にクズは多い。標高の高いところではクズは少なくワラビが多く、低いところではクズは多くワラビは少ないという植生上での特徴は照葉樹林文化論や縄文時代の植物食を考える上では無視できない。

栗谷の植物社会学的特徴と野生植物の利用体系の関係は以上のようであるが、今まで述べてきた落葉広葉樹林・照葉広葉樹林の二次林の二型、混交樹林（雑木林）のいずれにも分布する汎列島的植物もある。それが表の最も下にあるネジキ（栗谷では方名カシホシ、船津では方名カショショ）やリョウブ（栗谷では方名リョウボウ、船津では方名ギョウブ）に代表されるものである。木本より草本の植物に多いと思われる。

野生植物利用は特定の植物の性質に着目して分類・利用される。所与の自然環境の中で、ある植物が選択的に採集されるためにはさまざまな理由がある。そして使われる目的によって採集の基準もその後の調理や加工も当然異なってくる。採集の主な目的は食物・道具の素材・薬そして換金の素材であり、植物利用は生活上からくる条件に制約を受ける。それはまた同時に当該植物の生態的条件や量の多寡にとっても規制を受ける。生活上の条件はそれが自給の目的をもつ野生植物の利用の民俗であったのか、換金を目的にした民俗であったのかは明確にする必要がある。換金のための採集には栗谷におけるヤマボウシやホオノキ・イヌエンジュなどがあり、これらは木地師に売りさばいていたものである。またクリなどは鉄道が普及・拡大していくなかで枕木として需要が高かった時代には換金の素材として盛んに採集された。当該社会を越えた範囲で流通する民俗は、その社会が全体社会のなかでどのように存在したのかあるいは対応してきたのかを知る手掛かりになる。そしていずれの場合にも着目した素材の特性はまた選択の大きな理由である。これを樹木に限って考えてみるとおよそ次のような特性が森林や林を構成する多くの樹木のなかで民俗的な弁別指標として挙げられるであろう。そしてその特性が農具などの素材としてどのように生かされているか栗谷の場合を一例づつ見てみよう。

水に強い…クリ　湿気のあるところの建材・湿田で使うオオアシ

曲げやすい…チナイ（和名エゴノキ）　雪のなかを歩くときのカンジキ

硬い…エンズイ（イヌエンジュ）　唐臼の刃、牛鋤の床

繊維がとれる…ヤマカゲ（シナノキ）　鉈袋を編む・簑の材料
ねばりがある…ウツキ（ヤマボウシ）　藁打ち槌・杵
やわらかい…ホオ（ホオノキ）　まないた
虫がつかない…カシホシ（ネジキ）　稲を干すハザ
滑りやすい…ヤマザクラ　木馬のそり・ユキオロシ
木目がいい…トチ（トチノキ）　ちぢみ目の盆

これらのなかには一つの特性だけに着目しているのではなく、複数の特性が重なり利用されるものもある。たとえばヤマカゲ（シナノキ）は繊維がとれるという性質に加えてそれが水に強いということが山仕事で使う鉈袋や簑の材料として重宝される理由である。またこれ以外にも着目する特性はあり、たとえば粟谷であれば樹皮を魚毒として用いたサンショウとか実を魚毒に使ったエゴノキなどはその例である。数は少ないが香りが注目されたのは爪楊枝のクロモジであろう。さて植生と野生植物利用の関係を粟谷で論じてきたがそれは船津でも同様にいうことができる。

船津の中心的植生は表21でいえばcで表現されるスダジイ群団であろう。これがいわゆるシイを切ってもシイが生える典型的な照葉樹林である。これが粟谷に出現するのは神社の鎮守の森や人手の入りにくい斜面などに限られたところである。これらより高度の高い場所にはｅつまりツガ林が、低いところにはｇつまりウバメガシ群落が出現する。船津の照葉樹林は伐採しても同じような樹種の構成になるということは二次林とあまり区別できないということである。もちろんｆやｇの自然植生を構成する樹種より種数は減少する。タイミンタチバナ・タブ・クロバイ・トキワガキ・ヤマモモなどは二次林のなかでは少なくなる。しかしなんといってもｃで代表される植生が船津における野生植物の中心である。

表21のヒサカキは方名をビシャゴという。これは当地では仏様に供えるシキミの代用品として使われる。栗谷では神様に供える木として使っていて、多くの地域でこれをどちらの代用品として使うのか異なるようである。こうした行動のレベルでの違いが分布として把握できればサカキ・ヒサカキ・シキミの植物自身の分布とそれぞれの植物の方言の語彙のレベルでの系統と分布の三つを重合することにより分布論に別の視角を提供できるかもしれない。

船津の照葉樹林の二次林はカシ帯と命名したように、その常緑のカシ類の豊富さは野生植物利用のなかで栗谷と顕著に異なる側面である。シラカシ（方名シラカシ）・アカガシ（方名アカガシ）・アラカシ（方名ツボカシ）・シリブカガシ（方名シブカシ）・ツクバネガシ（方名ハド）・ウバメガシ（方名ウマメ）・ツブラジイ（方名シイ）の七種が存在しそれぞれ利用が異なる。カシ林のムラと表現する根拠はここにある。ここの地域でカシ類（上記の七種どれでもいいが、シラカシとウバメカシが多い）からカシノモチといって水晒しだけで作る救荒食はやはり水晒しをして澱粉を採取するキカラスウリ（方名グドウジ）と同様興味深い。照葉樹林文化論やブナ帯文化論で列島の東西で採集・狩猟段階の縄文時代の食料資源の多寡がよく論じられるが潜在自然植生が当時の自然植生であったと仮定すればそれほどの差異があるとは思われない。船津がどれほど古くからの村かわからないが、そしてこうした技術がどこから伝播したのか開発されたのかも明確ではないが、人為の相当加わった照葉樹林の二次林のなかで野生植物からの食料獲得方法としてかなり長く続いてきたのは間違いない。しかしやはり中世以降のことであろう。起源や伝播はともかくとして、植物民俗を山村がまわりの環境からどのように開発して適応してきたかという観点からまずはとらえたい。比較の諸条件を整理すべきである。

カナメモチ（方名ソバノキ）は照葉樹林の典型であるが、この樹木の有用性は表20で明らかなように杵・藁打槌・屋根替の針などいろいろ加工される。その着目された特性は樹木にねばりのある点であり、これは栗谷におけるヤマボウシ（方名ウツキ）に匹敵する。この樹木の特性を栗谷と同様に次にみてみよう。

水に強い…シイ（和名ツブラジイ）　湿気のあるところの建材

まげやすい…サカキ　川で魚釣り用の餌のエビをとるタモ

硬い…シラカシ　唐臼の刃

繊維がとれる…シュロ　藁の材料

ねばりがある…ソバノキ（カナメモチ）　藁打ち槌

やわらかい…ホオノキ　まないた

虫がつかない…スギ　稲を干すハザ

滑りやすい…ヤマザクラ　簞笥の引き出し

木目がいい…クロガキ（トキワガキ）　小物の鉈などの柄

それぞれの地域で着目をした同じ特性でも選択される樹種が異なるのは前述の栗谷と比較してみると明かである。自然のなかでその生態的地位が同じものをニッチ（niche）が同じであるという。それにならっていえば個々の植物がある特定の環境のなかでその生活上の有用性の地位が同じであるものを同位素材と表現してもいいだろう。植物民俗と環境との関係を論ずるときにはまずこの同位素材をそれぞれに地域で明らかにしておきたい。船津のカシ林のムラと対比して同位素材の体系的な相違から栗谷をナラ林のムラと表現する理由はここにある。同位素材を明らかにすることはその野生植物が当該地域の生活の中でどのような役割を果たしてきたのかを明らかにすることである。そうすることで初めて植物民俗を単に使用法の類似や語彙の類似から伝播論や起源論を安易に述べることの弊害から今少し意味のあるものにすることができる。こうした野生植物の民俗的知識は生活の戦略として伝承されてきた知識なのであって、近代化する以前の生活にとってはたとえすぐ使われることがなくても非常時（飢饉や敗戦）にはいつでも伝承の伝達の行われるものである。この豊饒な伝承の海とでもいうべき民俗知識の束は決して伝播論や起源論に素材を提供する無味乾燥なレリックとしての民俗ではない。

その意味では植物民俗の研究は、福田アジオがすでに重出立証法批判をしたことと同じ地平に立ってみなければならない。重出立証法が変遷を明らかにすることができるとするのは幻想であるとし、この破棄すべき方法にかわって福田は次のように述べる。

民俗をそれが伝承されている地域において調査分析し、民俗の存在する意味とその歴史的性格を伝承母体および伝承地域において明らかにすることが民俗学の主要な方法とされねばならない。仮にこの方法を、重出立証法に対して、個別分析法と呼んでおきたい。(18)

このことを植物民俗の側に引きつけて述べるならば、一本の木、一つの森も、現にそこにあるあり方そのものがその地域の生活の歴史と深くかかわりながら存在していることを認識することである。語彙のレベルや民俗を要素としてとりだし比較する以前に、その民俗のもつ意味をその地域の生活総体のなかで明らかにすることが比較の前提である。生活の中での植物民俗のもつ意味がまるで逆転してしまう象徴的な例を最後にとりあげておこう。(19)

自然と民俗の関係を主題にしてここ数年、沖縄県八重山郡竹富町黒島で調査している。直径四キロの隆起珊瑚礁の平坦な島は現在人二〇〇人、和牛二〇〇〇頭といわれる畜産の盛んなところである。しかし、現在の姿になるまで島はさまざまな主たる生業の変遷をしてきた。特に一九四五年以降、敗戦を契機に島はそれまでの伝統的なアワ・ムギを主体にした畑作からサトウキビ栽培、タマネギ栽培を経て、もともと繋留飼で小規模に存在した畜産を放牧形態に切り替え、ここ三〇年ばかりではほとんどの畑地は放牧場になってしまった。現在なお牛肉の自由化に対して対応すべくスタビライザーという機械を使い、隆起珊瑚礁を砕いて放牧場を増加させている。環境のもつ潜在的な植物生産力を開発しているといえる。

そうした人が働きかける環境の変化の中で方名シトゥチ（ソテツ）の役割は劇的に変化した。畑作が主たる生業であった時代は旱魃で水に苦しむ島でもあったが、現在は西表からの海底送水で潤沢になった。旱魃の時は伝承されていた植物民俗の知識が総動員され、食料獲得の野生植物利用が当然行われた。ソテツ地獄で有名なシトゥチはその中でも有力なものであった。ソテツは伝承によれば元来この島にあったものではなく、干ばつや飢饉の時の非常食料用として島外からいつの時代かもたらされたものらしい。畑の畔に人為的に植栽されたようだ。シトゥチの実を採取していい日は決められていて、ドラを鳴らして一斉にとりにいったものである。救荒食としてのシトゥチの重要性は島人の多くが語るところである。けれどもこの重要なシトゥチが一転して島では最悪のものとなった。それはこの三〇年間生業の主体を和牛の飼養に転じてから特に経験の浅い若い和牛が時にこのソテツの新芽や実を食べ神経を冒され、島で「腰ふら」と称される被害をもたらすものになり脅威となったからである。「腰ふら」となった牛は正常に歩くことができない場合が多い。肉の質がそれによって劣化するものではないというがやはりセリ市では値段は安くなり島の畜産にとってはソテツの除去は焦眉の問題となっている。

南国らしさを醸し出すソテツも島の生活者にとっての意味は救荒から害へ転換してしまった。一本の樹木が、一つの種である樹木がある環境に存在するということはその地域のなかでの歴史と深く関わることがあることをこれは示している。

五　生活様式と植物民俗

これまでカシ林のムラとナラ林のムラの二つを例にとりながら、その地域を環境とのかかわり方で比較するときどんなことが問題になるのか議論してきた。それは野生植物利用体系を植生との関係でみていくというものであるが、その地域の生活様式と環境との関係性の差異を表現する手段として同位素材をまず比較の前提として抽出する必要性を強調してきた。

同位素材における植物の種の相違の多くは自然環境の差異に基づく適応の問題におそらく帰着するであろう。同位素材の存在しないものについては自然環境を素材として生成するその地域の民俗の特殊性として論ずることになるであろう。いずれにせよ個々の植物の種に対する民俗をその地域の生活様式や歴史性と無関係に分布論・伝播論・起源論を論ずることはいつまでたっても民俗学が歴史学や考古学あるいは民族学に都合のいい素材を提供するだけの補助学になってしまうことを銘記すべきである。日本の伝統的生活様式がナラ林のムラ、カシ林のムラ以外にブナ林のムラ、亜熱帯林のムラなどいくつに類型化できるか今後の課題であるが、まずそのことを植物民俗を対象として民俗学を考える場合は必要であろう。

一本の木にも人の歴史は刻み込まれている。冒頭にあげた幸田文の『木』のなかに野中の一本立の大木の話はこのことを鮮やかに教えてくれる。次のようなものである。

あるとき植物のことをなにくれとなく教えて下さる先生と話をしていて、野中の一本立の大木はすてきだといったら、すてきと思うのは勝手だが、なぜ一本なのか、そこを少し考えてみなくてはネ、とたしなめられた。第一にその木はなんの木かときかれ、遠見でわからないと答えると笑われた。じゃまあ仕方ないとして、その木の枝はどんなふうかという。幹は太く短くて、傘をひろげたようにみごとに枝葉が茂っていてといえば、そういうのは風景としてはすてきなのかもしれないが、材としてはダメな木だという。そんな低いところから枝が沢山でていては、ふしだらけで使いものにならないといわれた。まずはじめに樹種を確かめ、木の形態を見、有用か無用かを考え、さらにその附近を見歩いて、同種の木の切り株があるかないかに気をつければ、なぜ野っ原に一本だけ残ったか、だんだん見当がついてくるでしょ。良木良材をわざわざ一本だけ残す筈がないじゃないか、伐る手間さえ惜しむほどに人の生活は苦しいのだから、野山に一本残った木の評価はおのずと明かといえる。人間の側からいえばそれは役立たずの無価値の木であり、木の側からいうなら、不運と苦難の末にやっと得た老後の平安というわけ、どうか一本残った木をすてきというだけで片付けないで、もっとよくみてやってもらいたい、ということだった。身にしみる一本立の老木の話だった。(20)

なにげなく存在する一本の樹木もその地域の生活が刻み込まれた記憶装置だということを我々は知るべきであろう。生活のために自然を開発して生成したり、伝播した民俗つまり自然に関する知識の束、総体を比較することによってしか私たちは日本列島の自然と民俗、自然と歴史の問題にアプローチできない。

注

(1) 幸田文『木』一九九二年、新潮社　一七～一八頁。
(2) 柳田国男「鳥柴考要領」『神樹篇』(『定本柳田国男集』一一巻) 一九五一年、筑摩書房、一七九頁。
(3) 柳田国男「知りたいと思ふ事二・三」『海上の道』(『定本柳田国男集』一巻) 一九五一年、筑摩書房、二一四頁。この説の当否についてはほとんど否定的であろうと思う。これについてその後の研究があるのかないのか寡聞にして知らないが、神樹として使う植物の種の多様性とその分布、及びそれぞれの種の分布などから周圏論的な様相などとは無関係であり、信憑性はかなり薄い。
(4) 山田孝子「沖縄県、八重山地方における植物の命名、分類、利用―比較民族植物学的研究―」(『リトルワールド研究報告』七号) 一九八四年、人間博物館リトルワールド、一五三頁。
(5) 若村国夫「岡山県における工業用水車の構造と使用形態」(『岡山理科大学紀要』二二号B) 一九八七年、一五七頁。
(6) 上野和男「日本の地域性研究における類型論と領域論」(『国立歴史民俗博物館研究報告』三五集) 一九九二年、二四一～二七〇頁。
(7) 佐々木高明『縄文文化と日本人』一九八六年、小学館、六三～八四頁。
(8) 柳田国男「虎杖及び土筆」『野草雑記』(『定本柳田国男集』二二巻) 一九二八年、筑摩書房、三五～三八頁。柳田は

この中で例えば「国の両端の方言」と題しイタドリの方言の周圏論的分布について論じている。

（9）Dr. Yoshio Horikawa ; *Atlas of the Japanese Flora - an introduction to plant sociology of the East Asia*, 1972, Gakushu-kenkyuusha, p 218-220. 日本の現存植生としての樹木・草本の五〇〇種それぞれについての水平分布・垂直分布を詳しく記したこのアトラスには植物民俗を論じる時重要な分布について極めて有効な情報が得られる。例えばサカキとヒサカキの分布はその好例である。それによればサカキの分布は西日本、しかも太平洋岸に多く、高度は一〇〇〇《メートル》以下に分布することがわかる。それに対してヒサカキはサカキに対して分布密度も高く、分布する範囲も水平・垂直いずれもサカキを覆うように広い。もしヒサカキを神樹としてサカキの代用として使う民俗が生成したとするならばサカキを使う文化からの伝播ということになるが単純にそのように言えるかどうか。

（10）千葉徳爾「日本民俗の風土論的考察」（千葉徳爾編『日本民俗風土論』所収）一九八〇年、弘文堂、九頁。

（11）伊藤良吉「盆の食物—ヒエをめぐる民俗—」（『博物館資料調査報告書2—民俗資料編2集—』所収）一九九〇年、国立歴史民俗博物館、二七六～二九六頁。

（12）山田孝子「鳩間島における民族植物学的研究」（伊谷純一郎・原子令三編『人類の自然誌』所収）一九七七年、雄山閣出版、二五一～二六二頁。

（13）今西錦司「混交樹林考」（『季刊人類学』一六巻三号）一九八五年。今西は混交樹林は「自然の中には、いつまでたってもいわゆる極相林にならない部分が、かなり大幅に存在する」ものとして述べていて必ずしも雑木林とは言っていない。けれどもほぼそれは雑木林と重複するものとして考えて差し支えないと思われる。なお今西はこの中で「照葉樹林をもって日本文化の誕生地のように考えるひとはまだ照葉樹林の極相林のくらさや乏しさを実感していないひとであろう。いままでに照葉樹林の原産のようにとりあつかわれてきた茶・大豆・ウルシなどというものは、みないずれも混交樹林由来のものばかりである」と厳しい照葉樹林文化論批判をしている。この論文に対して中尾佐助・佐々木高明・吉良竜夫の三氏がコメントをしているが照葉樹林文化論に深く関わってきた人たちだけに興味深いものがある。

（14）山中二男『日本の森林植生』一九七九年、築地書館、二二～五〇頁。この中で山中はいわゆる照葉樹林を暖温帯林といっているが、日本の植生におけるさまざまな立場を要領よくまとめている。この暖温帯林における植生を潜在自然植生からみればタブ林・シイ林・カシ林に大きく区分している。それらは相互に連続性をもちながら、分布・環境および種構成を異にしている。しかし全体としてはまとまりのある森林である。しかしそれは潜在自然植生としての区分であり、一種の理念型に近いものである。現実の人々の生活のまわりの展開する植生はタブ林・シイ林の二次林であり、カシ林の二次林である。この二つの境界が温量指数でいえば一二〇度である。ここでは前者をカシ林とし後者をナラ林とすることによって伝統的生活様式との関係をみていこうというわけである。

(15) 一般的にいって照葉樹林をさらに下位区分して数型としてとらえることは植物生態学者のなかにもいて、前述の山中もタブ林・シイ林・カシ林に区分している。

(16) 佐々木高明、注(7)前掲書、一二六～一三五頁。

(17) 佐々木好之編『植物社会学』(『生態学講座』八巻) 一九七三年、共立出版。ブラウン・ブランケ法については多くの概説書が紹介されている。上記のものはその一つである。ここで実際に作成した図表は畏友である岡山理科大学の植物生態学者波田善夫氏のデータを基に作成していただいたもので、氏には深く感謝する。

(18) 福田アジオ「重出立証法と民俗学」(『日本民俗学方法序説』) 一九八五年、弘文堂、一七五頁。

(19) 篠原徹「記憶される井戸と村―沖縄県・八重山郡・黒島の廃村と伝承―」(平成三年度科学研究費補助金研究成果報告『環境に関する民俗的認識と民俗技術的適応』) 一九九一年。

(20) 幸田文、注(1)前掲書、一五一～一五二頁。

結論　民俗自然誌の課題と可能性

生業の中で自然と対峙して獲得され、伝承される知識の総体を自然知として定義し、漁村で一本釣およびカナギ漁を生業とする人々と山村で生活の中に多種多様な野生植物を取り込む人々の精緻な自然知の世界を記述してきた。そしてその自然知が具体的にどのように機能するのかを海や山の自然という環境の中で発揮される技能を通して記述してきた。そしてこの記述は従来の民俗誌のように「聞き書き」だけから構成されるものではなくて、可能な限り民俗が具現する場において「観察」を行い、「聞き書き」の内容を常に確認する方法を採用した。そのため「観察」による民俗の記述は当然客観性を維持するため生態学的な手法などを用いて表現した。

例えばそれは漁村の漁場と魚類と季節の関係を表現するため植物生態学のブラウン・ブランケの方法を使用したことである。また山村における植物民俗の自然知の総体を記述するのに方言名と和名の対照を厳格に行い植物分類学を応用したことなどである。民俗分類や民俗的な行動がどのようなものであるのかは、ある固定した座標軸との相対的な距離や位置の相異を見いだすことによってしか理解可能なものにならない。そうしたものの特質を抽出するためには比較可能な客観的な基準を設定しなければならない。つまり民俗分類や漁師の民俗的行動の特質を知るため植物分類学や生態学的手法の応用が必要となる。

従来の民俗誌があまりに量的な記載や分類学的な厳密性から遠いところにあるため民俗誌そのものが比較可能なものにならなかった。比較可能な民俗誌を手に入れるための筆者なりの試みが本論文の主要な部分を占めている。つまり漁村と山村のモノグラフの形式をとった論文がそれにあたるが、それは今までの民俗学がほとんど問題にしてこなかった領域であるし、いうなれば未開拓な新しい分野である。山村や漁村の自然知の世界はこうした方法でしかおそらく抽出することはできないものであろう。

「聞き書き」による記述が民俗誌と称され、「観察」による記述が自然誌と称されるなら、「観察」と「聞き書き」を等価のものとして併用する方法は民俗自然誌とでも表現するしかない。この「観察」による民俗の記述の重要性については第一章で説いた。柳田国男が優れた自然観察者であり、彼の多くの民俗学上の仮説や知見が自然に潜む動物や植物の生態などの博物誌的認識に依拠してしているのではないかということを論証した。日本における進化論の受容からその後の生物学における発展の系譜と柳田の思想とは無縁な関係にある。むしろ柳田のそれは江戸時代の後半に大きく進歩する本草の系譜をひいた博物学の影響を受けたものである。

柳田にあっては「自然」は主体と客体の未分化な状態を意味していたようであり、象徴的に表現するなら民俗も伝統も風景や自然に埋没してしまっているものであり、客観的な存在としての自然ではない。こうした思考は柳田が「成長」「改良」「実験」などの語彙をしばしば自動詞的に使い、主語が風景や時代や村であることに明瞭にみられる。つまり風景や村が成長し、村や時代が実験し改良するのであり、人々は時代や風景に埋没してしまい常民の相貌は明晰性のないものになる。これは柳田が常民を能動的な主体性のない存在とみていたようにも思えるが、主体・客体の未分化で、無意識に天然の均衡を破る人々のありかたがあったという発見なのかもしれない。これはおそらく柳田の生きた時代が自然の慈悲を享受できたものであり、自らの自然観と人々の自然観を同一視できたからではないだろうか。

柳田の民俗学の方法が当初は「聞き書き」だけではなく、「観察」も重要なものであったことは第一章第二節の「民俗学の方法としての観察」で詳述した。生業として自然に対峙する漁民や猟師の観察のなかに看過できない問題が含まれていることを見抜いたのは柳田であり、それを重要な問題として真摯に受けとめたのが実は柳田以降の民俗学者ではなく、戦後の日本の霊長類学の発展の原動力になった今西錦司や伊谷純一郎であった。それはやがて霊長類に個性を認める立場にたつきわめて独創的な動物社会学を標榜することになるが、認識のレベルで柳田とは通底する自然史（誌）的な思考である。狼の絶滅および孤猿の由来についての民俗学と動物社会学の交錯は大きな成果を生んだといえる。

ただ柳田は精細なる「観察」の必要性を述べながら、この世界から遠心的に「聞き書き」の世界に没入してしまった。観察から求心的に種社会の解明に向かった伊谷純一郎はやがて生態人類学という分野を切り開くことになるが、ここで再び民俗の世界を生態学的に解明していくことになる。本論文もその生態人類学の方法を強く意識しているが、その根源はこの「観察」と「聞き書き」の共振こそが民俗という現象の理解に必要だという立場にたつからである。つまり柳田が放棄してしまった方法の復権であり、同時に観察に生態学的手法を導入して、従来の民俗学が解明できなかった問題に迫ろうとするものである。

こうしたことを視野におさめつつ、最近の自然をめぐる民俗学的研究の動向を整理したのが第二章第一節の「聞き書きのなかの自然」である。柳田国男の自らの自然観と彼が追求してきた常民の自然観が同一視できるかどうか柳田自身はそれほど意識しなかった。また柳田以降の民俗学においてもその問題を厳密には考えてこなかった。ただよく言われる日本人の自然観を考察したものが文人墨客など多く識字者つまりここでいう文字知をもつ人々の残した文書に立脚して立論したものにすぎないことを早くから指摘したきたのは千葉徳爾であった。それゆえにこそ柳田を始めとした民俗学者は常民の地平にまで降り立とうとした。それはきわめて正当なことであった。こうして常民の地平で集められてきた、それも「聞き書き」を中心にしたいわば資料を民俗学が手にしたとき、柳田が作為なく誤謬を犯したように、民俗学者はそれらの資料の解釈を常民の解釈と同じものであると先験的に信じてしまった。というより柳田の解釈以降に民俗学者の柳田の見解に対する無謬性の神話が成立してしまったというべきだろう。

一方には民俗の行為と民俗の解釈のレベルがあり、他方には聞く者と聞かれる者のレベルがある。つまり誰が何をどのように解釈するのかということによって、民俗が多義的な解釈を許す存在であることを意識せざるを得ない。「聞き書き」というものだけから解釈される「自然」があまりにも恣意的なものなのではないかという問いすら現在の民俗学にないとすれば、初発の志である常民の心意などとはほど遠いところに民俗学があるのではないか。

このような問題意識で現在の自然をめぐる民俗学の研究をここで整理した。それは対象と方法と解釈から分類してみたものである。対象として民俗の行為そのものを生態、民俗の継承方法である伝承、そして文書にみられる民俗的な歴史（社会史）をそれぞれ観察、聞き書き、文書調査を方法に対応させた。解釈のレベルでエティックとイーミックに分類してみると、民俗の研究のカテゴリーは六つの領域を設定することができる。

このような領域の設定を考えてみると現在の自然をめぐる民俗学の研究が分散化しつつあることが明瞭に読み取れる。民俗学の中心が伝承のイーミックを理解することであるのは、おそらく今後も不変であろう。しかし伝承のエティックをイーミックとすり替えることは許されない。常民の自然観の研究が実は伝承のエティックにすぎなかったことをここでは明確にした。そして観察のエティックとは生態民俗学や生態人類学であり、観察のイーミックとはエスノサイエンスのことである。民俗学が手にいれたい常民の自然観とはこの観察と伝承のイーミックであり、それぞれの領域が方法と対象を明確に峻別しながら伝承のイーミックに迫ることが自然観研究の大きな目標であろう。ただ今までの民俗学は観察のエティックとイーミックの領域をあまりにも無視してきた。本書はこの領域の開拓ということに大きな主眼がおかれている。

こうした自然観研究はやがて民俗学があまり言及してこなかった風土を考える素材を提供することになる。この点を第二章第二節の「風土の民俗学」で考察してみた。ここでは風土とは「解釈された自然」という立場から民俗語彙の連関想起によって風土に迫る方法を提示した。風土の研究はその地域の環境を主体化し創造への喚起力をもつ心的な環境イメージの抽出である。そして風土の内包的性質は民俗の地域性として現象し、風土の外延的性質は常民の自然観として現象する。日本列島に居住してきた、そして居住している人々の風土観は民俗の地域性と自然観を問題にしなければならない。自然観に差異をもたらすものとして自然観の階層性や地域性や歴史性の差異を明確にしなければ、ひとしなみに「日本人の自然観」という空虚な論に陥ることは必然である。

こうして観察のイーミックとエティックを意識しながら、個別具体的に漁民と山村民の自然をめぐる民俗研究を第三章・第四章で追求してみた。漁村の二つのモノグラフ的論文は一本釣とカナギ漁という性格を異にする漁業の自然知と技能誌を描いたものである。第三章第一節「一本釣漁師の村とその生態」は山口県萩市見島の一本釣漁師に焦点をあてて自然知と漁師の生態の関係を摘出した。このことが可能になったのは偶然発見した新徳寿幸氏の漁日誌があったからである。

彼が二〇年にわたり毎日克明に漁日誌をつけていて、それが期せずして漁師の伝承と優れた自然観察を表していると同時に、もし漁師の生業活動を観察するとすれば必要であると思われる量的データをほぼ完璧に手に入れることができたからである。この漁日誌は民俗の「観察」によって得られるものとみなせるわけだから、これに調査者の民俗の「聞き書き」を補完させていけば信頼度の高い漁師の生業活動の具体的な像を知ることができる。

この漁日誌には「いつ、どこで、どんな漁法で、どのような魚種をどれだけ釣りあげたのか」が正確に記されている。またその日の天候、風向も記述されている。出港・帰港まで何時何分という単位で記されていて、漁獲をあげるため一本釣漁師が如何に精緻な自然観察を行い、自然知を民俗に練り上げているかがわかる。そこには聞き書きだけでは到底うかがい知ることのできない動的で現実に「使用される民俗」がある。技能や自然知を具体的に使用する場での一本釣漁師の行動様式だけを純粋に記述してみることによって、それが自然の運行に適応的で生態学的に理解できるものとして抽出することができた。

ここでは通俗的な民俗誌にみられる対象社会や人間を叙情的に叙述することをいっさい排し、民俗的な行動のいわば骨組みだけを意識的に論じてみた。こうすることによって漁民の観察のイーミックが観察のエティックの側つまり生態学的にみてもなみなみならぬ野生の思考であると了解できた。そのことを集約的に表現したのが第三章第一節四「漁撈活動の生態学」のなかの一本釣という漁行動の基本的ストラテジーを表わした表10である。

漁民の漁行動が膨大な自然知の上に成立している高度な技能的な世界であることは別の漁行動であるカナギ漁にもみられる。こうした世界が近代化によって何を失おうとしているのかを描き出したのが第三章第二節「漁民とその民俗的空間」である。ここでは箱メガネで海底を見ながらさまざまな道具を使ってアワビ・サザエ・ワカメ・モズクを採集する技能を詳述した。また現在は行われなくなったが山アテという海上での位置確認の方法を使って如何に一本釣漁法を展開していたのか再構成してみた。山アテが高度に発達した伝統的な位置確認方法であることはこれまでの漁村の民俗学的調査でもしばしば言及されてきた。しかし具体的な海上での使用法やそれに伴うさまざまな副次的な技法を漁場や魚類との関係で論じたものはほとんどない。

漁民や山村民の民俗がしばしば自然と共生するものだという議論があるが、資源と民俗的な行動の量的な関係がどのようなものであるのか具体的に論じられなければならない。またこうした山アテの方法がさまざまな漁法で同一なものなのか、地域差や生業差は今後論じていかねばならない。民俗学がこれまでのようにいたずらに量的把握や計量的方法を拒絶していたのでは近代化という問題一つさえアプローチできない。常民の心意を知るという方法が「聞き書き」のエティックにしかすぎず、心意から最も遠いところにあるかもしれないという疑念くらい民俗学がもつべきである。以上は漁村における自然知と技能についてのことであった。

同じようなことを山村における植物民俗と木地師の技能誌のなかにそれを追求したのが第四章第一節及び第四章第二節のモノグラフ的な論文である。前者では中国山地の平均的な山村の隔絶性がをどのようなものなのかを家族・親族・通婚圏などを指標にして述べ、そのなかでの野生植物に関する民俗的知識の総体を抽出してみた。利用方法を生活の観点から分類してみると食物・民間薬・祭祀用・道具の素材になる。民俗的な同定が可能な野生植物は最大に知っている人で一九七種であるが、これらが山村の農耕生活の中でどのような位置にあったのか詳しく論じた。そしてそれらが農耕生活にとってはきわめて重要で、山村がそのまわりの環境と不可分な関係にあったことがわかる。

第四章第三節ではその環境と野生植物利用の体系が適応的な関係にあったことをナラ林とカシ林という異なる環境での比較を通じて摘出した。そもそも今までの民俗学では環境利用・野生植物利用といいながらどの程度の植物を民俗的に同定できるのか、それが環境によって異なるのか、生業によって異なるのかさえ記載がなかった。そして民俗的な同定とはどんな民俗分類の知識に基づくのかということもわかっていなかった。野生植物利用・植物の民俗分類の比較可能な調査とはどのようなものかをここでは提示した。そして具体的に二つの村を同じレベルで比較してなにが明らかになるのか一つの可能性をここで提示した。それは環境利用の地域差や生業差を環境の生態学的区分との関係でみていくもので、日本列島で展開した人々の生活レベルでの自然観や風土観を抽出する基礎的なものであることを位置づけた。

第四章第二節の「木地師の技能誌」は生業差による野生植物利用の着目点の相異やそれに伴う技能の特殊性を考えてみた。日本列島には階層性・地域性・歴史性の相異による多様な生活が展開していた。これをひとしなみに同じ自然観をもつ人々と帰着させることができるかどうか、ここで展開した論をさらに多種多様な生業の人々のもとで研究してみる必要があるのではないか。そうでなければ民俗学固有の自然に関する民俗の研究は独自性と必要性を失うであろう。観察と伝承のイーミックとエティックの弁別させ考えない無責任な「日本人の自然観」論に対して明確な民俗学からの意義申し立てを今後考えていかなければならない。さらに日本列島で自然と共に生きてきた人々が真の自然主義者であったのかどうかもこうした生業にたずさわってきた人々の民俗自然誌を素材に議論していく必要がある。

おわりに

海辺や山の村の生活のなかに詩の原型になるようなものを求めて歩き始めてからかなり長い年月が経った。なぜ詩の原型のようなものを海や山の生活のなかに求めたのだろうか。それは「ことば」が疲弊し、力を失っていく時代を生きているからだろうと思う。だから必然的に「ことば」以前の「ことば」を生み出す生活や民俗に向かっていくことになったのだろうと思っている。民俗学に対してそれほど強い志向ももたず一九七一年四月に岡山県真庭郡川上村にある岡山理科大学蒜山研究所に赴任した。三年半山の中で植物採集と昆虫採集に熱中しながら山の村の人々とつきあってきた。このつきあいが筆者の民俗学の全ての始まりであった。過疎化がはじまり、山の村の人々が自分たちの子供が離村していき不安を覚えはじめた時期である。村の子供たちと反対方向に山に向かった筆者がみたものは農や猟や漁がやせ細っていく現実であった。都市の求心力と村の遠心力が輻輳して民俗や伝承が崩壊していく時代であった。退路を断たれ都市にでた人々は故郷について詠うことしかできなかった。詩歴や年代など何も知らないが坂本遼の詩に次のようなものがある。

おかんはたつた一人
峠田のてつぺんで鍬にもたれ
大きな空に
小ちやいからだを

ぴよつくり浮かして
空いつぱいになく雲雀の声を
ぢつと聞いてゐるやろで

里の方で牛がないたら
ぢつと余韻に耳をかたむけてゐるやろで

大きい　美しい
春がまわつてくるたんびに
おかんの年のよるのが
目に見えるやうで　かなしい

民俗や伝承が崩壊していくことを目の当たりにみながら、その是非について確たる主張もないまま、ただこうした「おかん」たちの「ことば」や「生活」そして「民俗」を静かに観察して記録にとどめたいと思ってきた。「おかん」のからだが年とともに小さく縮んでいくのは本当に哀切なことである。同じように日本列島の農や猟や漁がやせ細り縮んでいくのは悲しいことなのかどうか、確かめるのにはまだまだ時間のかかることだろう。ここに収録した論文は一九七一年から漁村や山村で民俗学的調査を始めた筆者が、今後日本の民俗文化について思索と調査を深化させるための一里塚だと思っている。論文の末尾が「伝統の消滅」「技能の消滅」「自然知の消滅」と暗澹たるものになったのは一人の民俗の研究者として現状の日本についての正直な認識であると思っている。

一九八六年に住み慣れた岡山県から千葉県にある国立歴史民俗博物館へ職場を変えた。本書の中心になっているのは岡山にいたときの調査である。山登りの延長のように歩き回っていたし、山や海の生活者に話を聞いたり、船に乗ったり山菜を一緒に採りにいくのは好きだった。山や海で、歳も違い育った環境も違うけれども親しい友人になった人々とのつきあいがなければ、本書はありえない。特に筆者の民俗学の出発点になった岡山県真庭郡湯原町粟谷の須美武王・八重子さんには関金温泉から犬挟り峠をバスで越え、初めて出会って以来妻ともども「山の生活」の面白さを教えてもらった。深く感謝申しあげたい。

岡山の生活は居心地がよかったが、もう少し民俗学者や他の分野の人たちと議論できる場に来ないかと誘ってくれたのは国立歴史民俗博物館の民俗研究部長であった故坪井洋文さんであった。職場を変えてまもなく坪井さんは冥界に旅立ってしまい、彼の期待にそえたかどうか筆者自身は忸怩たるものがある。民俗学の自然派でも名乗るかと思いつつも、いつも周辺を好むところは坪井さんと性癖が似ているのかもしれない。それでも歴博の内外に宮田登さんや福田アジオさんがおられていろいろ鍛えられた。本書もお二人の吉川弘文館への働きかけがなかったら日の目をみなかっただろう。また、歴博の新谷尚紀さんは本書を出版するようにいつも檄を飛ばして、励ましてくださり、菅豊さんは怠けものでずさんな筆者を叱咤し、索引作りやその他細かいことをいろいろ手伝ってくださった。本書刊行に当たり、以上の方々には深く感謝申しあげる次第である。また出版にご尽力してくださった吉川弘文館の大岩由明さんと本書の編集を担当してくれた杉原珠海さんにも心よりお礼申しあげたい。

一九九四年十一月

篠原　徹

初出一覧

序論　民俗と生態をつなぐもの　　書き下ろし
第一章　自然と民俗
第一節　柳田国男の自然観　　書き下ろし
第二節　民俗学の方法としての観察　　原題「解説」（『柳田国男全集』二四、一九九〇年、筑摩書房）を一部補訂
第二章　自然誌と民俗誌の関係
第一節　聞き書きのなかの自然　　原題「聞き書きのなかの自然」（『日本民俗学』一九〇号、一九九二年）を一部加筆補訂
第二節　風土の民俗学　　原題「風土の民俗学――自然の解釈をめぐって――」（『国立歴史民俗博物館研究報告』二一集、一九八九年）を一部加筆補訂
第三章　海の民俗自然誌
第一節　一本釣漁師の村とその生態　　原題「一本釣漁師の生態」（『季刊人類学』一七巻三号、一九八六年、講談社）を大幅に加筆補訂
第二節　漁民とその民俗的空間　　原題「漁民とその民俗的空間――島根半島軽尾漁村における漁場の構造と漁業の関係――」（小林行雄博士古希記念論文集『考古学論考』一九八二年、平凡社）を一部加筆補訂
第四章　山の民俗自然誌

第一節　山村社会と植物民俗　原題「Ethnobotany からみた山村生活」（『岡山理科大学紀要』九号、一九七三年）を大幅に加筆補訂

第二節　木地師の技能誌　原題「〈採集ノート〉木地師聞書」（『岡山理科大学蒜山研究所研究報告』一号、一九七五年）を一部加筆補訂

第三節　植物民俗にみる地域差　原題「植物民俗にみる地域差　樹種選定と植生」（『国立歴史民俗博物館研究報告』五二集、一九九三年）を一部補訂

結論　民俗自然誌の課題と可能性　書き下ろし

引用文献目録（筆者あいうえお順）

赤沢　威『採集狩猟民の考古学』一九八三年　海鳴社

浅井康宏『緑の侵入者たち―帰化植物のはなし―』一九九三年　朝日新聞社

朝日村村史編さん委員会『朝日村史』上巻　一九八〇年

飯島康夫・斎藤純「第一章　民俗と環境」伊勢崎市史民俗調査報告書四集『上之宮町の民俗』所収　一九八五年

五十嵐忠孝「トカラ列島漁民の〝ヤマアテ〟」『生態』〔人類学講座〕一二巻所収　一九七七年　雄山閣出版

Notes on Yama-Ate ("Lining up" Method) of Tokara Fisherman, A Report on the Research Supported by the Smithonian Institution Small Grants Program in Urgent Anthropology

伊谷純一郎『自然の慈悲』一九八六年　平凡社

「老い―生物と人間―」『老いの人類史』所収　一九八六年　岩波書店

市川光雄「宮古群島大神島における漁撈活動」『探検・地理・民俗誌』所収　一九七八年　中央公論社

伊藤良吉「生活空間論」『日本民俗学』一七一号　一九八七年

「盆の食物―ヒユをめぐる民俗―」国立歴史民俗博物館『博物館資料調査報告書一―民俗資料編一集―』所収　一九九〇年

今西錦司『自然と山と』『今西錦司全集』九巻　一九七一年　講談社

『遊牧論そのほか』『今西錦司全集』二巻　一九四八年　講談社

「混交樹林考」『季刊　人類学』一六巻三号　一九八五年

上野和男「日本の地域性研究における類型論と領域論」『国立歴史民俗博物館研究報告』三五集　一九九一年

上野益三『日本博物史』一九八九年　講談社

宇都宮貞子『草木ノート』一九七〇年　読売新聞社

江波澄雄「対馬暖流域の浮魚資源」日本水産学会編『対馬暖流』所収　一九七四年　恒星社厚生閣

Ohtsuka Ryutaro *Ecology of the Nasake Fishermen*『人類学雑誌』七八巻二号　一九七〇年
大槻恵美「現代の自然—現代の琵琶湖漁師と自然とのかかわり—」『季刊　人類学』一九巻四号　一九八八年
岡　恵介「北上山地一山村におけるアク抜き技術—民俗社会の中での生態学的位置—」『岩手の民俗』七号　一九九〇年
小川徹太郎「船住い漁民の漁撈活動体系—広島県二窓浦木江組の場合—」『ふぃるど』一号　一九八六年
小川正賢他「日本の昔話とわらべうたに潜む自然観の抽出」『季刊　人類学』二〇巻一号　一九八九年
沖山宗雄「日本海海域の生物学的特性」日本水産学会編『対馬暖流—海流構造と漁業—』一九七四年　恒星社厚生閣
オギュスタン・ベルク著、篠田勝英訳『風土の日本—自然と文化の通態—』一九八八年　筑摩書房
掛谷　誠「小離島住民の生活の比較研究」『民族学研究』三七巻一号　一九七二年
香月洋一郎『空からのフォークロア—フライト・ノート抄—』一九八九年　筑摩書房
「山の水田—伝承論ノート—」『歴史と民俗』二号〔神奈川大学日本常民文化研究所論集〕一九八七年
可児藤吉「渓流棲昆虫の生態」『可児藤吉全集』一巻　一九四四年　思索社
亀山慶一「同族と同族祭祀」和歌森太郎編『美作の民俗』所収　一九五八年　吉川弘文館
倉野憲司校注『古事記』一九六三年　岩波文庫
幸田　文『木』一九九二年　新潮社
小林行雄『古代の技術』一九六二年　塙書房
斎藤正二『植物と日本文化』一九七九年　八坂書房
斎藤　毅「沿岸地域の知覚環境の二元性に関する地理学的研究」『人類科学』三七集　一九八四年
斎藤忠他編『見島総合学術予備調査報告』一九六〇年　山口県教育委員会・萩市教育委員会
桜田勝徳「漁民の社会と生活」『桜田勝徳著作集』二巻　一九七〇年　名著出版
佐々木高明『縄文文化と日本人』一九八六年　小学館
佐々木好之編『植物社会学』〔生態学講座〕八巻　一九七三年　共立出版
Shepard Forman *Cognition and the Catch - The Location of Fishing Spots in a Brazilian Coastal Village*, Ethnology Vol. 6, 1967
滋賀県教育委員会『近江木地屋の生活伝承』〔滋賀県文化財調査報告書一〕一九五九年
篠原　徹「書評　生態民俗学序説」『日本民俗学』一七〇号　一九八七年

篠原　徹「中国地方一山村の家族・婚姻・通婚圏」『岡山理科大学紀要』九号　一九八〇年
「植物方言と民具」『中四国民具学会年報』六号　一九八六年
「記憶される井戸と村―沖縄県・八重山郡・黒島の廃村と伝承―」『環境に関する民俗的認識と民俗技術的適応』（平成三年度科学研究費補助金研究成果報告）一九九一年
島根県教育委員会「出雲中海沿岸地区の民俗」『中海沿岸地区民俗資料緊急調査報告』所収　一九七一年
島袋伸三・渡久地健「イノウの地形と地名」近畿大学民俗学研究所『民俗文化』二号　一九九〇年
周　達生『民族動物学ノート』一九九〇年　福武書店
新庄村史編集委員会『新庄村史』前編　一九六六年　新庄村教育委員会
新潮日本文学アルバム『柳田国男』一九八四年　新潮社
菅　豊「〈水辺〉の生活誌―生計活動の複合的展開とその社会的意味―」『日本民俗学』一八一号　一九九〇年
「〈低湿地文化論〉その可能性と課題」『史境』二二号　一九九一年
杉本　寿『山村社会経済の構造分析』一九七三年
鈴木兵二・伊藤秀三・豊原源太郎『植生調査法Ⅱ』一九八五年　共立出版
瀬川清子『日間賀島・見島民俗誌』一九七五年　未来社
谷川彰英『柳田国男と社会科教育』一九八八年　三省堂
谷川健一『神・人間・動物―伝承に生きる世界―』一九七五年　平凡社
千葉徳爾『日本民俗の風土論的考察』千葉徳爾編『日本民俗風土論』所収　一九八〇年　弘文堂
「日本の民俗と自然条件」『風土と文化』（日本民俗文化大系第一巻）所収　一九八六年　小学館
「特殊職業集団の伝承」　和歌森太郎編『美作の民俗』所収　一九六三年　吉川弘文館
千葉徳爾注解『日本山海名産名物図会』一九七〇年　社会思想社
坪井洋文『イモと日本人』一九七九年　未来社
「故郷の精神誌」『現代と民俗』（日本民俗文化体系第一二巻）所収　一九八六年　小学館
鶴見和子『漂泊と定住と』一九九三年　筑摩書房
定本柳田国男集編纂委員会『定本柳田国男集』（索引）別巻五　一九七一年　筑摩書房

鳥越皓之編『環境問題の社会理論—生活環境主義の立場から—』一九八九年 お茶の水書房
中富 洋「第二章第一節 自然の利用とくらし」滝根町史編さん委員会『滝根町史三巻民俗編』所収 一九八八年
中村禎里『日本人の動物観』一九八四年 海鳴社
中村 哲『柳田国男の思想』上 一九七二年 講談社
西村朝日太郎「沖縄における原始漁法」蒲生正男他編『文化人類学』所収 一九六七年 角川書店
丹羽文夫『日本的自然観の方法—今西生態学の意味するもの—』一九九三年 農山漁村文化協会
野地恒有「飛魚と漁撈儀礼—対馬暖流沿岸域の漁撈民俗研究序論—」『民俗学評論』二六号 一九八六年
　「旅漁民・集住地・潟文化をめぐる試論」『日本民俗学』一八四号 一九九〇年
野中健一「中部地方におけるクロスズメバチ食慣行とその地域差」『人文地理』四一巻三号 一九八九年
　「長良川流域における淡水魚介類の漁撈と食用」『地理学評論』六四巻四号 一九八九年
野本寛一「第一編第一章 人と環境」『静岡県史資料編二三 民俗一』所収 一九八五年
　『生態民俗学序説』一九八七年 白水社
　「ヒルギとグーザ」近畿大学民俗学研究所『民俗文化』二号 一九九〇年
橋川文三『柳田国男—その人間と思想—』一九七七年 講談社
原子令三「嵯峨島漁民の生態人類学的研究」『人類学雑誌』八〇巻二号 一九七二年
福田アジオ『日本民俗学方法序説』一九八四年 弘文堂
　「村落空間論における領域と境界」『民俗フォーラム』一号 一九八五年
　「村の境」『歴史公論』九五号 一九八三年
　「政治と民俗—民俗学の反省—」桜井徳太郎編『日本民俗の伝統と創造』所収 一九八八年 弘文堂
二川村史刊行会『二川村史』一九六五年 真庭郡岡山県湯原町
船山信一『明治哲学史研究』一九五四年 ミネルヴァ書房
文化庁文化財保護部編『民俗資料選集Ⅱ』一九七四年 文化庁文化財保護部
　『木地師の習俗Ⅱ』一九六九年 文化庁文化財保護部
Horikawa Yoshio *Atlas of the Japanese Flora - an introduction to plant sociology of the East Asia*, 1972, Gakushuukenkyuusha

真　壁　仁『みちのく山河行』一九八二年　法政大学出版局
益田勝実「民俗空間としての風景」『伝統と現代』一九七〇年
宮本常一『民間暦』一九八五年　講談社
　「見島の漁村」『宮本常一著作集』一七巻　一九七四年　未来社
民俗学研究所編『民俗学辞典』一九五一年　東京堂
武蔵野美術大学生活文化研究会「日本の漁業」宮本常一・川添登編『日本の海洋民』一九七四年　未来社
武　藤　鉄　城『鳥・木の民俗』『武藤鉄城著作集』一　一九八四年　秋田文化出版局
矢島祐利・野村兼太郎編『明治文化史』第五巻学術篇　一九五四年　洋々社
安　室　　知「稲の力―水田における漁撈活動の意味―」『日本民俗学』一七八号　一九八九年
　「水田で行われる畑作水田二毛作と畦畔栽培」『信濃』四三巻三号　一九九一年
柳　田　国　男『明治大正史世相篇』『定本柳田国男集』二四巻　一九三〇年　筑摩書房
『野草雑記』『定本柳田国男集』二二巻　一九四〇年　筑摩書房
『婚姻の話』『定本柳田国男集』一五巻　一九四六年　筑摩書房
「困蟻巧程」『伝承文化』五号　一九六六年
「困蟻労程」『伝承文化』五号　一九六六年
「東北と郷土研究」『定本柳田国男集』二五巻　一九三〇年　筑摩書房
『青年と学問』『定本柳田国男集』二五巻　一九三〇年　筑摩書房
「実験の史学」『定本柳田国男集』二五巻　一九三五年　筑摩書房
『後狩詞記』『定本柳田国男集』二七巻　一九〇九年　筑摩書房
『野鳥雑記』『定本柳田国男集』二二巻　一九四〇年　筑摩書房
『信州随筆』『定本柳田国男集』二二巻　一九三六年　筑摩書房
『孤猿随筆』『定本柳田国男集』二二巻　一九三九年　筑摩書房
『遠野物語』『定本柳田国男集』四巻　一九一〇年　筑摩書房
『海上の道』『定本柳田国男集』一巻　一九六一年　筑摩書房

「西は何方」『定本柳田国男集』一九巻　一九四八年　筑摩書房
「蝸牛考」『定本柳田国男集』一八巻　一九三〇年　筑摩書房
『神樹篇』『定本柳田国男集』一一巻　一九五三年　筑摩書房
「黒を憶う」『定本柳田国男集』二二巻　一九三〇年　筑摩書房
「豆の葉と太陽」『定本柳田国男集』二巻　一九三三年　筑摩書房
「日本民俗と自然」『定本柳田国男集』三一巻　一九七〇年　筑摩書房
「資料としての伝説」『定本柳田国男集』四巻　一九二五年　筑摩書房
柳田国男文庫目録編集委員会『柳田文庫蔵書目録』一九六七年　成城大学
柳父　章『翻訳語成立事情』一九八二年　岩波書店
藪内芳彦『漁村の生態』一九五八年　古今書院
山口県教育委員会『見島総合学術調査報告』一九六四年
山口昌男「跋」宇都宮貞子『草木ノート』所収　一九七〇年　読売新聞社
山路恵子「北陸一海村の村落組織」『民族学研究』三七巻四号　一九七三年
山田孝子「沖縄県、八重山地方における植物の命名、分類、利用―比較民族植物学―」『リトルワールド研究報告』七号　一九八四年　人間博物館リトルワールド
「鳩間島における民族植物学的研究」伊谷純一郎・原子令三編『人類の自然誌』所収　一九七七年　雄山閣出版
山中二男『日本の森林植生』一九七九年　築地書館
湯原町史編纂委員会『湯原町史』上巻　一九六四年　湯原町教育委員会
吉田光邦『機械』一九七四年　法政大学出版局
吉野祐訳『風土記』一九六九年　平凡社　東洋文庫
若村国夫「岡山県における工業用水車の構造と使用形態」『岡山理科大学紀要』二二号B　一九九二年
渡辺　誠『縄文時代の漁業』一九七三年　雄山閣出版
渡辺正雄『日本人と近代科学―西洋への対応と課題―』一九七六年　岩波書店
和辻哲郎『風土―人間学的考察―』一九七九年　岩波書店

ま　行

や　行

ら　行

わ　行

た　行

な　行

は　行

索　　引

著者略歴

一九四五年　中国吉林省長春市生まれ
一九六九年　京都大学理学部植物学科卒業
一九七一年　京都大学文学部史学科卒業
現在　国立歴史民俗博物館民俗研究部助教授

〔主要著者・論文〕

自然と民俗（一九九〇年、日本エディタースクール出版部）
世に遠い一つの小浦（『国立歴史民俗博物館研究報告』二七集、一九九〇年）
The Symbolic Meaning of the Pot on the Roof (The Journal of Nilo-Ethiopian Studies Vol. 1, 1993)
ヒツジの名称体系（『国立歴史民俗博物館研究報告』六一集、一九九四年）

海と山の民俗自然誌

平成七年二月十日第一刷発行

著者　篠《しの》原《はら》徹《とおる》

発行者　吉川圭三

発行所　株式会社 吉川弘文館
郵便番号一一三
東京都文京区本郷七丁目二番八号
電話〇三—三八一三—九一五一〈代〉
振替口座〇〇一〇〇—五—二四四番

印刷＝平文社・製本＝石毛製本

「日本歴史民俗叢書」刊行に当って

近年の日本史学と民俗学の動向は、それぞれのテーマが接触領域に展開する状況を一層拡大させるに至っている。民俗学が歴史科学の一翼をにない、豊かな歴史像を描くことに努力をつづけている一方、地域史や生活文化史をはじめ「日常性」を基点とする歴史学は、ごく普通の人々の生活意識や日々の営みなどを視野におさめながら、歴史を動かす原動力の発掘を行おうとしている。

日本の民俗学は、柳田国男や折口信夫らの唱導により、現代の私たちの日常生活に伝わってきた慣習や、儀礼あるいは口承文芸などの民間伝承を主要な資料に用いながら歴史を再構成してきた。また文化人類学や宗教学・考古学などの隣接諸科学の学際分野からも学ぶところが大きかった。

本叢書は、以上のような近年の歴史学・民俗学の流れと、隣接諸科学とのかかわりを踏まえ、主として民俗学側からのアプローチを活用した形でまとめられた新しい歴史像の諸成果を、一堂に集めて世に問おうとするものである。本叢書が、今後の歴史民俗学派の一つの潮流となることを、大いに期待していただきたいと念じている次第である。

吉川弘文館

〈日本歴史民俗叢書〉
海と山の民俗自然誌（オンデマンド版）

2017年10月1日　発行

著　者　篠原《しのはら》　徹《とおる》
発行者　吉川道郎
発行所　株式会社 吉川弘文館
〒113-0033　東京都文京区本郷7丁目2番8号
TEL　03(3813)9151(代表)
URL　http://www.yoshikawa-k.co.jp/

印刷・製本　株式会社 デジタルパブリッシングサービス
URL　http://www.d-pub.co.jp/

篠原　徹（1945～）
ISBN978-4-642-77357-7